Célestin Bouglé

Le
solidarisme

essai

ISBN : 978-1514251300

10 9 8 7 6 5 4 3 2 1

Célestin Bouglé

Le solidarisme

essai

Table de Matières

Chapitre I	6
Chapitre II	22
Chapitre III	42
Chapitre IV	64
Chapitre V	81
Chapitre VI	104
Appendice I	119
Appendice II	146
Appendice III	164
Appendice IV	180

Chapitre I

LES ORIGINES

Le « solidarisme » semble en passe de devenir, pour la troisième République, une manière de philosophie officielle. Il est le fournisseur attitré de ces grands thèmes moraux qui font l'accord des consciences, et que le moindre personnage public se sent obligé de répéter aux occasions solennelles. Déjà l'Exposition de 1900 avait été placée, par le discours de M. Loubet aussi bien que par celui de M. Millerand, sous l'invocation de la solidarité. Le prestige de cette figure nouvelle, depuis, n'a fait que croître. Elle siège au plafond du Parlement, comme la patronne désignée des lois d'hygiène sociale et d'assistance mutuelle. Lors de la discussion sur les Retraites ouvrières, n'est-ce pas elle qui a fait taire toutes les objections ?

Dans les milieux enseignants, ses conquêtes ne sont pas moindres que dans les milieux parlementaires. Pendant plusieurs années, le leader attitré de la nouvelle école a transféré de ceux-ci à ceux-là son champ d'action : si M. Léon Bourgeois n'a pas paru souvent à la tribune pour y propager les théories solidaristes, il a du moins continué de veiller dans l'ombre, avec un soin paternel, à leurs progrès. Sous sa présidence, à l'*École des Hautes Études sociales*, à la *Société d'éducation sociale*, elles sont examinées, tournées et retournées, développées et remaniées par les esprits les plus distingués et les plus compétents. De là, par vingt canaux, leur flot fécondant descend pour rafraîchir et alimenter la conscience des maîtres qui parlent directement à la jeunesse et à l'enfance.

Où nous mène cette doctrine à la mode ? - Pour le deviner il n'est pas inutile de rechercher d'abord d'où elle vient.

On s'accorde à désigner le petit livre de M. L. Bourgeois : Solidarité [1] comme le manifeste qui a utilement attiré et fixé l'attention publique sur la notion de la « dette sociale » et du « quasi-contrat ». Mais quelles recherches et quelles théories préparaient ce manifeste même ? Et jusqu'à quelles sources lointaines faudrait-il remonter pour reconnaître où s'alimente, finalement, la pensée solidariste ?

Les précurseurs immédiats du mouvement actuel, il ne serait pas difficile, sans doute, de les retrouver. Au premier rang il faudrait

---

1 *Solidarité*, Paris, Colin, 1897 ; à 3e éd., en 1902.

citer M. Ch. Gide [1] : dès longtemps il avait proclamé le « grand
dégel » de l'économie politique orthodoxe, et invité les hommes à
remédier ou à parer aux inhumanités de la libre concurrence par
la coopération organisée. M. Fouillée [2] de son côté, par ses théories de l'organisme contractuel et de la propriété sociale, éclairait
les « contrats implicites » qui forcent nos sociétés à se réorganiser
conformément aux exigences de la justice et de la charité, elle-
même conçue comme une « justice réparatrice ». M. Marion [3], en
cherchant à fixer les limites de nos libertés, découvrait les liens de
toutes sortes qui rattachent l'individu non seulement à son propre
passé, mais, par la sympathie, par l'imitation, par toutes les formes
de la suggestion et de la pression, à son milieu historique. Plus récemment enfin, M. Durkheim [4] avertissait que ces liens changent
eux-mêmes de nature suivant des groupements. En étudiant les
conséquences sociales de la division du travail, il distinguait entre
la « solidarité mécanique », qui annihile en quelque sorte les individualités, et la « solidarité organique », qui les respecte et les met
en valeur. - Les théories solidaristes ne devaient pas manquer, en
se développant, d'utiliser ces analyses de psychologue et ces synthèses de philosophe, ces critiques d'économiste et ces classifica-
tions de sociologue.

L'impulsion qu'ils transmettaient ainsi, ne l'avaient-ils pas d'ailleurs reçue eux-mêmes de la plupart des grandes doctrines éla-
borées ou des grandes recherches entreprises par le XIXe siècle ?
- M. Marion reporte à Charles Renouvier l'idée directrice de son
propre travail. M. Durkheim s'efforce de réaliser, en le spécifiant,
le programme sociologique tracé par Auguste Comte. C'est sur
les généralisations suscitées par les découvertes des biologistes,
Lamarck et Darwin, von Baer et Milne Edwards que M. Fouillée
applique sa réflexion : c'est au sein de l'évolutionnisme qu'il vise

1 Principes d'économie politique, Paris, Larose. - La solidarité comme programme
économique, dans la Revue internationale de sociologie, oct. 1893. - L'École nouvelle, dans Quatre écoles d'économie sociale, Cenève, 1890.
2 La science sociale contemporaine, Paris, 1885, Hachette, 2e éd. - La propriété
sociale et la démocratie, Paris, Hachette 1884. - M. Fouillée résume lui-même ses
apports à la morale solidariste dans son dernier livre Les éléments sociologiques de
la moralité (Paris, Alcan, 1905).
3 La solidarité morale. Essai de psychologie appliquée, Paris, Germer Baillère, 2e
éd., 1883.
4 De la Division du Travail social, Paris, Alcan, 1893.

Chapitre I

à réintégrer l'idéalisme. Enfin l'économie « humaine » de M.Ch. Gide n'est-elle pas encore traversée du souffle des Fourier et des Pierre Leroux ? - Ainsi, à la formation de la doctrine qui sollicite aujourd'hui notre attention, le naturalisme comme le socialisme, le criticisme comme le positivisme auraient collaboré.

À la première apparence, il semble paradoxal de citer, parmi les ancêtres da solidarisme, les philosophes néo-criticistes. La logique de leur méthode ne devait-elle pas les amener à insister avant tout sur l'autonomie des personnalités ? - Mais d'abord, si la raison pose la personne humaine contre une fin en soi, l'expérience montre que cette fin ne trouve ses moyens que dans la conspiration des personnes ; cette « idée sociale » devait servir heureusement, comme l'a montré Henry Michel [1], à corriger la dureté et à dilater l'étroitesse de l'idée individualiste. Et puis, par cela même que la liberté qu'affirme l'ami de Lequier n'est pas seulement, comme celle de Kant, une liberté intemporelle, mais une liberté vivant et agissant dans l'histoire, il rend plus nécessaire l'étude des conditions que l'histoire même impose à l'exercice de cette liberté. Cet « état de guerre », dont il nous décrit les funestes effets et qui force le plus souvent le juste même, dans son effort pour réagir contre le mal, à participer au mal à son tour, n'est à vrai dire qu'un cas particulier de cette solidarité dont le filet enveloppe le jeu de nos initiatives.

Ce n'était pas seulement sur les répercussions inattendues des actes libres, mais sur les conditions et conséquences naturelles de la vie en commun que Comte attirait l'attention, en essayant de constituer cette physique sociale qui devait, suivant lui, achever l'unification positive des esprits. « Il n'est pas une proposition sociologique, a-t-on pu dire, qui ne soit une démonstration directe ou indirecte de la solidarité. » De ces corrélations et connexions de toutes sortes, que l'étude détaillée des réalités sociales éclaire progressivement, Comte signalait les plus générales, tant dans sa Dynamique que dans sa *Statique*. Ici, il montrait comment la « division des offices » rend plus nécessaire la « corrélation des efforts ». Là, insistant sur le caractère « historique » qui distingue la vie des sociétés de la vie des organismes, il rappelait les legs qui passent de génération en génération et comment « les morts gou-

---

1 Idée de l'État. Essai critique sur l'histoire des théories sociales et politiques en France depuis la Révolution, Paris, Hachette, 1896.

Célestin Bouglé

vernent les vivants ».

C'était, au contraire, sur les caractères qui rapprochent sociétés et organismes que les évolutionnistes insistaient. Et ces analogies devaient rendre plus sensible encore, parce qu'elles en offraient un symbole matériel, le consensus social. L'exemple de Spencer prouvait, à vrai dire, qu'il était possible de greffer, sur ce naturalisme, un individualisme radical. Mais, de l'aveu commun, cet ajustement ne s'opérait qu'au prix d'une inconséquence. La majorité des esprits trouvait, dans les exemples biologiques, des raisons de réagir contre ce que Huxley appelle le nihilisme administratif, et de souhaiter une meilleure « organisation » sociale.

Déjà Louis Blanc ne réclamait-il pas un régime qui « regardant comme solidaires les membres de la grande famille sociale tendît à organiser les sociétés, œuvres de l'homme sur le modèle du corps humain, œuvre de Dieu ». Sous des formes différentes, le même désir « d'organiser » se retrouve chez la plupart des réformateurs du milieu du XIXe siècle. Ce n'est pas sans raison qu'on a pu dénoncer de nos jours, dans le mouvement solidariste, un des symptômes d'une sorte de « retour à 48 [1] ». « La solidarité, écrit le fouriériste Renaud, est une chose juste et sainte. Le mal est venu, le mal s'éloignera par le concours de tous, concours proportionnel à la puissance de chacun. » Pecqueur soude son collectivisme à une religion, destinée à relier enfin les hommes. Pierre Leroux, dans la *Grève de Samarez*, résume l'essentiel de son œuvre en disant : « J'ai le premier emprunté aux légistes le terme de solidarité pour l'introduire dans la philosophie, c'est-à-dire suivant moi dans la religion. J'ai voulu remplacer la charité du christianisme par la solidarité humaine [2] ».

*
* *

Mais cette formule même nous pose une question. Est-il vrai que les solidaristes *remplacent* la charité du christianisme ? Font-ils autre chose que continuer sans le dire à en tirer les conséquences ? Confrontant les idées de P. Leroux avec celles des premiers chré-

---

1 V. g. ISAMBERT, Les idées socialistes en France de 1815 à 1848. (Le socialisme fondé sur la fraternité et l'union des classes) Paris, Alcan, 1905.
2 V. P. F. THOMAS, Pierre Leroux, sa vie, ses œuvres sa doctrine, contribution à l'histoire des idées au XIXe siècle, Paris, Alcan, 1904.

tiens, M. Faguet s'écriait ironiquement : « Ce que le christianisme lui a volé d'idées est incroyable ! » De la plupart de ceux qui se rallient autour de « l'altruisme » ne pourrait-on montrer, de même, que ce sont des chrétiens inconscients ou des chrétiens honteux ? M. Brunetière, citant les paroles où G. Elliot montre l'intime liaison de nos vies entre elles, ajoute : Dix-*huit siècles de christianisme lui dictaient la leçon qu'elle croyait peut-être avoir puisée dans son cours de philosophie positive* [1]. « L'Évangile en action », n'est-ce pas l'essence du socialisme de 48 ? Et n'est-ce pas dans ce christianisme républicain que le jeune Renouvier puisait, pour toute sa vie, ce sentiment des exigences de la fraternité qu'il exprimera par « l'idée sociale » ?

Si donc tant d'esprits tournent au profit de la solidarité des synthèses du positivisme et les leçons de la biologie, la faute en est peut-être, ou plutôt l'honneur en revient à des sentiments chrétiens « sous-jacents », capables de diriger notre choix à notre insu, ou même contre notre volonté.

Dira-t-on que du moins, pour justifier ce sentiment vieux de vingt siècles, les solidaristes ont trouvé une doctrine nouvelle ? Même en ce point, l'originalité doit leur être refusée. De leur doctrine aussi les sentiments essentiels reposent dans la tradition chrétienne. « Nous sommes tous membres d'un seul corps... De même que c'est par la chute d'un seul que tous les hommes sont tombés dans la condamnation, de même c'est par la justice d'un seul que tous les hommes reçoivent leur justification. De même que tous meurent en Adam, tous revivent en Christ. » Ces paroles de saint Paul nous rappellent que nulle philosophie de l'histoire, mieux que celle qui est incluse dans l'Évangile, n'a illustré l'état de mutuelle dépendance où vivent les membres de l'humanité. Voulez-vous retrouver le noyau des théories solidaristes ? Méditez seulement le dogme du péché originel.

Et ne dites pas qu'entre ce dogme et ces théories les intermédiaires manquent, et qu'on ne voit rien qui prouve, dans le mouvement des idées au XIXe siècle, que cela ait pu suggérer ceci. Le XIXe siècle a précisément été dominé par des penseurs qui, dès

---

1 V. *Discours de combat,* nouvelle série, 2e éd., Paris, Perria, p. 60, et la brochure récente de M. G. *Goyau, Solidarisme et Christianisme,* publication de *l'action populaire.*

Célestin Bouglé

son début, l'ont prévenu contre les erreurs où risquait de l'entraîner la raison déraisonnante du XVIIIe ; et c'était la tradition chrétienne qui les inspirait. De Bonald et de Maistre ont les premiers dénoncé l'orgueil individualiste ; ils ont rappelé les sociétés au respect des lois naturelles, expressions des volontés éternelles de la divinité grâce auxquelles leurs parties tiennent ensemble. Auguste Comte, construisant sa sociologie, fera-t-il autre chose que s'approprier, selon ses propres expressions, « les principes essentiels » de J. de Maistre ? D'une manière plus générale n'a-t-on pas pu soutenir que les écoles « scientifiques » de nos jours semblaient s'être donné à tâche de transposer en termes plus ou moins biologiques les thèmes directeurs de l'école théocratique ? Or, l'âme de cette école, n'est-ce point justement cette notion da péché originel « qui explique tout et sans lequel on n'explique rien » ? C'est elle qui obsède la pensée de De Maistre de « cette « épouvantable communication de crimes qui est entre les hommes », et lui révèle, dans les souffrances de l'individu, le fruit naturel de la dégradation de la masse. C'est elle qui lui fera découvrir nommément, avant Pierre Leroux, l'extension de « ce terme de jurisprudence » - la solidarité - le plus propre à exprimer « la réversibilité des mérites » [1].

« Insensé, qui crois que tu n'es pas moi », au jeune solidarisme aussi l'antique christianisme pourrait répéter cette parole.

*

* *

On sait combien il est difficile de trancher ces questions de filiation. Les apologistes de la religion chrétienne vont volontiers jusqu'à prétendre qu'elle enveloppe invisiblement ceux-là mêmes qui croient l'avoir dépouillée. M. le pasteur Wagner ne rappelle-t-il pas qu'aux heures où quand les disciples de Jésus renient son véritable esprit celui-ci se manifeste quelquefois par la bouche même de ses détracteurs : « C'est l'accomplissement de la parole : Si ceux-ci se taisent, les pierres crieront. » En vain donc ferez-vous la preuve que votre amphore est vide, on que vous y avez versé un vin nouveau. On vous affirmera que le parfum du premier vin est comme indélébile : c'est lui qui continue de vous enivrer, pour vous élever au-dessus de vous-mêmes.

Il faut reconnaître du moins que les solidaristes font tout ce qu'ils

1 Les soirées de Saint-Pétersbourg, Paris, 1831, tome II, p. 236.

peuvent pour rompre tout lien entre leur doctrine et les traditions religieuses. Leur entreprise est évidemment l'une des formes de l'effort commencé par la démocratie pour laïciser intégralement, à son tour, la morale elle-même. Et c'est sans doute le désir d'affirmer leur pleine indépendance laïque qui les a portés à revendiquer dès l'abord, pour leur système moral, un caractère strictement scientifique. Il ne serait pas impossible de montrer que si tant d'esprits aujourd'hui se défient de la philosophie spéculative, la faute en est sans doute à l'espèce d'inquiétude entretenue par la lutte qu'ils ont dû mener contre les survivances des principes et des méthodes de la religion. Ils craignent, en ces matières, les déviations et compromissions de la dialectique. Il leur paraît plus sûr de tabler sur les réalités positives. C'est pourquoi, ils invoquent désormais, comme la lumière de la conduite, la Science plus volontiers encore que la Raison. Le solidarisme répond à cette tendance [1] lorsqu'il se fait fort de souder « l'idée morale » à la « méthode scientifique ».

En fait, dans les exemples d'interdépendance qu'il reproduit le plus volontiers, et dans les conséquences qu'il se plaît à en tirer, on reconnaît aisément qu'il est « de la suite » de la science et non de celle de la théologie ; ce sont les habitudes de sentiment créées et entretenues dans l'Occident moderne par le mouvement triomphal des découvertes et des applications des sciences, c'est la confiance et c'est l'espérance dans les bienfaits de la civilisation qui animent nos solidaristes contemporains. Les solidaristes chrétiens, comme hypnotisés par le problème du mal, ruminent le plus souvent la communication des crimes et la répercussion des fautes ; ils sentent poser sur leurs épaules le « formidable fardeau » dont parlait Ballanche. Dans l'œuvre de Renouvier encore, que l'idée de la chute ne cessait de préoccuper, les exemples le plus fréquemment invoqués sont les cas de solidarité dans le mal. Combien - est différent le ton des traités solidaristes d'aujourd'hui ! L'optimisme positiviste y souffle en maître.

Dette le livre, s'écrie M. Bourgeois, et dette l'outil : dette la route et dette le langage. Cette notion même de la *dette* dont il charge les individus nous fait comprendre que ce n'est pas sur la répercussion des maux qu'il insiste, mais sur l'accumulation des biens. Les capitaux collectifs, tant matériels qu'intellectuels, où le nouveau venu

---

1 *Solidarité*, 3e éd., p. 114-124.

Célestin Bouglé

vient puiser les instruments de toutes sortes, « l'outillage social » que la collectivité place sous sa main, toutes les possibilités d'action, en un mot, que la coopération multiplie, ce sont ces trésors qu'il fait luire à nos yeux, c'est sur eux qu'il projette toute la lumière. De même M. Payot [1], pour apprendre à l'enfant à « mesurer les bienfaits de l'universelle coopération », l'invite à mesurer la distance qui sépare le civilisé du sauvage, misérable matériellement et moralement, victime de la nature encore inconnue et de sa propre imagination indisciplinée. C'est grâce à un immense labeur collectif que l'individu d'aujourd'hui jouit de plus de puissance et de plus d'indépendance. Le développement même de sa personnalité a pour condition la collaboration de la société. De ce point de vue, l'enchaînement des actions humaines n'apparaît plus comme une servitude, mais comme un moyen de « libération ».

Ballanche observait que la solidarité, suite de la société, a été imposée à l'homme « en même temps comme une épreuve et comme un appui [2] ». C'est de la *solidarité-épreuve*, pourrait-on dire, que nous entretiennent surtout les solidaristes chrétiens, et les laïques, de la *solidarité-appui*. Dans la société, ceux-là montrent plus volontiers à l'individu la force qui l'écrase, et ceux-ci celle qui l'élève. C'est que le paysage familier aux uns, c'est la sombre vallée du péché, et aux autres, la montagne lumineuse du progrès.

Se demande-t-on où sont puisés, le plus souvent, les faits qui alimentent cette conception optimiste, on se trouvera renvoyé à deux sources : économie politique et biologie mêlent leurs eaux dans le solidarisme. Il profite de cette rencontre où Quinet annonçait « le plus grand événement scientifique de notre temps ». Et, en effet, le phénomène général dont les conférenciers solidaristes ne se lassent pas de citer des exemples est précisément celui dont les formes et les conséquences ont été le mieux étudiées à la fois par les économistes et les naturalistes : la division du travail, avec l'échange de services qu'elle entraîne. La répartition des tâches et la spécialisation des aptitudes font la prospérité des sociétés en accroissant la dépendance réciproque des individus. De même la différenciation des organes est une condition du progrès des orga-

1 *Cours de morale*, Paris, Colin, p. 13-24, *et* GOBLOT. *Justice et Liberté*, Paris, Alcan, p. 10-13.
2 Palingénésie sociale, p. 203.

nismes. Et, au fur et à mesure que l'organisme est plus élevé dans l'échelle, la nécessité s'y fait davantage sentir d'une coordination des efforts, profitable aux parties aussi bien qu'à l'ensemble.

Le prix de la coopération est donc, avant l'avènement même de l'humanité, écrit en grosses lettres dans l'histoire des espèces. Sur cette contribution des sciences naturelles à l'art de l'association le solidarisme insiste volontiers ; les généralisations du biologiste ne semblent-elles pas propres à prêter à la nouvelle doctrine, contre celles qui ne vivent que des résidus de la théologie, plus de vertu, plus d'autorité « scientifiques » que celle de l'économiste ? Mais, dans le détail, lorsqu'il s'agit de démontrer ces harmonies sociales, le solidarisme fait valoir l'organisation du commerce, aussi bien que le développement des colonies animales ; en ce sens M. Gide pouvait proposer d'inscrire au nombre des parrains de la doctrine Bastiat à côté de M. Milne Edwards.

Bastiat solidariste ? Le rapprochement peut sembler paradoxal, si l'on se rappelle à quelles conclusions pratiques le solidarisme contemporain veut aboutir, et comment ces conclusions doivent précisément se retourner contre celles du libéralisme orthodoxe. Et, en effet, si le solidarisme est optimiste, au sens où nous l'avons dit, il ne l'est nullement au sens où l'était l'ancienne économie politique. S'il affirme l'incessante dépendance des intérêts, il n'affirme pas, en tout et pour tout, leur immanquable concordance. S'il loue comme le moyen de libération par excellence la civilisation, il reconnaît qu'elle ne libère pas au même degré tous ceux qu'elle fait coopérer. Les bénéfices et les charges n'en sont pas toujours répartis comme il le faudrait pour que la solidarité, désormais consciente, fût ratifiée en effet par les consciences des contractants, ou, en d'autres termes, devînt juste. Pour que le règne de la justice arrive, il ne suffit donc pas de « laisser passer » la libre concurrence. Et il ne suffit pas non plus que la libre charité circule à l'intérieur du système pour relever et panser les blessés qu'il multiplie en fonctionnant. C'est le système même qu'il faut rectifier, s'il en est besoin. Pour réparer l'injustice sociale, il faut des réformes sociales, des mesures d'ensemble servies par la force des lois ; le sentiment de la solidarité, doit nous faire comprendre la nécessité d'incorporer dans la justice même nombre de devoirs sociaux pour l'accomplissement desquels on s'est reposé, trop longtemps, sur l'arbitraire

Célestin Bouglé

de la charité.

*
* *

Par où l'on se rend compte que ce n'est pas seulement dans l'ordre des doctrines et des faits invoqués, c'est dans l'ordre des sentiments et des actes commandés que les solidaristes entendent se distinguer du christianisme. Pour l'accomplissement des réformes qu'ils jugent nécessaires, ils déclarent insuffisante, sinon dangereuse, la préparation qu'il fait subir aux âmes.

Et d'abord comment attendre d'elles qu'elles se concertent pour une action sociale énergique, si la préoccupation du salut individuel les « distrait » et rappelle chacune de son côté à la solitude de la vie intérieure ? Admettons que leur charité soit autre chose qu'un placement en vue de l'éternité, et qu'elles secourent le prochain, moins par calcul que par amour, pour « l'amour de Dieu ». Mais alors même, les chrétiens conséquents n'aiment l'humanité que par contrecoup, et après un détour. Imaginez que pour rattacher les hommes les uns aux autres on veuille faire passer par une étoile le fil qui les relie : la force ne risquerait-elle pas de se perdre en route, ou de rester, pour la plus grande part, adhérente à l'étoile ? « Comportons-nous sur la terre, dit l'auteur de l'Imitation, comme un voyageur et un étranger qui n'a point d'intérêt aux affaires de ce monde. Pour jouir de la paix et d'une véritable union avec Dieu, il faut que vous vous regardiez seul et que vous comptiez pour rien tout le reste. »

C'est de ce mysticisme individualiste que les solidaristes se défient, et c'est en y pensant que M. Mabilleau allait jusqu'à dire, au Congrès de l'Éducation sociale [1] que la solidarité, qui implique une dépendance réciproque des personnes, est incompatible avec les principes du christianisme : ne semble-t-il pas que chaque être, dans ce système, ne connaisse que soi et Dieu ?

Répondra-t-on que le sentiment de leur origine commune, et de leur commune destinée est bien fait pour inciter ces êtres à se traiter en frères ? Mais l'ombre de l'éternité qui les attend peut venir encore refroidir et comme paralyser l'activité commandée par <u>cette fraternité</u> même. Leur vraie patrie est dans le ciel, et la terre

1 Congrès international de l'Éducation sociale. Rapports et compte rendu, Paris, Alcan, 1901.

n'est qu'un lieu d'exil. Conception bien propre sans doute, à provoquer les âmes logiques au détachement absolu, et à développer par suite en elles, avec l'appétit secret de la mort, une aptitude au sacrifice total, sorte de succédané supérieur da suicide. Mais de cette conception fera-t-on sortir aussi logiquement la ferme volonté d'aménager la terre pour que tous y jouissent enfin de leur part de soleil ? L'obsession du royaume des cieux n'est-elle pas faite pour entretenir - comme disait l'abbé Loisy discutant le christianisme « social » du pasteur Harnack - une « suprême indifférence à l'égard des intérêts humains » ? Le combat contre la misère peut-il être mené avec conviction par qui considère la douleur, non pas seulement comme un mal nécessaire, mais à vrai dire comme un bien précieux ? N'est-elle pas l'épreuve qui régénère les âmes en les détachant des choses d'ici-bas ?

Et qui sait si en lattant contre les formes diverses de la douleur, en essayant d'arrêter les mécanismes qui la produisent ou l'entretiennent, on ne va pas contrarier les voies de la sagesse divine et commettre quelque *vetitum nefas* ? Il importait de substituer, sur ce point aussi, aux incertitudes de la foi, trop vite prête à la résignation, les audaces méthodiques de la science moderne, habile non plus seulement à admirer les harmonies, mais à rectifier les désharmonies. Les solidaristes eux aussi entendent « refuser la définition de la terre, vallée de 1armes, et ne prendre leur parti d'aucune misère ». Par le programme de réformes qu'ils déduisent de leurs principes ils attestent leur foi laïque dans les interventions de la raison informée.

*
* *

Essaie-t-on de mesurer, sur le terrain de l'action, les conséquences de cet état d'esprit, on constatera que la solidarité semble demander aux hommes, selon les points de vue, à la fois plus et moins que la charité. Elle exige moins peut-être de l'individu isolé, mais plus des individus organisés. Elle abandonne moins à l'initiative privée ; elle attend plus de la contrainte collective.

Lorsque nous disons que la solidarité semble demander moins à l'individu que la charité, nous n'entendons pas accorder par là que le solidarisme ne mette plus en jeu que l'égoïsme, c'est ce qu'insi-

Célestin Bouglé

nuent volontiers les moralistes qui se réclament du christianisme, pensant prouver du coup que le solidarisme laïque, dans son imprudent effort pour délivrer l'âme humaine du poids des traditions religieuses, lui coupe les ailes et la condamne à ramper dans le cercle des calculs intéressés. Ils ne manquent pas de relever, à ce propos, tels conseils solidaristes qui ne sont que des appels à l'intérêt bien entendu. Une ligue contre les logements insalubres ne rappelle-t-elle pas aux privilégiés, pour obtenir leur coopération, que les microbes passent aisément du taudis du pauvre à l'hôtel du riche ? Ailleurs on fait observer que « la beauté de la loi de solidarité, c'est que même l'égoïste ne peut être égoïste... sans penser à autre chose qu'à son gain. Le paysan avare et dur travaille pour tous : ses pensées sont égoïstes, mais ses actes sont féconds et généreux [1]. » Ainsi quiconque travaille pour soi, travaille pour les autres. Quiconque soigne les autres se soigne. La doctrine qui nous vante ces harmonies n'est-elle autre qu'un utilitarisme [2] ?

Mais, nous avons vu que le solidarisme est bien loin d'admettre, sur tous les points, cette identité spontanée des intérêts qui était l'article de foi de l'ancienne économie politique. Et c'est justement dans les cas où l'identité ne se réalise pas d'elle-même qu'on fait appel au sentiment de la solidarité. Pour prévenir ou réparer les effets de la désharmonie, on invite alors l'individu à un effort sur lui-même dans l'intérêt commun. On invoque à la fois son sens social éclairé et son utilitarisme bien entendu pour l'amener à préférer, non seulement un avantage lointain à un avantage prochain, mais un avantage collectif à un avantage purement individuel. Le caractère mixte des actes ainsi commandés est bien marqué par les cas mêmes où l'expression de solidarité est la plus naturellement employée. Voici des ouvriers qui, sans avoir été lésés eux-mêmes, se mettent en grève pour défendre les droits, qu'ils jugent avoir été violés, de tels de leurs camarades. Est-ce à dire que le sacrifice qu'ils s'imposent soit absolument désintéressé ? Dans l'espèce leurs droits n'ont pas été violés, mais ils le seraient peut-être plus facilement demain s'ils laissaient faire, s'ils ne se groupaient pas pour la résistance : leur commun intérêt d'ouvriers justifie leur dévouement. C'est ce mélange de mobiles qu'on veut exprimer en disant

---

1 PAYOT, liv. cit., p. 92.
2 V. BRUNETIÈRE, Disc. de combat, p. 68, cf. Goyau, broch. cit., p, 15.

qu'ils ont fait grève par esprit de solidarité.

Il serait aisé de montrer que les solidaristes se conforment à ces indications de l'usage lorsqu'ils portent un jugement de valeur sur les diverses formes de la coopération. Ils tiennent ces formes pour d'autant plus hantes qu'elles offrent plus d'occasions à l'individu de perdre en quelque sorte son intérêt propre pour le retrouver dans l'intérêt du groupe dont il est membre. Si l'échange proprement dit laisse les égoïsmes mis en présence *(Do ut des),* la société de secours mutuels les unit déjà plus intimement si elle forme, des efforts de tous, comme une masse où chacun sera appelé à puiser à l'heure imprévue de la maladie. La coopération proprement dite nous transporte à un niveau encore plus élevé lorsque les coopérateurs consacrent tout ou partie des bonis à quelque œuvre commune : par exemple à l'entretien d'une caisse de retraites ou d'une caisse de propagande [1]. En un mot l'homme est d'autant mieux préparé à obéir aux vœux de la solidarité qu'il est plus habitué à se considérer lui-même *sub specie* societatis, à se sentir comme une partie d'un tout dont le bien est son bien.

Sacrifice absolu ? non sans doute, s'il est vrai, selon la formule proposée par M. Gide, que chacun ne consent ici à sacrifier une portion de sort moi individuel que pour accroître finalement son moi social. Le but ici visé c'est moins l'abnégation de tel intérêt particulier que la fusion des intérêts. « Tous pour chacun, chacun pour tous. » Si la charité règne encore dans ce système, il faut du moins reconnaître avec M. Tarde [2], que c'est la « charité mutualisée » : elle suppose, dira M. Brunot [3], une collaboration réciproque à l'œuvre sociale dont bienfaiteur et obligé sont tous deux cofacteurs.

Tarde ajoutait : « La solidarité a pour certains esprits le précieux avantage d'être la charité laïcisée. À ce point de vue nous ne gagnons rien au change, et nous n'avons fait que substituer un mot juridique et froid à un mot tout imprégné de tendresse humaine. »

---

1 V. Ch. Gide, La solidarité économique, dans l'Essai d'une philosophie de la solidarité, Paris, Alcan, 1902, et la coopération dans les Applications sociales de la solidarité, Paris, Alcan, 1904.

2 Académie (les sciences morales et politiques. Compte rendu des sciences et travaux, 1903, p. 421.

3 Solidarité et charité, dans la Revue politique et parlementaire, juin 1901, p. 230, réponse à un article de M. d'Haussonville, Assistance publique et bienfaisance privée, publié dans la Revue des deux mondes du 15 janvier 1900.

Célestin Bouglé

Mais est-il bien sûr que cette substitution de mot ne corresponde pas à un désir de changer les modes d'action eux-mêmes ? Ne s'agit-il pas de les rendre juridiques, en effet, en leur fournissant une cause, comme on dit en droit, et par suite en les soumettant à des sanctions ? Elever des devoirs larges, dont l'exercice est laissé au bon vouloir des individus, au rang de devoirs stricts, dont la collectivité puisse imposer l'accomplissement, donner en un mot à ceux envers qui on se reconnaît ces devoirs un titre reconnu par la loi, un droit véritable, n'est-ce pas la pensée centrale du solidarisme ? M. Mirman commentant le projet de loi qui créait un service public d'assistance obligatoire aux vieillards infirmes et incurables [1], faisait observer qu'un esprit nouveau en effet s'exprimait par cette loi et qu'elle méritait bien d'être appelée une loi de solidarité sociale : « la solidarité sociale diffère essentiellement de la charité en ce qu'elle reconnaît aux intéressés définis par la loi un droit et qu'elle leur donne un moyen légal de faire valoir ce droit ». Dans les programmes d'action élaborés par le solidarisme, dans la mutualisation des risques, dans le système d'assurances contre la maladie, la vieillesse, le chômage, dont il réclame l'établissement, nous retrouverons ce souci de garantir à tous le minimum des conditions nécessaires à la vie humaine : en ce sens, le *solidarisme* est essentiellement un « garantisme ».

Sur ce point se manifeste clairement la différence entre les adeptes de la nouvelle doctrine et ceux qui s'en tiennent à la libre charité chrétienne, en protestant par-dessus tout contre la moindre atteinte portée à sa liberté. Respectez, disent ceux-ci, cette « élasticité » de la bienfaisance spontanée qui en fait la beauté, et l'efficacité en même temps que le mérite [2]. Laissez-nous la « chaîne souple » dont parlait de Maistre, qui nous retient, mais sans asservir. Versez dans la machine ces « matières onctueuses » si bien louées par de Bonald et qui diminuent les résistances en adoucissant les frottements. Mais gardez-vous de toucher aux ressorts. Maintenons en un mot haute et ferme la barrière qui sépare l'esprit de justice de l'esprit de charité ; car une fois celui-ci entré dans la place, on ne sait pas quels remaniements du régime économique il finirait par

1 Une loi de solidarité sociale dans la Revue politique et parlementaire, juillet 1903, p. 73.
2 V. d'EICHTAL, Solidarité sociale et solidarisme, dans la Revue politique et parlementaire, juillet 1903, p. 115.

Chapitre I

imposer. Depuis le moment où V. Cousin rédigeait, pour réagir contre l'ébranlement socialiste de 48, son traité sur les rapports de la charité et de la justice, il est permis de penser que la crainte des réformes légales est pour quelque chose dans le culte gardé par beaucoup de privilégiés à l'indépendance sacrée de la bienfaisance : il y aurait, en ce sens, une « utilisation » capitaliste du christianisme même.

C'est du moins ce que pensent ceux des déshérités qui crient « à bas la charité ». Ils montrent une colère farouche contre « cette pourriture chrétienne qui entretient l'injustice [1] ». Si la fraternité religieuse sait soigner les plaies, elle n'ose pas briser l'instrument qui blesse : elle permet, au contraire, qu'il continue de fonctionner en blessant. Elle est donc faite pour laisser durer sinon pour faire durer les institutions sociales injustes.

C'est la nécessité de rectifier ces institutions mêmes que le solidarisme a sertie et proclame. Il reconnaît, en d'autres termes, que la question sociale n'est pas seulement une question morale. Par où son attitude s'oppose à celle que semblent préférer les nouveaux apologistes du christianisme lorsqu'ils répètent - c'est leur « équation fondamentale » - que la question sociale est une question religieuse précisément parce qu'elle est une question morale. Veulent-ils maintenir par là, avec l'abbé Guibert, que la conciliation du travail et du capital ne pourra s'opérer que « par la condescendance des patrons et la soumission des ouvriers » ? En tout cas, ils semblent croire que dans les cadres mêmes du régime économique actuel, la bonne volonté seule réaliserait toute la somme de justice qu'il est possible de réaliser. Mais un peut soutenir que c'est précisément la croyance inverse qui constitue l'existence d'une question sociale. Il n'y a pas question sociale partout où les hommes souffrent, mais là où les hommes croient que le régime qui définit leurs droits réciproques est la cause de leurs souffrances, et que le remède en serait procuré par un remaniement de ce régime.

« Il y a question sociale, observait à ce propos M. Andler, quand un grand nombre d'hommes dans une société commence à trouver qu'une part nouvelle de ce qui était, jusque-là, pur idéal moral

---

1 Ce sont les expressions de Bernard Lazare (citées par Ch. Gide dans la conférence *Justice et charité : Morale sociale*, Paris, Alcan, 1899, p » 193).

Célestin Bouglé

doit passer dans la réalité des codes [1] ». Le solidarisme est une des preuves que ce besoin, de passer à l'acte légal, est ressenti en effet par un nombre croissant de consciences. C'est de la besogne pour les codes de demain qu'elles entendent préparer par leurs réflexions sur les conséquences légitimes de l'état de dépendance mutuelle où nous vivons.

M. Boutroux ne se méprenait pas sur ces tendances lorsqu'il disait à l'Académie des sciences morales et politiques [2] : « La doctrine dite solidarisme a été constituée en vue de faire reposer le devoir de bienfaisance, non plus sur la charité ou l'amour, comme sur un sentiment subjectif et libre, mais sur une idée, sur un principe scientifique et rationnel, propre à justifier l'intervention de la force publique. » Tendance juridique et tendance scientifique, les deux traits essentiels de la doctrine apparaissent ici. C'est précisément pour préparer une réorganisation collective du droit qu'elle souhaite l'introduction de la science « objective » jusque dans la morale. Nous aurons mesuré toute la distance qui sépare ici le solidarisme des traditions chrétiennes en constatant que, parmi les sentiments qui l'amènent à cet effort on trouve précisément, avec le sentiment de l'insuffisance théorique de la foi, celui de l'insuffisance pratique de la charité.

---

1 Les origines du socialisme d'État en Allemagne, Paris, Alcan, 1897, p. 463.
2 *Comptes rendus,* 1903, p. 399.

Chapitre I

Chapitre II

LES BASES SCIENTIFIQUES

I.- La « Banqueroute de la science »
et la morale solidariste.

La supériorité que revendiquent le plus volontiers les doctrines morales, à l'heure présente, c'est d'être scientifique. Entrez dans notre édifice : nous n'y avons usé que de matériaux et d'outils éprouvés ; c'est sur les résultats, c'est par les méthodes des sciences positives que nous l'avons bâti. Il semble que cette garantie soit désormais nécessaire pour attirer les consciences émancipées. Si nous voulons instituer une morale vraiment laïque, suffit-il de la rattacher aux principes posés par la spéculation ? Efforçons-nous bien plutôt de la faire reposer sur les données enregistrées par l'observation. Qu'on suive les motions qui se succèdent à ce sujet, dans les Congrès où cherchent à se formuler des doctrines nouvelles. On verra qu'un nombre croissant d'esprits ne demandent pas seulement qu'on ne laisse entrer dans l'âme de l'enfant aucune idée qui n'ait été contrôlée par la raison ; ils déclarent que la seule morale qui convienne à l'école publique d'aujourd'hui ne saurait être qu'une morale « rigoureusement et exclusivement scientifique », indépendante de toute doctrine religieuse ou métaphysique, et ne se préoccupant de régler les rapports des hommes que « d'après les données de la science. »

Rien de plus naturel que ce phénomène d'attraction : l'existence d'un corps de sciences définitivement émancipé, et qui ne cesse de grandir sous nos yeux, n'est-elle pas le fait central de la civilisation contemporaine ? « Au XIIIe siècle on disait la raison, remarque Taine, au XIXe on dit la science : tout le progrès des cent ans est là [1] ». Il est naturel qu'on veuille remettre la direction de l'action à la même discipline qui nous a rendu accessible, par les vérités de fait dont elle a pavé notre route, l'indépendance spirituelle en même temps que la puissance matérielle. Ne nous fournira-t-elle pas, en matière de morale aussi, ce que la dialectique, des philosophes ne pouvait fournir : quelque chose de positif, d'objectif, de définitif ?

---

1 *Correspondance*, tome III, p. 297.

Célestin Bouglé

D'ailleurs, à qui veut laïciser définitivement la morale elle-même, la spéculation ne paraîtra pas seulement insuffisante à cause de la variété et de la mobilité de ses systèmes, elle paraitra peut-être dangereuse, à cause des accointances qu'elle garde avec les traditions religieuses. L'expérience a prouvé avec quelle facilité les croyances anciennes, changeant seulement de forme et de figure, reconquièrent leur place au cœur des doctrines a priori : le « malaise de la pensée philosophique » selon M. Cresson, ne s'expliquerait-il pas ainsi par des survivances de catholicisme ou de protestantisme [1] ? Pour exorciser ces revenants, rien ne vaut la lumière des faits positifs. Voilà pourquoi sans doute beaucoup de nos politiques semblent penser, - fidèles eu ce point à l'espèce d'alliance préconisée un jour par Gambetta ? - que la prédominance de l'esprit positif peut seule assurer la pleine indépendance de l'esprit républicain ; voilà pourquoi ils se défieront de tout ce qui ressemble au spiritualisme classique (qu'on se souvienne de M. Combes et du succès de scandale qu'obtint devant la majorité, sa profession de foi inattendue de vieux philosophe spiritualiste) et feront un large crédit au contraire à tout ce qui sent le naturalisme. C'est aux inductions tirées des sciences naturelles que pensait M. de Lanessan, c'est en leur puissance qu'il mettait sa foi lorsqu'il traçait devant les instituteurs, au Congrès de Caen, les grandes lignes de la pédagogie nouvelle. De même, c'est « aux lois de la vie » que se référait l'honorable sénateur qui prétendait, en réponse au scepticisme des conservateurs, établir la possibilité d'une morale purement laïque.

Que ceux qui s'efforcent de constituer une morale scientifique aient le plus souvent et comme instinctivement cherché, de nos jours, leurs inspirations du côté des sciences naturelles, cela n'a rien que d'explicable. On a souvent observé que chaque type de science à tour de rôle a servi de modèle universel [2]. On tente toujours d'appliquer au monde humain les concepts et les méthodes dont le succès vient de frapper les esprits. L'obsession dont les moralistes furent longtemps poursuivis, de trouver une « loi de Newton » pour le système social, en est le plus bel exemple. An XIXe siècle, c'étaient les conquêtes enveloppantes de la biologie qui ouvraient le plus de perspectives : par ses découvertes accumulées, l'humanité

1 Le Malaise de la pensée philosophique, Paris, Alcan, 1905.
2 V. H. MICHEL, l'idée de l'État. FOUILLÉE, Les éléments sociologiques de la moralité.

Chapitre II

perdrait enfin tout droit de se considérer « comme un empire dans un empire » ; de l'étude même de la nature, on pourrait sans doute dégager des règles objectives pour la conduite des sociétés.

Cet état d'esprit n'explique-t-il pas pour une part le succès du solidarisme ? Ne semblait-il pas précisément fait pour répondre à ces demandes ? Ses premiers partisans professaient volontiers leur dédain à l'égard de la métaphysique. « On ne peut rien fonder sur elle, affirme M. Papillault, elle est abstraite, vide, stérilisante [1] ». M. Bourgeois exprimait discrètement l'espoir d'en finir avec les « concepts vides » en combinant deux forces trop longtemps restées étrangères l'une à l'autre : « la méthode scientifique et l'idée morale » [2]. Le solidarisme se défend de construire en l'air à son tour. C'est sur des réalités qu'il table. C'est par des constatations qu'il pense, en tirant au jour les quasi-contrats sur lesquels toute notre vie repose, nous amener à reconnaître l'étendue de notre dette et à contresigner sa « Déclaration des Devoirs ». « Nul ne peut se vanter de se passer des hommes ». « L'individu est un produit plus encore qu'un producteur ». « L'âme elle-même est fille de la cité » [3]. Donner un corps à ces idées générales, les rendre concrètes, vivantes et agissantes en multipliant les preuves objectives de notre interdépendance, c'est la tâche que le solidarisme s'est assignée. En la remplissant, bien loin qu'il fasse fond sur quelque survivance métaphysique, on le voit s'incorporer les résultats les plus clairs de la science sociale.

Mais, bien plus, ne décuple-t-il pas le prix de ces résultats en les rattachant à ces lois supérieures de la vie, dominatrices de l'évolution, et dont on aime à penser aujourd'hui que les sociétés aussi devraient prendre conseil ? Nous avons vu que s'il recueille quelques-unes des lois formulées par l'économie politique, il les illustre, les confirme, les fonde en nature à l'aide des lois découvertes par la biologie. Toutes ces corrélations et connexions inattendues qu'elle a démêlées soit entre les organismes divers, soit à l'intérieur d'un même organisme il en tire parti pour nous donner le sentiment du

---

1 Essai d'une philosophie de la solidarité, p. 100.
2 Solidarité, p. 16.
3 C'est la formule à laquelle aboutit M. Boulet dans le livre auquel se réfère M. Bourgeois.

      La cité moderne. Métaphysique de la sociologie, Paris, Alcan, 1894.

Célestin Bouglé

prix de la coopération.

C'est ainsi que M. Bourgeois utilisera, pour démontrer la bienfaisante influence de la division du travail, les théories de Milne Edwards. Et il citera, pour montrer de quel côté le solidarisme attend le plus de lumière, les déclarations de M. Perrier.

« En établissant que dans le monde vivant, si la lutte est la condition du progrès, comme l'ont si vite appris ceux qui rêvent de bouleversement social, le progrès n'a jamais été réalisé que par l'association des forces individuelles et leur harmonieuse coordination, les sciences naturelles constituent non seulement la plus haute philosophie, mais la seule capable de fournir aux gouvernements les lumières nécessaires pour sonder et guérir les plaies profondes du temps présent ».

M. Bourgeois ajoute :

« Ces paroles d'un éminent naturaliste contemporain sont une réponse précise à l'appel que, depuis Auguste Comte, les politiques et les philosophes adressent aux sciences de la nature pour leur demander le dénouement du drame humain [1] ».

En ce sens, on pourra dire que la nouvelle doctrine est « née de la biologie », pour être « généralisée par la sociologie [2] ». Elle aurait donc retrouvé la spirale qui conduit de la conscience à la nature. Elle ne s'efforcerait plus, comme la philosophie spéculative, de suspendre la moralité humaine aux nuages qui passent, ni comme la religion de la rattacher à quelque lointaine étoile ; elle l'enracinerait au cœur même de la terre.

*

* *

Mais l'ambition n'est-elle pas paradoxale ? Et est-il vraisemblable qu'on puisse directement transmuter les réalités positives, et spécialement les réalités naturelles, en règles valables pour les sociétés humaines ?

Les leaders de l'opposition intellectuelle, les meneurs de la petite Fronde académique n'ont pas manqué d'insister sur les conséquences scandaleuses auxquelles se trouverait acculée, si elle était logique dans sa prétention de laisser parler les faits, cette pseu-

1 Solidarité, p. 60.
2 Philosophie de la solidarité, p. 13.

do-science quasi officielle.

En même temps que M. Bourget dans *l'Étape*, M. Barrès dans les *Scènes et doctrines du nationalisme* [1] observait que la « solidarité » n'implique nécessairement aucune « humanité », aucune « justice ». M. Brunetière concentrait et organisait toutes les objections de cet ordre dans la conférence que nous avons déjà citée ; il y rappelait l'exemple fameux que les naturalistes se sont amusés à développer : le trèfle rouge a besoin d'être hanté par les frelons ; or les frelons sont détruits par les rats des champs, mais ceux-ci sont détruits par les chats. Il y a donc solidarité entre le nombre des chats et la prospérité du trèfle rouge. Mais où prenez-vous que cette solidarité de fait, qui d'ailleurs condamne les êtres à s'entre-détruire, soit une invitation à la fraternité ? En vain vous entassez les preuves bio-sociologiques de l'interdépendance, de la relativité universelles. De mille boisseaux de faits vous n'extrairez pas un grain d'amour : « cela est d'un autre ordre ». Et votre échec sur ce point ne sera qu'une confirmation nouvelle de la « banqueroute de la science ». Par où M. Brunetière rappelait qu'il entend essentiellement (ce qu'on oublie trop en effet), non pas que la science est incapable d'aboutir à telles applications utiles ou même à telles *théories* fécondes ; mais qu'elle est impuissante à dégager des *normes imposables*, propres à « régler » en même temps qu'à « rallier » les consciences. Si sa lumière fait de vous les maîtres du mouvement dans le monde matériel, elle ne vous fournit nullement cette chaleur intérieure nécessaire à l'action sociale.

---

1 Voici comment s'exprime M. Barrès (*Scènes et Doctrines*, p. 15, en note) : « On l'a gâté (ce mot de solidarité, en y mettant ce qui dans le vocabulaire chrétien est charité. Toute relation entre ouvrier et patron est solidarité. Cette solidarité n'implique nécessairement aucune « humanité », aucune « justice » et par exemple au gros entrepreneur qui a transporté mille ouvriers sur les chantiers de Panama elle ne commande pas qu'il soigne le terrassier devenu fiévreux ; bien au contraire, si celui-ci désencombre par sa mort les hôpitaux de l'isthme, c'est bénéfice pour celui-là. Mais il fallait construire une morale, et voilà pourquoi on a faussé, en l'édulcorant, le mot de Solidarité. »
Et M. Bourget (*L'Étape*, p. 304) : « *Solidarité humaine*, il croyait remplacer par ces deux mots la tradition vivante d'ordre et d'amour incarnés dans l'Église. Il ne s'apercevait pas que cette expression de la dépendance relative des êtres à l'égard les uns des autres a deux significations : l'une bienfaisante, c'est la seule qu'il voulait voir. Mais toutes les férocités de la lutte pour la vie ne sont-elles pas aussi justifiées par cette formule ? Le lion est solidaire de sa proie, puisqu'il ne peut pas vivre sans elle, seulement sa solidarité consiste à la tuer et à la dévorer. »

Célestin Bouglé

Pour mesurer la part de vérité contenue dans ces critiques, il faudrait s'entendre sur ce qu'on appelle, en matière d'action, une attitude scientifique. Veut-on, en effet, dire qu'il faut faire taire toute espèce de sentiments pour laisser parler les faits ? réduire sa conscience à l'état de table rase pour l'offrir au stylet de l'expérience ? L'idéal serait alors de découvrir, sous les superfétations de l'histoire humaine, les volontés profondes de la nature ; le devoir serait du moins d'imiter, autant qu'il est en nous, ses démarches spontanées.

Le plus fort argument contre une objectivité ainsi comprise, c'est qu'elle ne nous livrerait aucun principe de choix. Trop de voies s'ouvrent devant nous. Les faits parlent plusieurs langages. La nature offre une déplorable variété d'exemples, dont quelques-uns sont scandaleux pour la conscience humaine. Stuart Mill ne rappelait-il pas que la nature se rend coupable de tout ce qu'on reproche aux pires criminels [1] ? Le darwinisme prouve du moins que, pour nombreux et complexes qu'ils soient, les rapports entre les organismes ne sont pas toujours des rapports de fraternité.

Dans le tableau que nous fait Darwin de ces « solidarités » impitoyables, l'égoïste ne trouvera-t-il pas mille raisons de justifier sa conduite : *quia nominor leo* ! Cherchera-t-on de préférence des modèles, non plus dans les rapports des divers organismes entre eux, mais dans les rapports des éléments à l'intérieur d'un même organisme ? Ici même les leçons sont ambiguës. Et on en pourrait tirer qui étonneraient nos solidaristes démocrates. On présente quelquefois le fameux discours de Menenius Agrippa aux plébéiens comme un apologue solidariste. Mais, quel est le plus clair enseignement qui en découle, sinon que les membres d'une classe sociale ont tort de vouloir usurper les fonctions d'une autre ? « L'arbre tout entier voulant devenir fleur », le corps tout entier voulant devenir cerveau, voilà précisément les entreprises « antiphysiques » que les docteurs en politique consultés par M. Ch. Maurras reprochent à nos sociétés démocratiques [2]. Comme des justifications pour l'égoïsme, les solidarités de la nature préparent des arguments pour les apologistes de l'aristocratie.

Et qu'on ne croie pas qu'il suffise de s'élever de la nature à la so-

---

1 Essais sur la religion, 1er essai.
2 Enquête sur la monarchie, 2 fasc., 1900.

ciété, du monde animal au monde humain pour voir la solidarité produire d'elle-même des résultats toujours utiles et toujours justes. Nous avons remarqué que les solidaristes, dans leur désir de rendre sensible à l'individu la dette qu'il a contractée envers la société, insistent plus volontiers sur les bienfaits de la coopération civilisatrice. Cet optimisme n'empêche qu'ils soient obligés de constater, sur plus d'un point, des répercussions douloureuses. Les exemples choisis par M. Fontaine au Congrès de l'éducation sociale pour démontrer la solidarité, économique ne prouvent-ils pas surtout combien le progrès même des inventions industrielles impose de bouleversements pénibles aux habitudes des classes ouvrières ? Souvent l'interdépendance se traduit, en même temps qu'en bien d'un côté, en mal d'un autre. Soutiendra-t-on que cette distribution du bien et du mal est du moins conforme à la justice ? La richesse du spéculateur, qui profite de telle plus-value d'origine sociale, est-elle proportionnelle à son mérite ? L'ouvrier dont l'habileté technique est rendue inutile par l'installation de telle machine est-il réduit au chômage par sa faute ? Les exemples ne manqueraient pas pour prouver que les mêmes forces qui élèvent les uns au hasard écrasent les autres au hasard [1].

Faudrait-il donc, pour être objectif, respecter ces contrecoups de l'organisation sociale, ou imiter ces procédés de la sélection naturelle ?

Nous savons que le solidarisme est tout le contraire de ce quiétisme. On n'invoque les lois de la solidarité que pour nous faire honte de notre inaction. On suppute les dettes sociales, à seule fin d'opérer un « grand redressement des comptes ». Il s'agit de réparer, ou mieux, de prévenir l'injustice. C'est pourquoi on invite la collectivité à prendre conscience de ses devoirs, et par là même de son droit d'intervention.

En conclurons-nous d'ores et déjà que l'attitude du solidarisme n'a rien de scientifique ? Il faut distinguer. La science s'accommode de plus d'une attitude. Et si l'état d'esprit conformiste, qui nous conseille de laisser faire ou de copier, convient bien à la manière antique d'entendre la science, la manière moderne conduit assez logiquement à l'état d'esprit réformiste, qui nous incite à rectifier.

---

1 La solidarité dans les faits économiques, dans le congrès ; de l'Éducation sociale, p. 49-57.

Célestin Bouglé

D'une façon générale, les anciens étaient portés à voir, dans les lois naturelles, une harmonie révélatrice. C'était une forme qui s'incarnait dans la matière, une fin qui ordonnait des matériaux, art spontané qui imposait l'admiration et s'offrait à l'imitation. Lorsqu'une conception religieuse de la loi se substitue à cette conception esthétique, les raisons d'admirer ou d'imiter ne perdent rien de leur valeur : tout au contraire. L'art immanent est remplacé par une Providence transcendante. Ce sont ses volontés qu'on s'efforce de lire dans le livre de la nature. Qui sait si aujourd'hui même, dans le naturalisme de beaucoup d'esprit, on ne retrouverait pas cet arrière-fond de théisme ? À l'origine de cette croyance que les lois « naturelles » de l'économie politique sont « aussi bonnes qu'inéluctables » il y a cette autre croyance qu'elles sont l'œuvre d'un Être aussi puissant que bienfaisant [1].

Mais nous savons qu'on se fait ordinairement aujourd'hui, des lois naturelles, une conception plus modeste, et si l'on ose dire, plus terre-à-terre. On ne les considère plus comme les révélations d'une volonté providentielle ni même comme les chefs-d'œuvre d'un art spontané. Des rapports constants, des nécessités conditionnelles, des couples de faits : « tel antécédent étant posé, telle conséquence apparaîtra », voilà ce que nous livre la science. Ces rapports procurent-ils toujours le bien des êtres ? Gouvernée par la sélection automatique qui trie leurs innombrables essais, leur évolution nous montre d'admirables cas d'adaptation. Mais aussi combien de « désharmonies » [2] elle laisse subsister ! D'où la possibilité d'aider la vie par des interventions méthodiques qui, en déclenchant à propos tel jeu de lois, perfectionnent les résultats obtenus par les procédés tâtonnants de la nature.

S'il s'agit de l'homme en particulier, nous ne nous épuiserons plus à chercher quelles volontés elle manifeste à son endroit. A-t-il été désigné par décret nominatif pour régner sur ce monde ? Que nous importe si nous constatons seulement qu'à force de mé-

---

1 V. l'*Essai* cité de Stuart Mill. On connait les formules de Quesnav : « La loi physique est le cours réglé de tout événement physique de l'ordre naturel, évidemment le plus avantageux au genre humain. Ces lois forment ensemble ce qu'on appelle les lois naturelles. Instituées par l'Être suprême, elles sont immuables et les meilleures possibles. »
2 C'est l'expression employée Par METCHNIKOFF dans ses *études sur la nature humaine*.

thode il en devient le conquérant, s'il peut de mieux en mieux, par d'adroites dispositions, faire converger pour le servir les forces au milieu desquelles il est jeté. C'est cet esprit prométhéen qui anime nos savants modernes et c'est de lui que peuvent se réclamer les solidaristes.

*

* *

Mais que suppose cet interventionnisme même ? Implique-t-il seulement la connaissance scientifique de la réalité ? A cette connaissance il faut ajouter le désir, pour la satisfaction duquel cette réalité devra être, s'il est nécessaire, réorganisée. Dans la plupart des cas où la science agit sur la nature, le désir est inexprimé, tant il est clair et semble un effet « naturel », Nous désirons la santé ; c'est pourquoi la médecine intervient. Mais quand il s'agit d'une médecine appliquée aux sociétés, l'idéal est-il aussi simple ? Pour définir les conditions de la santé sociale, suffira-t-il de consulter la nature ? Où ne faudrait-il pas faire entrer de nouveaux éléments d'appréciation en ligne de compte ?

Ce sont ces éléments nouveaux qu'on verra de plus en plus clairement affleurer à la surface du solidarisme. Ses partisans distingueront de plus en plus nettement entre la solidarité « objective » et la solidarité « subjective », entre la solidarité « fatale et la solidarité « consentie » : il s'agit pour eux d'aider l'humanité à s'élever de celles-ci à celles-là. Qu'est-ce à dire sinon qu'ils proclament que les conséquences de la solidarité de fait doivent être rectifiées selon les exigences de la conscience ? La présence, la croissance de cette force originale, c'est là ce qui distingue de l'évolution naturelle l'évolution des sociétés et l'invite à prendre des directions nouvelles. Quand ce fanal est allumé, la possibilité se montre, la nécessité se fait sentir d'emprunter des voies plus courtes et plus douces. Il vient un moment où l'ordre ne peut plus se maintenir s'il n'est ratifié par l'accord des consciences [1].

---

1 M. Bourgeois exprime ainsi cette idée (*Philos. de la solidarité*, p. 7) « Quand il s'agit d'organismes biologiques, la nature agit seule : les groupes, les agrégats naissent, se développent et meurent selon ses immuables lois ; les individus et les espèces s'ébauchent, se fixent, disparaissent et nul n'y peut rien, mais les sociétés humaines ne sont pas de simples organismes. Si elles obéissent aux lois générales de la vie, il s'y rencontre de plus un élément nouveau une force spéciale dont il n'est pas permis de ne pas tenir compte, la pensée, la conscience, la volonté. »

Célestin Bouglé

Des fins inédites apparaissent donc qui nous autorisent, qui nous obligent à rectifier les tendances spontanées. Devant les injustices de l'organisation économique, nous invite-t-on à laisser faire la nature, nous répondrons, dit M. Bourgeois, que si la nature inconsciente et sans justice a accumulé au hasard les dettes et les créances « nous qui poursuivons une autre fin nous devons intervenir pour modifier ces résultats, nous devons substituer au fait naturel de l'iniquité le fait social de la justice [1] ».

« Il faut que la justice soit » : c'est donc à cet impératif que M. Bourgeois en appelle ; ce commandement fixe les conditions vitales de l'équilibre et de la santé sociales. Qu'est-ce à dire sinon qu'il cherche à lire ces conditions dans l'esprit plutôt que dans la nature, et qu'il escompte, pour nous lancer et nous diriger dans l'action, l'impulsion de certains sentiments, plutôt que la pression des réalités objectives ?

Il serait d'ailleurs aisé, derrière ce sentiment de la justice, d'en découvrir d'autres, ceux-là même que les philosophies morales les plus anti-naturalistes ont le plus nettement formulés. S'il faut que la justice soit, c'est que « sous les inégalités de toutes sortes, différences de sexe, d'âge, de race, de force physique, d'intelligence, de volonté, il y a entre tous les membres de l'association humaine, un caractère commun, identique, qui est proprement la qualité d'homme, c'est-à-dire d'être à la fois, vivant, pensant et conscient ; c'est ce triple caractère commun à tous les hommes et qui n'existe au moins sur cette terre chez aucun être en dehors de l'homme, qui est le litre commun des membres de la société. Titre commun, il a au point de vue moral, une valeur égale pour tous. l'existence du droit qu'il confère pourra être plus ou moins étendue suivant le degré d'évolution personnelle de chacun des associés ; mais le droit lui-même, né d'une qualité commune - la conscience, unique fondement du droit - est chez tous d'une valeur égale et doit être chez tous également reconnu et respecté. » Qui ne reconnaîtrait ici le langage de la tradition « personnaliste ? »

D'ailleurs, en insistant sur ce qui fait le prix original de la personne humaine, les solidaristes ne se trouvent-ils pas amenés à emprunter les jugements de valeur du spiritualisme ? On retrouvera sans peine, dans la littérature solidariste, le sentiment de l'éminente no-

1 Philos. de la solidarité, p. 13.

blesse de la vie spirituelle. C'est surtout parce qu'elle rend cette vie spirituelle, possible, dira M. Payot, qu'on peut apprendre à l'enfant à aimer la vie sociale [1]. Dans le même chapitre où il prétend bâtir la morale sur des vérités de fait « comme sur un indestructible lit de rochers », on constatera qu'il s'appuie sur ce postulat, qu'il est beau pour l'individu de collaborer à l'ascension de la conscience dans le monde. Conduisant son élève sur la « ligne de faîte », il lui montre de quel côté son choix le fera pencher : opteras-tu pour l'union fraternelle avec les plus nobles et les plus purs ? Accepteras-tu la compagnie des barbares et des brutes [2] ? - Mais ce mode même de raisonnement ne suppose-t-il pas, dans l'âme, une préférence préalable, dont les faits doivent seulement l'amener à prendre une plus claire conscience ?

Par où l'on voit à quel point les solidaristes sont loin de présenter devant les réalités objectives des tables rases ou des miroirs inertes. Nous retrouvons au contraire, comme tendus dans leur âme, toutes sortes de sentiments que les philosophes du droit naturel nous ont rendus familiers. Ce sont ces sentiments qui vibrent au contact du fait. Ce sont leurs réactions qui commandent les réformes, dont le solidarisme entend être l'introducteur.

II. - L'utilisation morale de la science.

Est-ce donc à dire que la nouvelle doctrine n'a retiré aucun profit réel de son voyage à travers les faits positifs ? Le bagage scientifique qu'elle en rapporte ne serait-il qu'un appareil encombrant et inutilisable, au vrai, un trompe l'œil, bon peut-être pour piquer la curiosité des gens, mais nullement pour éclairer leur activité ?

La conclusion serait injuste. Il serait aisé de prouver que sur plus d'un point la « science » de la solidarité éclaire utilement la conduite, capable qu'elle est de suggérer non seulement de nouveaux moyens, mais de nouveaux motifs d'action.

Et d'abord, il n'était pas inutile, en tout état de cause, d'attirer l'attention sur la « relativité » des phénomènes sociaux, sur ce fait que dans le monde historique aussi il y a des rapports constants, des

---

1 *Congrès*, p. 107.
2 Cours de morale, p. 30.

Célestin Bouglé

couples grâce auxquels t6ut se tient et avec lesquels il faut compter. Cette solidarité, a-t-on dit, n'est qu'un autre nom de la nécessité universelle. Si les phénomènes sociaux sont liés comme vous semblez le prétendre, par des solidarités aussi infrangibles que celles qui lient les phénomènes naturels, si les lois qui les gouvernent sont des lois éternelles comme la loi de la gravitation, qu'avez-vous autre chose à faire alors qu'à « laisser tourner » ? Votre déterminisme vous invite ou vous condamne à l'inertie.

Le solidarisme répond en invoquant, en effet, l'attitude de l'homme en matière de phénomènes naturels : n'est-ce pas précisément la connaissance de leur déterminisme qui fait sa puissance et lui permet de les tourner à son profit ? Parce qu'il connaît les solidarités des fonctions et des organes, le médecin est capable de réparer ou de prévenir certains désordres. Qui sait utiliser convenablement les lois de la pesanteur est capable, non seulement d'élever des édifices, mais de faire monter des ballons vers le ciel.

« La solidarité est une loi comme celle de la gravitation ? Soit, déclare M. Bourgeois répondant à M. Malapert [1]. Et j'ajoute : la gravitation produit des ruines, des cataclysmes. Mais la mécanique intervient et la science se sert de cette même loi de la gravitation pour établir ou rétablir un équilibre stable. De même on peut s'emparer de ces lois de la solidarité naturelle, dont les conséquences peuvent être injustes, pour réaliser la justice même.

Le propre de l'homme n'est-il pas, non sans doute, de se révolter contre les lois de la nature mais de s'en servir, de les plier à son usage, de choisir parmi les moyens qu'emploie la nature ceux qui le mèneront à ses fins à lui ? »

C'est ainsi que dans le monde matériel l'homme passe son temps à « intervenir ». Mais à quelle condition ces interventions réussiront-elles ? À la condition que, informé des tenants et des aboutissants des phénomènes, il sache, pour en rectifier le cours, quel antécédent il convient de déclencher. À l'exemple de l'ingénieur ou du médecin, celui qui veut intervenir dans le monde social ne devra donc pas oublier que cette intervention ne peut s'accomplir en dehors des lois de la nature. « Nos constructions sociales ne seraient que des fantômes imaginaires si elles ne s'accordaient avec le réel, ne reposaient sur lui, ne se soumettaient à ses conditions. »

1 Philos. de la solidarité, p. 10.

Chapitre II

En vous rappelant au respect des données, le solidarisme réagissait utilement contre la tendance qu'on a si souvent reproché aux théoriciens de Droit naturel ; ne semble-t-il pas que ceux-ci, posant a priori les moyens aussi bien que les fins de l'action, traitaient les sociétés comme des espèces de matières ductiles et amorphes, remaniables à merci et dans tous les sens ? Contre cette forme d'esprit dont la déclaration des Droits de l'Homme serait « le monument le plus significatif », invoquons, disait M. P. Bourget, commentant De Bonald, « la discipline du fait » ; répétons que la société est elle-même un « fait colossal », et qu'« avant d'essayer de le modifier il est nécessaire de le comprendre [1] »). Le solidarisme, bien loin de méconnaître ces nécessités, les met au contraire en pleine lumière.

S'il n'en tire pas les conséquences conservatrices vers lesquelles penchent M. Bourget et Maurras, c'est qu'il reconnaît à la conscience, lorsqu'elle apparaît dans l'évolution, la faculté de poser des fins nouvelles et de « déclarer » en effet des droits. Mais il proclame en même temps que pour que ces fins s'incarnent dans l'histoire, pour que ces droits proclamés suscitent des mesures réformatrices qui soient viables, il importe qu'on sache utiliser les rapports complexes que la science découvre, et qu'on demande enfin, non plus à la raison a priori, mais à l'expérience méthodiquement consultée quels moyens il convient de combiner. Pour savoir sur quel point appliquer notre pesée, ce ne sera pas trop de toutes sortes d'enquêtes et de comparaisons. Les efforts de la sociologie pour révéler les dépendances intimes et les contrecoups lointains des différents phénomènes sociaux, apparaissent de ce point de vue, comme autant de travaux d'approche, destinés à préparer les réactions rationnelles de la collectivité. Celui qui pense améliorer le mécanisme social à coup de décrets arbitraires n'est-il pas comme un homme qui jetterait au hasard des pierres à l'intérieur d'une machine pour en augmenter le rendement. Si nous voulons y modifier utilement le jeu des forces, commençons par en connaître les rapports et les dispositions.

En insistant sur la nécessité pratique de cette méthode sociologique, le solidarisme, s'il fait sa part à l'a priori, la limite heureusement ; il nous invite lui aussi à « ce bain de réalisme » dont on dit que l'esprit français a toujours besoin.

1 *Bonald,* par P. BOURGET et M. SALOMON (Paris, Bloud, 1903), p. 32 et 35.

Célestin Bouglé

Mais est-ce seulement sur les moyens à disposer que le solidarisme attire notre attention, n'est-ce pas même sur les fins à imposer ? Une connaissance de plus en plus riche de nos « interdépendances » nous fournit avec de nouveaux instruments pour l'action sociale, de nouveaux motifs d'agir socialement. En ce sens, si elle ne crée nullement notre sentiment de la justice, elle serait du moins capable de la « transformer » en renouvelant son contenu.

La simple connaissance des faits serait donc capable de transformer les sentiments ? Il est difficile de le nier. Nous ne savons pas comment les sentiments se créent. Au moment où nous nous apprêtons à exercer sur elles notre action consciente, nous constatons toujours dans les âmes la présence de certains sentiments préformés. Les variations relatives de ces sentiments, selon les lieux, les temps, les moments sociaux, nous invitent à penser qu'ils sont moins les données d'une conscience éternelle que des produits de l'histoire. Mais par quels canaux l'histoire les dépose-t-elle dans les consciences individuelles ? Dans quelle mesure use-t-elle à cet effet de l'hérédité organique et de l'imitation inconsciente ? Il se passe là des opérations de synthèse sociale aussi difficiles à comprendre et plus difficiles encore à reproduire artificiellement que celles de la synthèse biologique. Quoi qu'il en soit, pour alimenter et développer ces germes mystérieux, nous ne manquons pas d'utiliser les réalités positives. Dans nos écoles, pour façonner les jeunes consciences nous pratiquons en fait la méthode préconisée par le solidarisme ; nous les remplissons de science. Par l'histoire des inventions et des institutions nous leur donnons le sentiment de ce que c'est que le progrès humain et de ce qu'ils doivent à la coopération universelle. Nous leur inspirons ainsi le désir de s'acquitter, de payer leur écot, d'apporter leur pierre. Ils acquièrent, au fur et à mesure que se déroule sous leurs yeux le tableau de la civilisation, de nouvelles raisons de sortir d'eux-mêmes, de s'attacher à une œuvre qui les dépasse. Ils sont disposés à un effort plus altruiste par cela même qu'ils se conçoivent, ainsi que le disait Condorcet, « comme les coopérateurs d'un ouvrage éternel ». L'élargissement de l'intelligence, obtenu par la connaissance des faits, aboutit ainsi à une dilatation du cœur.

Ce qui est vrai des jeunes consciences est vrai des consciences adultes, ce qui est vrai de la conscience individuelle est vrai de la conscience, collective. Dans bien des cas l'opinion publique serait sans doute mieux préparée à accueillir ou à réclamer telle réforme « si elle savait ». La sécheresse du cœur naît le plus souvent de la pauvreté de l'imagination, qui est entretenue à son tour par la pénurie des informations. Nous ne nous représentons pas le monceau de misères et de servitudes qui sert de piédestal à notre bien-être et à notre loisir. La science de la solidarité soulève le tapis qui nous cache ce piédestal. Parce qu'elle nous met sous les yeux cette complication de dépendances qui est la vie sociale, elle nous amène à concevoir l'extension de notre responsabilité et à accepter les limitations à notre liberté.

Par quelque côté nous sommes tous des pauvres, disait Ch. Gide en pensant à l'échange de biens rendu possible et nécessaire par la division du travail. Par quelque côté nous sommes tous des criminels, pourrait-on dire en pensant aux causes sociales de toutes les formes du mal. S'il est vrai que dans l'insécurité, le dénuement, le « désespoir » où vivent certaines classes il faut voir les principaux pourvoyeurs de l'alcoolisme et de la prostitution, si la désintégration des groupes qui devaient soutenir en même temps que contenir l'individu, est une des raisons de l'accroissement des suicides ou des crimes, ne faut-il pas que la société s'accuse elle-même, pour une part, des fautes de ses membres ? C'est ainsi, au fur et à mesure qu'elle est mieux éclairée par la science sociale, que la conscience sociale sent plus vivement le besoin d'un droit pénal assoupli et humanisé.

Mais, c'est surtout le droit économique qu'il faudrait refondre, si l'on veut substituer de plus en plus, aux mesures de répression ou de réparation, les mesures préventives. Or, quelle est l'idée dont la résistance retarde cette opération ? C'est l'idée que la liberté individuelle est par dessus tout sacrée, et que l'État est allé au bout de son devoir s'il a empêché ces libertés d'empiéter les unes sur les autres. Mais, comme l'observe M. Bourgeois commentant une expression de M. Fouillée, la science de la solidarité, par cela même qu'elle nous rappelle que nous ne sommes pas des « Robinsons », nous rappelle aussi que pour être vraiment justes, il ne suffit pas de n'avoir pas « empiété » [1].

---

1 Philos. de la solidarité, p. 12, 39.

M. Bourguin (Les systèmes socialistes et l'évolution économique, Paris, Colin,

Célestin Bouglé

Celui qui s'est une fois rendu compte de tout ce que sa propre vie doit à l'outillage et au travail social, celui-là ne se croira pas quitte envers la société par la pratique d'une justice étroite et sèche, qui ne lui demanderait, sans plus, que de remplir les engagements particuliers qu'il aurait dûment contresignés ; il comprendra la nécessité de reconnaitre à leur tour les quasi-contrats tacites sans lesquelles l'association ne subsisterait pas, et de faire honneur aux obligations que, rien qu'en vivant, il a endossées. Et si, à l'heure de ces grands règlements de comptes, il devient indispensable de ne plus abandonner à l'arbitraire de la charité, mais d'imposer au besoin par la force des lois, l'accomplissement de la « justice réparative », le juste averti par la science de la solidarité n'opposera plus aux réformes nécessaires, les droits supérieurs de la liberté individuelle : il saura qu'avant de jouir de la liberté il importe de l'avoir gagnée en s'acquittant de ses dettes : il faut s'être « libéré ».

Par où l'on voit que si, en ces matières, l'action de la science sur la conscience reste indirecte, elle n'est pas moins puissante. Dira-t-on que la lumière ne déterminerait aucun mouvement dans les âmes si aucun sentiment n'y préexistait ? Sans doute, mais par les réalités qu'elle éclaire, elle force les âmes, pour peu que celles-ci veuillent rester logiques avec leurs sentiments préalablement avoués, à se reconnaître, et par suite à s'imposer des devoirs nouveaux. En ce sens, si les faits évoqués par le solidarisme ne commandent pas

---

1904), exprimé ainsi une idée analogue : « À celui qu'opprime la pensée de la misère, les limitations, les mesures de contrôle, les contraintes fiscales paraissent légères, si elles ont pour objet de procurer à tous un minimum d'existence et de sécurité. Celui-la accepte volontiers sa part des obligations et des charges de !a prévoyance sociale qui les considère comme des mesures de salut pour la masse des hommes ; le tribut imposé aux plus favorisés lui apparaît non pas comme un prélèvement injuste, mais comme un moyen de préserver les individus d'une injuste déchéance qui brise les énergies et corrompt une partie de l'organisme social ».

Il ajoute : « Il y a donc un idéal, celui du développement de la personne pour tous, qui a grandi dans la conscience populaire en même temps que la science et la démocratie, idéal en complète harmonie avec l'une et avec l'autre, puisque la solidarité est une notion à la fois scientifique et démocratique ; idéal intimement lié à l'ensemble du procès social et par conséquent conforme aux lois du développement historique ».

Cf. ce que M. Lapie dit des « causes indéterminées » de l'injustice et de la « magistrature économique » (*La justice par l'État*, Paris, Alcan, 1899). - V. encore Senchet, *Liberté du Travail et solidarité vitale* (Paris, Giard et Brière, 1903) livre III.

Chapitre II

par leur seule autorité, ce sont du moins d'utiles avertisseurs. Ils nous forcent à nous retourner pour mesurer de l'œil la hauteur des privilèges et la profondeur des misères. Ils nous amènent ainsi à comprendre la nécessité morale d'une réorganisation sociale. Ils nous aident à triompher des intransigeances du libéralisme économique.

Mais, ce n'est pas seulement par les nécessités morales, c'est encore par les possibilités naturelles qu'il éclaire que le solidarisme seconde l'effort de la démocratie pour élargir la conception de la justice. Et, de ce point de vue, ce n'est pas seulement aux faits sociaux qu'il cite, c'est même à ses exemples biologiques, que l'on peut rendre une utilité morale.

On peut penser, en effet, comme l'indique M. Fouillée dans son dernier livre [1], que l'effort social, de nos jours, serait ralenti, désorienté, et comme découragé d'avance si on pouvait démontrer qu'il est totalement contraire aux lois de la nature. La science, disions-nous, invite l'homme à s'émanciper de la force des choses en la tournant à son profit. Ce n'est pas à dire que la science prête à l'homme un pouvoir arbitraire, et par exemple, comme disait Leibnitz, la capacité de bondir jusqu'à la lune. Tout au contraire parce que son réformisme est intimement lié au déterminisme, il y a des bornes qu'elle pose, il y a des routes qu'elle ferme à l'ambition humaine, en vertu même des rapports constants qu'elle a enregistrés. Elle l'avertit que de telles entreprises ne sauraient conduire qu'aux abîmes. En ce sens, la science réalise ce paradoxe de ressusciter à la fois, suivant les points et les moments, l'esprit de Job résigné, l'esprit de Prométhée révolté. Elle nous amène à abdiquer devant telles impossibilités naturelles, murs d'airain où notre rêve se briserait comme verre.

Or précisément la volonté démocratique, dans son effort pour réintégrer la charité au sein même de la justice, ne se heurterait-elle pas, à de pareilles impossibilités ? Ne conduit-elle pas les sociétés où elle prédomine à la décadence et à la ruine ? Avec vos soucis de solidarité n'allez-vous pas enrayer la concurrence, c'est-à-dire arrêter le progrès ? On sait que c'est là un des points sur lesquels ont concentré leurs critiques ceux qui essaient de retourner « la science contre la démocratie ». La doctrine du *struggle for life* sem-

---

1 Les Éléments sociologiques de la moralité, 1re part.

Célestin Bouglé

blait faite pour fournir aux économistes classiques de nouveaux arguments en faveur du « laissez-faire, laissez-passer », comme elle semblait justifier les imprécations d'un Nietzsche contre toutes les formes de pitié chrétienne ou socialiste.

Pour limiter les généralisations de ce « darwinisme social », était-il inutile de relever, dans l'histoire même des organismes, tous les exemples qu'ils offrent de progrès par l'adaptation réciproque, la coalition, la symbiose ? Non seulement, ainsi que le démontre Milne Edwards, « la coordination intime d'éléments qui n'étaient que juxtaposés, en transformant la colonie animale en un organisme proprement dit » aboutit à un ensemble plus parfait en même temps que plus complexe et d'un rendement supérieur, mais encore, entre organismes divers on voit s'instituer de ces échanges dont bénéficient l'un et l'autre ; au fur et à mesure qu'on monte dans la série, le mutualisme, suivant la formule de M. Espinas [1], se substitue au prédatisme. S'agit-il des relations entre membres d'une même espèce on s'apercevra, nous dit Kropotkine, qu'ils sont bien moins souvent condamnés à lutter que le suppose la théorie de Darwin : au contraire, les cas « d'aide mutuelle » sont la règle [2]. Les espèces les plus prospères, et si l'on peut dire les plut, civilisées, ne sont-elles pas aussi, comme l'observe M. Houssay [3], celles où les instincts sociables ont pris le dessus ? Ainsi est-on amené à conclure avec M. Perrier, que dans la nature même le succès vient « non pas aux êtres qui pratiquent la concurrence avec le plus d'ardeur, mais à ceux qui, au contraire, ont su y apporter des ménagements, en la supprimant plus ou moins vis-à-vis d'autres êtres de choix ». Un autre naturaliste, M. Geddes, observe de son côté que « chacune des grandes étapes du progrès correspond à une subordination plus étroite de la concurrence individuelle à des fins reproductives ou sociales, et de la concurrence intra-spécifique à l'association coopérative » [4].

Le solidarisme s'empare de tous ces faits ; les maniant et les pétrissant, pour ainsi dire, il en extrait un antidote contre le pessimisme

---

1 Les sociétés animales.
2 *Mutual aid.* (traduit en français sous ce titre : *L'Entr'aide* Paris, Hachette, 1906).
3 Revue philosophique, 1893, p. 473.
4 *Évolution du sexe* p. 432, 440. Nous avons rassemblé divers témoignages de ce genre dans notre livre sur La *Démocratie devant la science* (Livre III, *La concurrence*).

Chapitre II

darwinien. Il rend ainsi, à l'humanité en quête d'une justice élargie et attendrie quelque sécurité, quelque confiance dans la force des choses. Devant cet océan tumultueux elle sait désormais que s'il y a des courants et des vents qui la contrarient, il en est aussi auxquels elle peut s'abandonner.

Par où nous ne revenons pas au naturalisme intégral. Nous n'accordons pas que pour trouver la voie droite il suffit de suivre la nature, de la laisser faire ou de la copier. Nous n'oublions pas que ses évolutions sont variées et multiformes : elle a tenté plusieurs voies ; elle a procédé par les adaptations qui supposent la destruction ou l'exploitation aussi bien que par celles qui permettent la coopération. Si nous déclarons celles-ci supérieures, ce n'est pas, croyons-nous, en vertu d'un critère objectif, d'un mètre extérieur du progrès, c'est surtout en vertu des préférences de la conscience humaine. Mais que ces préférences ; mêmes ne soient pas purement et simplement des vœux « antiphysiques » et qu'ainsi, en s'efforçant de leur obéir, on ne soit pas acculé à des essais condamnés d'avance, il n'était pas sans intérêt de l'établir aujourd'hui. S'il est vrai que le sphinx de la nature est lui aussi *bifrons,* s'il a une face tournée vers la paix et l'autre vers la guerre, il n'était pas hors de propos de projeter la lumière sur la face de la paix, puisque c'était jusqu'alors la face de la guerre qui avait été crûment éclairée.

Le solidarisme nous permettait aussi de prendre position entre ceux qui présentent le « processus éthique », comme le prolongement et ceux qui le présentent comme l'antithèse du « processus cosmique ». Les deux thèses à la fois sont vraies. Parmi les tendances spontanées qu'elle voit à l'œuvre autour d'elle et qu'elle en retrouve en elle, il appartient à l'humanité de choisir et de développer les unes pour atrophier les autres. Elle aura à lutter contre les survivances de certaines formes de la vie ; mais, dans cette lutte, d'autres formes, qui avaient devancé son apparition seconderont son effort. À une époque où le progrès même de la science rend de plus en plus intenable la conception qui pose l'humanité comme un empire dans un empire, le sentiment de ce secours, prêté par certaines formes naturelles, n'est peut-être pas inutile à l'élan confiant de l'action sociale. Même sur ce point les faits assemblés par le solidarisme ne l'ont pas été en pure perte. Grâce à eux ce n'est pas seulement l'apriorisme rationaliste ou le libéralisme éco-

Célestin Bouglé

nomique, c'est le pessimisme darwinien qu'il a pu heureusement limiter.

Chapitre II

Chapitre III

LES BASES JURIDIQUES

I. - *Contrat social et quasi-contrat.*

Le solidarisme ne se propose pas seulement, nous l'avons vu, de régénérer le sens moral, il entend compléter le système du droit. Ajouter à la Déclaration des Droits de l'Homme une « Déclaration des devoirs sociaux), ne lui suffit pas : à ces obligations désormais avouées il veut préparer des Sanctions. C'est surtout en vue de cette reconstruction juridique qu'il préfère les matériaux éprouvés par la science : à notre époque, la seule chance de faire accepter des conclusions impératives n'est-elle pas de les faire reposer sur les faits positifs ?

Il ne s'agit pas seulement, dira M. Bourgeois au congrès de 1900 [1] d'augmenter par de bonnes paroles le nombre des bonnes actions, de favoriser les penchants généreux, d'amener d'heureux rapprochements : « Ce qu'il faut savoir, et ce qu'une analyse précise des conditions objectives de la solidarité peut seule nous apprendre, c'est si les lois de cette solidarité contiennent les fondements d'un véritable droit humain, si leur application peut conduire à une organisation positive où l'accomplissement des obligations sociales mutuelles prendra l'impérieuse évidence d'un acte de stricte honnêteté, où leur inexécution équivaudra à la violation d'un contrat et pourra entraîner, suivant la règle ordinaire de justice, des sanctions, expression légale des réactions naturelles de l'être lésé par d'autres êtres, comme il en existe déjà en cas d'inexécution des obligations de droit civil ou de droit public ».

C'est à la seule fin de justifier cette extension de l'obligation juridique que le solidarisme a perfectionner et amplifié la théorie dite du « quasi-contrat ». - Que signifie cette théorie et quels sont ses rapports avec la théorie classique dont elle évoque fatalement, le souvenir, - avec les constructions de Rousseau sur l'hypothèse du contrat social ? La doctrine nouvelle réussit-elle à expulser ce grand revenant de Jean Jacques ? Ou au contraire lui ménage-t-elle

1 Congrès intern. p. 80.

Célestin Bouglé

une place d'honneur ?

Sur ce point les avis des interprètes de la doctrine paraissent partagés [1]. Pour décider entre eux il importe de rappeler d'abord les postulats et les tendances de contrat social.

*
* *

« L'homme est né libre et partout il est dans les fers... Comment ce changement s'est-il fait ? Je l'ignore. Qu'est-ce qui peut le rendre *légitime ?* Je crois pouvoir résoudre cette question. » Ces formules mêmes nous rappellent - ce qu'on a trop souvent oublié - que le problème que se pose Rousseau est moins un problème de fait qu'un problème de droit. Il présente le contrat social moins comme une réalité historique que comme une fiction juridique, destinée à légitimer l'état de dépendance où se trouvent les personnes. Ces liens dont elles sont enveloppées, comment les faire avouer par la raison, sinon en les lui présentant comme l'œuvre de leurs libertés ? Leur désir de s'assurer la sécurité et d'accroître leur puissance explique le sacrifice commun de leur indépendance. Librement elles ont échangé telles libertés contre telles autres - l'ensemble des libertés naturelles contre le système des libertés sociales. Seule cette hypothèse justifie le règne de la loi.

De cette théorie qu'ont retenu nos sociétés ? Les conséquences pratiques, celles-là mêmes qui s'accordaient avec leurs tendances historiques. Elles se sont servies de l'hypothèse du contrat non pour *justifier* n'importe quelle loi, mais pour *rectifier* les lois qui leur paraissent injustes. Si les personnes libres avaient en effet décidé, sous certaines conditions, d'abdiquer en commun leur indépendance, est-il vraisemblable qu'elles auraient souscrit à des conditions qui n'auraient pas garanti, à toutes, une compensation égale en sécurité et en puissance ? Au fur et à mesure que les membres de la société deviendront plus « conscients », il devien-

---

1 ANDLER, *Revue de métaphysique et de morale, 1897, p. 524* : « Combien grande fut ici l'erreur des théoriciens *du* contrat social ! » à l'opposé DARLU, ibid, 1897, p. 123, 1898, p. 115. - *TARDE, Acad. des sciences morales*, 1903, p. 422 : « *La* solidarité qu'on nous propose tend, sans le vouloir, à rétrécir le champ de la *solidarité.* La faute en est à l'idée du contrat social du quasi-contrat qui en dérive... » - Opp. GLASSON, *ibid.* p. 426 : « *Y* a-t-il un quasi-contrat social ? M. Brunot l'affirme et cette affirmation offre au moins l'avantage de se ramener à la négation de l'existence d'un contrat *social.* »

dra de plus en plus difficile de leur imposer un ordre social aux conditions duquel, s'ils avaient été consultés en effet, ils n'auraient pas consenti. Travaillons donc à réformer cet ordre comme si le contrat avait été débattu et signé. Quand la théorie de Rousseau ne serait le reflet d'aucune réalité historique, il reste qu'elle éclaire nettement notre idéal [1].

De ce point de vue, il apparaît que les solidaristes aussi sont de la lignée de Rousseau. Avec l'un de ses plus grands adversaires, avec Sumner Maine, ils constatent que, dans les faits, les arrangements débattus tendent de plus en plus à prévaloir sur les arrangements imposés, le régime du *contrat* sur celui du *statut*. « Peu de propositions générales relatives au siècle où nous vivons, écrivait l'historien de *l'Ancien Droit,* semblent devoir être plus promptement acceptées que celle-ci : la société de notre temps se distingue principalement de celle des générations précédentes par la grande place qu'y occupe le contrat. » Les solidaristes ajoutent que, cette zone lumineuse gagnée dès à présent par le régime contractuel, il importe qu'elle s'étende du droit privé au droit public. Il est souhaitable, il est exigé par la maîtrise croissante de la réflexion dans les sociétés occidentales, non seulement que se multiplient les contrats entre particuliers, mais que se formule en pleine clarté le contrat général qui les tient tous unis [2].

Qu'est-ce, en effet, que la démocratie, sinon la réflexion collective qui intervient dans l'histoire, projette son rayon dans le courant social, permet ainsi aux individus de demander des comptes et de poser des conditions ? Une société démocratique se vantera donc de n'avoir plus que des lois d'argile, qui se laissent remanier par les volontés concertées de ses membres. En ce sens, ne tend-elle pas à ressembler de plus en plus à ces sociétés toutes volontaires, comme il s'en fonde chaque jour pour les besoins du commerce, où les actionnaires débattent en commun les conditions de leur association, mesurent les apports, redressent les comptes, distribuent équitablement les charges et les bénéfices ? C'est sur le type de ces associations que M. L. Bourgeois paraissait concevoir l'État [3].

1 C'est ce qu'a bien mis en relief M. Beaulavon dans sa préface à une nouvelle édition du Contrat social (Paris, soc. nouvelle, 1903).
2 V. BOURGEOIS, *Solidarité,* p. 131-sqq. – Cf. *Philos. de la solidarité,* p. 47.
3 *Ibid.* p. 82 - V. à ce sujet les objections de M. DABLU, dans la *Revue de métaphysique,* 1897, p. 125.

Célestin Bouglé

Il le présentait ainsi comme une sorte de machine fabriquée par les personnes réunies. Et par là il semblait revenir à la notion du « corps artificiel ».

*
* *

Les solidaristes devraient-ils donc être classés parmi les « artificialistes » ? Retomberaient-ils dans ce qu'on a appelé l'erreur du XVIIIe siècle, qui vit surtout, dans les choses sociales, des produits élaborés par les réflexions individuelles ? La conclusion serait inattendue pour qui se rappelle que le solidarisme semble s'être donné à tâche de s'approprier les méthodes et de s'incorporer les résultats de la sociologie.

Or les thèses avec lesquelles celle-ci nous familiarise ne sont-elles pas à l'antipode de celle de Rousseau ? - Les organisations spontanées précèdent et seules rendent possibles les combinaisons réfléchies. La puissance sociale précède et seule rend possibles les libertés individuelles. Présentez donc l'autonomie personnelle comme un point d'arrivée, et non plus comme un point de départ. Petit à petit, dans ce milieu favorable qui les soutient en même temps qu'il les contient, les individualités se constituent, se dégagent, se posent les unes en face des autres. Alors seulement, il leur est loisible de songer à stipuler des conventions. Si les associations peuvent devenir, de plus en plus, des choses artificielles, c'est parce qu'elles sont d'abord des choses naturelles. C'est ainsi qu'après l'orgueil rationaliste de la fin du XVIIIe siècle, le XIXe, en se mettant à l'école de l'histoire, devait nous réapprendre le prix du spontané.

Le solidarisme n'a garde d'oublier ces leçons. Lorsqu'il relève et soupèse le filet qui nous enveloppe, il ne cherche pas à montrer, - selon les tendances propres au « personnalisme » néo-criticiste, - que seules des libertés l'ont pu tisser [1]. À côté de la répercussion des actes délibérés, il ne néglige pas les poussées de la force des choses. Il sait le prix des organisations qui n'ont pas été expressément voulues. Lorsqu'il nous vante des bienfaits de la division du travail, il ajoute aux exemples des économistes ceux des biologistes ; il ramène ainsi notre attention aux racines naturelles de

---

1 V. La discussion entre M. Marion et Ch. Renouvier (MARION, *La solidarité morale,* 2e éd. p. 53. - *RENOUVIER, La critique philosophique, 9e* années nos 36 et 37.)

la coopération. On a même pu soutenir que, sur ce point, le solidarisme n'a peut-être que trop cédé à l'entraînement naturaliste...

Mais remettre ainsi les sociétés humaines à leur place dans la nature, était-ce forcément abandonner, comme décidément inutilisable, l'hypothèse du contrat social ?

*

* *

Une distinction proposée par Taine nous permet de comprendre quelle est, en ces matières, l'attitude propre des solidaristes, et pourquoi ils ont cru devoir substituer à la théorie du contrat celle du quasi-contrat social.

Taine distingue [1], en même temps que deux types d'associations, deux états de volonté :

« 1er état : La volonté s'exprimant par un vote, une action précise, un oui ou un non, par la nomination de tel individu. C'est la pointe de la pyramide.

« 2e état : La pyramide moins sa pointe, c'est-à-dire les tendances ou désirs profonds, intimes, qui, lorsqu'ils sont éclaircis, conscients, aboutissent à telle volition, nomination, vote qui les exprime, mais qui souvent n'y aboutissent pas. »

De même il y a deux sortes d'associations ;

« 1° Les associations artificielles, ordres religieux, sociétés de commerce, d'industrie, de bienfaisance, etc. Dans celles-ci, point d'engagement antérieur, inné : l'engagement est tout arbitraire ; on n'y entre que par la volition expresse (1er, état) ;

« 2° Les associations naturelles, famille, État, religion. Dans celles-ci, il y a un engagement antérieur, inné, parfois (famille) indestructible, en tant que physiologie. Engagement signifie tendance et désir à y rester, devoir d'y rester, en vertu d'une dette contractée par les bienfaits reçus. »

Dans l'association naturelle, ajoute Taine, les règles sont autres que dans l'artificielle. L'engagement est tacite, indéfini en durée comme en étendue, etc. « Tout cela conclut contre le contrat social de Rousseau et la Déclaration des Droits de l'Homme. »

---

1 Dans des notes préparatoires pour les origines de la France contemporaine (publiés au tome III de la correspondance, p. 327).

Célestin Bouglé

Mais cela conclut-il aussi contre le quasi-contrat ? Et la théorie que l'on fonde sur celui-ci n'escompte-t-elle pas précisément ces tendances dont Taine nous montre, dans la pénombre, l'opération silencieuse ?

*
* *

Il est permis en effet de tabler sur les volontés, tout inexprimées qu'elles restent le plus souvent, qui servent de substrats à un ordre social. C'est sur leur accord qu'il repose. Sans cet accord il retournerait en poussière. Qu'il dure, n'est-ce pas la preuve suffisante d'une ratification implicite ? Renan disait en ce sens : « L'existence d'une nation est un plébiscite de tous les jours comme l'existence de l'individu est une affirmation perpétuelle de vie. » L'individu répondra-t-il que s'il fait partie de tel État, sa naissance en a décidé, sa volonté n'a pas été consultée ? Mais continuer de vivre au sein d'un État, prendre part aux bénéfices comme aux charges d'une organisation nationale, n'est-ce pas adhérer par les actes au contrat qui en lie les membres ? Cette adhésion par l'action ne constitue-t-elle pas, demandait il y a longtemps déjà M. Fouillée, un « signe juridique » aussi valable qu'une parole ou une signature [1] ? Développer et perfectionner l'art d'interpréter les assentiments de cette sorte, ce sera le principal objet du solidarisme.

La théorie du quasi-contrat n'a d'autre but que de légitimer cet art, en rappelant qu'il n'est que la généralisation d'un procédé juridique déjà employé, en fait, par le droit moderne. La preuve que nous pouvons sans abus tirer au jour, pour leur faire produire et reconnaitre toutes les obligations sociales dont elles sont grosses, les volontés cachées des individus, c'est que d'ores et déjà les juges d'aujourd'hui, conformément aux Codes en usage, nous donnent l'exemple. N'est-il pas des cas on ils ne craignant point d'inscrire à notre compte certaines obligations, sans que nous y ayons souscrit formellement, mais comme si nous y avions souscrit ? Des obligations de cette nature qui « naissent sans convention » sont précisément ce que le Titre IV du livre III du Code civil appelle des

---

1 La science sociale contemporaine, p. 11. - G. BRUNOT, La solidarité sociale comme principe des lois dans les C. R. de l'Académie des sciences morales, p. 333-336.

Chapitre III

« quasi-contrats » [1].

*
* *

Imaginez qu'un voisin obligeant gère en votre absence, sans mandat de votre part, votre propriété. Des actes de sa gestion peuvent résulter pour vous certaines obligations. Ces obligations que vous n'avez peut-être pas prévues, on attend cependant que vous les endossiez. Au besoin la loi vous y force : elle vous prête une volonté que vous n'avez pas exprimée. - Imaginez encore qu'un patrimoine vous soit échu, en commun avec un certain nombre de cohéritiers. Du moment où vous l'acceptez, d'abord vous acceptez du coup, quand même vous ne les connaîtriez pas encore, les charges dont ce patrimoine peut être grevé. Ensuite, lorsqu'il s'agira de gérer ce patrimoine commun, fussiez-vous absent lors des délibérations où les actes de gestion seront décidés, votre volonté est présumée conforme à celles des copropriétaires présents : vous êtes engagé par les engagements qu'ils contractent. - Imaginez enfin que vous ayez encaissé par mégarde une somme qui ne vous était pas destinée. La loi vous prête l'engagement de la rendre au véritable destinataire. Il pourra exercer contre vous son droit de répétition [2].

Gestion sans mandat. - Communauté d'indivision. Réception inconsciente d'indu - voilà trois cas où votre volonté est légalement escomptée sans qu'elle ait été réellement exprimée. Or des cas analogues ne se rencontrent-ils pas à chaque instant dans la vie sociale ? N'est-elle pas tout entière tissée de quasi-contrats de ce genre ?

Qu'est-ce que cette division du travail, qui vous fait dépendre de plus en plus intimement les uns des autres, sinon une incessante gestion sans mandat des affaires de chacun par tous ? Vous acceptez le bienfait de cette gestion : n'est-il pas naturel qu'on vous prête la volonté d'accepter les obligations qu'elle implique ? - De même vous jouissez d'un patrimoine de civilisation, tant spirituel que matériel, qui vous est commun avec vos concitoyens. En l'acceptant vous êtes censé accepter les charges qui le grèvent, et vouloir respecter la volonté de ceux dont le labeur l'a constitué. Vos ancêtres vous l'ont transmis après l'avoir accru : après l'avoir accru

---

1 V. Brunot, Andler, Darlu, dans les articles au début du chapitre.
2 BOURGEOIS, Philos. de la Solidarité, p. 52.

Célestin Bouglé

vous voudrez le transmettre à vos descendants. – D'ailleurs, étant donné la manière, dont sont distribués les fruits de ce patrimoine, n'arrive-t-il pas que les uns reçoivent plus, les autres moins qu'il ne leur serait dû en réalité ? De ce point de vue, telles expropriations nécessaires n'apparaîtraient-elles pas comme de légitimes répétitions d'indu ?

On pressent jusqu'où on peut aller, par ce biais, dans la voie de « l'interventionnisme ». Le neuf de la théorie, c'est qu'elle vise à étendre ainsi le contrôle de l'État sans personnifier l'État à aucun degré, sans lui prêter une volonté propre, des vertus supérieures, des droits spéciaux. Les redressements de comptes qu'elle préconise, elle estime qu'on les peut justifier rien qu'en présumant les justes volontés des associés ; c'est dire, en somme, qu'il est suffisant, pour renouveler le droit public de transposer à son usage une des méthodes usuelles du droit privé. « Entre le droit privé et le droit public, c'est un grand pan de mur qui s'écroule ». Grâce à la théorie du quasi-contrat, la législation que l'État aura à édicter n'apparaîtra plus que comme une traduction des volontés préexistantes de ses membres. L'État n'apportera plus de quelque nouveau Sinaï les tables de la loi : c'est dans le fleuve de la vie quotidienne, c'est dans le courant du droit privé qu'il puise ses raisons d'intervenir [1].

À quelles préoccupations philosophiques répond cette tentative - nous pouvons dès à présent nous en rendre compte.

Si le solidarisme emprunte au droit positif la notion du quasi-contrat, c'est sans doute qu'il espère, par l'entremise de cette no-

---

1 M. Bourgeois exprime ainsi cette idée (*Philos. de la Solid.*, p. 52) :
      « Cette pénétration de l'idée du contrat dans l'ensemble des relations sociales modifie, en une certaine mesure, la notion habituelle que nous nous faisons des rapports de l'État et des individus. On se demande toujours ; dans quelle mesure l'État peut-il intervenir dans le règlement des questions sociales ? J'écarte cette position de la question et je dis : ne parlons pas des rapports de l'individu et de l'État, parlons seulement des rapports mutuels des individus , il ne s'agit plus de savoir quelle limite l'autorité de l'État mettra à leur liberté, mais comment leur liberté se limitera d'elle-même, par leur consentement mutuel à des risques équivalents ; la loi viendra plus tard vous sanctionner les conventions passées ; mais au moment de la passation du contrat, l'État n'est point partie en cause, ce sont les individus seuls qui sont en présence et il s'agit de savoir comment ils consentiront à mutualiser les risques et les avantages de la solidarité. L'État, comme dans le droit privé, devra être purement et simplement l'autorité qui sanctionne nos accords et assure le respect des conventions établies. »

Chapitre III

tion, à la fois garder leur place aux tendances pratiques de Rousseau et faire leur part aux critiques que la science sociale a accumulées sur ses théories. Celle-ci nous a rappelé de toutes façons le caractère spontané, naturel, voire organique des sociétés humaines : il devenait donc de moins en moins facile de se représenter ces sociétés comme l'œuvre préméditée de volontés claires et distinctes. Restaient ces volontés obscures qui s'expriment seulement par les actes et que suppose toute organisation sociale : n'était-il pas possible de les interpréter, conformément aux habitudes du droit positif et aux exigences de la conscience moderne, comme si les membres du corps collectif avaient débattu en effet les conditions de leur coopération ?

En s'essayant à cette tâche, le solidarisme révèle son caractère, intermédiaire et conciliateur. Et nous commençons à reconnaître, dans son entreprise, un des efforts tentés pour regreffer, sur cette sorte d'historisme naturaliste que le XIXe siècle a enraciné dans les esprits, quelque chose de ce rationalisme humanitaire qui fleurissait à la fin du XVIIIe siècle.

II - L'esprit nouveau de la science du Droit.

Nous avons dégagé la tendance philosophique de la théorie du quasi-contrat. Mais que vaut-elle, comme construction juridique ? Est-il vrai que pour justifier de nouvelles interventions de l'État, il suffise d'interpréter certaines dispositions du droit privé ? Cette interprétation ne fait-elle pas violence aux textes ? Respecte-t-elle vraiment la volonté du législateur ?

Pour apprécier équitablement, sur ce point, la tentative des solidaristes, il faut la replacer au milieu des tentatives du même ordre dont notre temps voit la multiplication ; il faut mesurer la force des tendances qui [81] exigent un renouvellement, par assouplissement, des « méthodes d'interprétation » du droit.

On sait quelle est en ces matières l'attitude classique de la « doctrine » et comment elle essaie de rejoindre, pour les faire rentrer dans les cadres du code les innovations que la pratique impose à la jurisprudence. Telle espèce n'a point été prévue par le législateur. ? Mais peut-être, en rapprochant et en combinant les textes où il prévoit d'autres espèces, réussirons-nous à remonter, au-dessus des cas particuliers, jusqu'à sa pensée générale. De celle-ci une fois dégagée par cette espèce d'induction, la déduction nous permettra de redescendre aux cas imprévus. Nous les aurons donc « subsumés » dans le code donné ; on pourra les juger désormais selon la volonté restituée du législateur.

C'était là le triomphe de l'esprit juriste. C'est par ces reconstructions que les gardiens des codes, en même temps qu'ils faisaient preuve de fidélité, faisaient assaut d'ingéniosité. C'est par ces compromis qu'ils pensaient répondre au double besoin de la vie du droit ; consacrer les nouveautés sans manquer à la stabilité.

C'est pourtant de cette même méthode que l'on dénonce aujourd'hui l'insuffisance. Et précisément on l'accuse d'être à la fois s'il s'agit du passé, trop peu respectueuse, s'il s'agit du présent, trop peu audacieuse [1].

Pour répondre à tous les besoins nouveaux de la vie juridique elle manque de l'audace nécessaire. Ne peut-t-il se présenter, en effet, des espèces inédites pour lesquelles on ne saurait trouver dans les cadres classiques aucune place réservée ? On voit alors le juriste s'épuiser en efforts pour envelopper dans son filet de textes le cas rebelle. Mais il vient un moment où le fil lui manque. Prisonnier de sa logique, il fait défaut aux exigences de la pratique.

Si du moins sa logique était sincère ? Mais il est vraisemblable que le plus souvent elle est pipée. Il veut rejoindre pour la justifier une solution imposée par la vie. Que si telle passerelle ne l'y conduit pas, il en jette une autre : n'est-ce pas la preuve que ses systèmes sont commandés par les solutions, et non inversement ? Qu'est-ce à dire, sinon que, lorsqu'il prétend parler au nom de la volonté retrouvée du législateur, il ne fait, au vrai, que prêter à celui-ci une volonté toute neuve ? N'y a-t-il pas là comme le dit un professeur

---

1 Pour ce qui va suivre, nous utilisons principalement les livres et articles ci-dessous : CHARMONT, Les sources du droit positif à l'époque actuelle, dans la Revue de métaphysique, janvier 1906 ; La socialisation du Droit, ibid., 1.903. - GÉNY, Méthodes d'interprétation et sources en droit privé positif, Paris, 1899 (avec la préface de M. Saleilles) - SALEILLES, École historique et droit naturel, dans la Revue trimestrielle du droit civil, 1902, - Esrein, La jurisprudence et la doctrine, ibid., 1902. - Le Livre du Centenaire du code civil, tome 1. - A. MATER, Le socialisme juridique, dans la Revue socialiste, juillet 1904.

de droit [1], une espèce de « sorcellerie juridique » qui ne trompe personne ?

Pourquoi donc ne pas regarder en face les réalités d'aujourd'hui ? Demandons-nous franchement, devant elles, non pas ce qu'a pu vouloir en fait le législateur, mais ce qu'il aurait voulu s'il les avait connues, confrontons en un mot directement, avec les besoins sociaux qui s'imposent aujourd'hui, les textes juridiques dont nous disposons. Et sans demander plus longtemps à ceux-ci la révélation d'une volonté lointaine, essayons de les adapter aux nouveautés exigées par la vie. Nous ferons ainsi sa part légitime au besoin de stabilité. Une libre interprétation des recueils consacrés nous permettra du moins d'appliquer, aux relations nouvelles que les transformations du milieu imposent, cette sorte de « frappe juridique », comme dit M. Saleilles, dont le public a besoin pour sa sécurité.

Quelques-uns vont plus loin : ces essais « d'adaptation » risquent encore de nous acculer ou à fausser les textes, ou à méconnaître la réalité. Si nous avons besoin en effet de principes pour justifier nos solutions, pourquoi vouloir à toute force rattacher ces principes aux formules des codes ? Adressons-nous directement à la conscience juridique collective : elle nous désignera assez nettement sur quels points sensibles le juge ne doit pas craindre d'innover, usant de la « libre recherche » quand les autorités lui font défaut [2].

Par où l'on voit que se dessinerait, dans le mouvement actuel de droit, une sorte de retour aux méthodes du droit naturel. Non qu'on ait généralement l'audace d'invoquer, comme naguère, des principes universels et immuables, valables pour tous les temps et tous les pays, et dont l'ensemble constituerait « la raison naturelle en tant qu'elle gouverne tous les hommes ». Le XIXe siècle a baigné l'esprit public dans le fleuve d'Héraclite. Nous y avons tous acquis le sentiment du variable et du relatif. Mais que tel principe n'acquière de valeur, en effet, que relativement à un moment historique, cela l'empêche-t-il, pour ce moment du moins, de conserver sa valeur ? Que le Droit naturel ne puisse plus prétendre désormais, selon les

---

1 M. Lambert.

2 C'est la théorie de M. Gény. V. outre le livre cité, la *notion de Droit positif à la veille du XXe siècle* (*Disc.* prononcé à Dijon, 1901)

Célestin Bouglé

expressions de Stammler [1], qu'à un « contenu variable », cela ne rend pas moins nécessaire, pour la société où nous vivons, une définition de ce contenu qui puisse servir à la rectification des lois positives.

Que la doctrine cesse donc de ne rejoindre qu'en résistant et comme à regret les innovations imposées par la pratique, que bien plutôt elle les prépare en se penchant non seulement sur les textes immobiles, mais sur le devenir humain « qu'elle ne cesse, dit M. Esmein [2], de consulter l'horizon » qu'elle soit comme le service de renseignements de ces armées en marche que sont nos sociétés progressives. En relevant et en prolongeant les courbes des mouvements sociaux, qu'elle détermine, dit M. Gény [3] les « centres d'aspirations convergentes » qui deviennent comme des « postulats inéluctables » pour la vie juridique. Ainsi elle démontrera à la fois la nécessité et la possibilité soit des adaptations jurisprudentielles soit même des créations législatives.

*

* *

Il fallait se représenter cet esprit nouveau du Droit pour peser à leur valeur les critiques lancées contre la théorie du quasi-contrat. Il est clair qu'on ne les accueillera pas de la même façon selon que l'on sera partisan des méthodes d'interprétation classiques ou des méthodes actuelles, plus libres et plus souples.

On arrête quelquefois les solidaristes dans leurs spéculations juridiques par une objection préalable : si votre interprétation du quasi-contrat était recevable en effet qu'auriez-vous besoin de préparer des lois pour remédier aux injustices sociales ? L'initiative du juge y devrait suffire s'il est vrai que les textes que vous alléguez lui mettent en main, dès à présent, l'instrument de réparation et de redressement [4].

---

1 Cité par SALEILLES, *art. cit.*
2 Art. cit.
3 Revue trim. de Droit civil, 1902 p. 847.
4 V. l'objection de *M.* Eugène Rostand, *Acad. des sc. mor. et pol.*, 1903, p. 418 :
« La théorie se résume en ceci : quasi-contrat, dette sociale. Tout de suite le bon sens répond *s'il n'y avait* quasi-contrat *on ne demanderait pas de lois* (et cependant M. Brunot considère expressément le quasi-contrat comme un principe de *lois*), il ne serait besoin que de juger pour sanctionner les obligations dérivées du quasi-contrat. »

Chapitre III

Des analogies répondent : sur d'autres points, on a pu voir en effet ce dont l'initiative des juges est capable. Par exemple tout en étant contrariée, ou avant d'être confirmée par les législations elle a trouvé des moyens de mettre en cause le séducteur, de soustraire l'enfant au père indigne, de reporter, en matière d'accidents du travail, une part des risques sur l'employeur. Il n'en est pas moins vrai que cette action est trop souvent et trop vite paralysée : à ces résultats que la conscience publique impose, le juge ne peut atteindre qu'indirectement, et sous certaines conditions favorables. Il importe donc qu'aux sentiers tracés par la jurisprudence la loi substitue sa voie large et droite [1]. Il n'est pas inutile de montrer que tel principe, déjà avoué par les codes, implique logiquement les réformes que la solidarité exige. Mais il est nécessaire de formuler explicitement ces conséquences, et d'inscrire directement dans les lois les obligations qu'ils justifient.

Dira-t-on que vous avez mal choisi, dans nos codes, le point d'insertion de vos réformes ? Au titre IV du livre Ill du code civil on ne voit pas en effet que le législateur fasse naître des obligations de situations analogues à celles que nous découvre l'organisation de la vie sociale. Il reconnaît sans doute des « obligations qui naissent sans convention » mais ou bien il les fait naître « de l'autorité seule de la loi », ou bien, s'il les rattache à des quasi-contrats, il ajoute que pour donner naissance à un quasi-contrat il faut un « fait volontaire » d'une personne. Dans ce second cas son principe est donc plus étroit comme dans le premier il est plus large que celui que vous invoquez.

Mais précisément ne serait-il pas nécessaire de rectifier sur ce point les classifications du code, et là de dilater comme ici de rétrécir ces définitions ? - La doctrine nous avertit que « l'autorité seule de la loi » est un principe trop général. Marcadé, Demolombe, Jourdan rappellent à ce propos qu'il faut, si l'on veut échapper à l'arbitraire, définir les faits, vrais principes générateurs des obligations, qui justifient cette intervention [88| même [2]. Était-il inutile

1 V. CHARMONT et CHAUSSE, Les Interprètes du code civil, dans le Livre du centenaire, I, 172.
2 V. La discussion détaillée dans BRUNOT, *La solidarité sociale comme principe des lois. A cad. des sc. mor.,* 1903 Tome LX, *p. 304-364* (Le mémoire se propose principalement de répondre aux objections formulées par M. D. EICHTAL, dans un rapport sur la *solidarité sociale et ses nouvelles formules, ibid.,* tome LIX, p.

Célestin Bouglé

d'observer, en ce point, que cette intervention devrait être dirigée comme si les membres de la société avaient fixé leurs obligations réciproques par un contrat ?

Mais aux quasi-contrats reconnus par la loi il faut un acte initial de volonté, qui mette en branle le mécanisme des obligations ? - L'élément proprement volontaire est-il aussi essentiel que la définition du code le laisse croire ? Ce qui est important c'est - quelle que soit la nature de l'acte qui m'ait placé dans cette situation - que je me trouve astreint à certaines obligations sans les avoir dûment prévues et voulues. Au surplus, le fait volontaire dont on parle n'est-il pas plus souvent le fait d'une personne autre que celle qui se trouve obligée ? Tel est précisément le cas dans la gestion sans mandat. Ce qu'il nous est donc loisible de retenir, des prescriptions du code en matière de quasi-contrats, c'est que d'une situation définie par des services acceptés, (et non pas seulement par des intentions formulées) naissent des obligations légalement imposables. Et cela suffit pour que par une extension analogique du principe impliqué dans ces mêmes prescriptions nous puissions demander à la loi des mesures destinées à assurer le redressement des comptes sociaux.

Serait-il vrai d'ailleurs que l'interprétation solidariste du quasi-contrat ne va pas sans quelque violence faite aux textes, les opérations par lesquelles elle les tourne et retourne et les remet sur l'enclume, pour les adapter aux besoins présents, n'en gardent pas moins une utilité. Le feu de cette forge n'éclaire-t-il pas des recoins restés obscurs du devoir social ? N'est-ce rien que de rappeler avec insistance, par l'expression même du quasi-contrat, qu'en effet tout devrait se passer dans les sociétés comme si leurs membres avaient librement contracté ? Ramener au jour, pour les mettre en présence, leurs volontés implicites, n'est-ce pas rendre plus sensible la nécessité de réformes qui empêchent les unes de continuer à exploiter les autres ? S'ils avaient, en effet, débattu les conditions de leur collaboration, les hommes auraient-ils accepté telles répercussions de la division du travail et de la distribution des richesses qui redivisent la société en classes, réservant à l'une la plus grande part des bénéfices et à l'autre la plus grande part des charges de l'organisation commune ? N'auraient-ils pas voulu combiner une mutualisation des avantages et des risques qui permît d'assurer à

158-178.

chaque individu un minimum de garanties élémentaires ? – Le solidarisme se méprendrait-il, en réclamant ces garanties, sur ce que
permet le droit positif actuel, il nous éclairerait du moins sur ce
qu'exige la conscience collective contemporaine.

Pour nous rendre sensibles ces exigences, le solidarisme emprunte sans doute les procédés, et renoue en quelque sorte la tradition de la philosophie du Droit naturel. Les sentiments et les notions qu'elle a servi à préciser - l'idée de l'éminente dignité des personnes humaines, le souci du « titre commun » des êtres pensants,
le sentiment de leur « égale valeur sociale » - nous les avons retrou-
vés, nous en avons reconnu l'accent à travers les revendications
solidaristes. Mais nous avons remarqué en même temps que, la
force principale de ces revendications leur venait d'une sorte de
confrontation opérée entre cet idéal traditionnel et les réalités actuelles. Par le contact des faits elle transforme, élargit, attendrit la
notion classique de la justice ; elle « l'emplit d'un contenu nouveau » [1]. Qu'est-ce à dire, sinon que le solidarisme pour sa part
travaille à préciser ce contenu variable du Droit naturel dont nous
parlent les juristes d'aujourd'hui ? Ne commence-t-il pas précisément ces opérations de recherche et de réflexion, destinées à dégager l'idéal qui s'impose au moment historique, et dont on nous
rappelait qu'elles sont indispensables à l'orientation tant de la jurisprudence que de la législation ? Amenant au contact, disons-nous,
la conscience et la science, les idées morales et les réalités sociales,
il fait réagir celles-là sur celles-ci. C'est préparer ces produits de
synthèses que réclame la « doctrine » moderne pour l'élaboration
ultérieure du droit.

*

* *

Veut-on définir la direction vers laquelle le solidarisme semble,
en employant ces méthodes, incliner l'évolution juridique, on sera
tenté de dire qu'il contribue à faire passer le souci de l'égalité devant celui de la liberté. Du moins, par cela même qu'il insiste sur
la nécessité d'une égale liberté pour tous, il empêche que l'on ne
continue d'opposer, aux revendications égalitaires, la protestation
irréductible du libéralisme. On a fait remarquer, en relevant le che-

---

1 C'est l'expression de M. Darlu, reprise et commentée par M. Bourgeois (Philos.
de la solidarité, p. 38).

Célestin Bouglé

min parcouru depuis la promulgation du code civil, que les principes posés par Cambacérès au nom du droit naturel comme une
trinité intangible, - Liberté, Propriété, Autonomie contractuelle -
avaient déjà subi par la conspiration de la jurisprudence et des lois
nouvelles, plus d'une limitation [1]. Le solidarisme semble fait pour
seconder ce mouvement. Par la notion de la dette sociale, il nous
rappelle que nous ne pouvons prétendre à jouir, au sein de l'organisation dont nous profitons, d'une liberté illimitée et par suite,
en particulier, d'un droit de propriété qui ne souffre aucune res-
triction. Mais plus précisément, par la théorie du quasi-contrat, il
attire l'attention sur la nécessité de soumettre au contrôle collectif
l'autonomie contractuelle des personnes.

Il peut sembler paradoxal qu'une doctrine qui nous invite à faire
reposer sur des contrats implicites entre individus la légitimité de
l'organisation sociale tende ainsi à faire peser une surveillance sur
leurs libres volontés en présence. Qui dit contrat dit « loi des parties » Ne semble-t-il pas, du moment où leurs relations sont réglées
par un contrat, qu'elles ne doivent pas être soumises à d'autres lois
que celles dont elles auront librement débattu et formellement fixé
les termes ? Les seules chaînes qu'il est légitime de leur faire porter, ce sont celles dont elles ont elles-mêmes déterminé la forme
et le poids. Assurer le respect de ces conventions une fois établies,
c'est le rôle de l'État, mais de quel droit interviendrait-il pour en
réglementer l'établissement ou pour en rectifier les conséquences ?
Là où un régime contractuel se substitue aux régimes d'autorité,
ne voyons-nous pas, en même temps que s'élargir la part des au-
tonomies individuelles, se rétrécir normalement celle du contrôle
collectif ?

En fait, telle est bien la thèse que Spencer a soutenue. Les
conquêtes du régime contractuel s'expliquent suivant lui par la
prédominance croissante de l'organisation de type industriel sur
l'organisation de type militaire. Si celle-ci a besoin d'un appareil
coercitif volumineux qui subordonne les activités personnelles aux
nécessités de l'action militaire, cet appareil devient au contraire de
plus en plus inutile à celle-là. Elle se contente des coordinations
spontanées que l'échange établit entre coopérateurs. Normalement

---

1 V. SALEILLES, Le code civil et la méthode historique dans le Livre du centenaire, p, 111.

Chapitre III

l'État moderne doit les laisser débattre et fixer en toute liberté les conditions de cette coopération : c'est en se réduisant à ce rôle tout négatif qu'il sera le plus utile, ou pour mieux dire le moins dangereux.

Des essais d'adaptation globale, sur des ordres partis du centre, ne pourraient qu'affoler l'équilibre économique. Il ne s'établit que spontanément, par une infinité d'adaptations moléculaires.

Méconnaître cette loi de l'évolution et vouloir à toute force user, pour intervenir dans la production et la distribution, d'un appareil combiné pour l'attaque et la défense, c'est commettre un anachronisme flagrant : autant se servir d'une framée pour ajuster une automobile... Ainsi la sociologie de Spencer semblait aboutir à une confirmation du libéralisme intransigeant de l'économie politique.

Mais l'antithèse utilisée par Spencer correspond-elle à la réalité ?

Existe-t-il, en fait, une opposition absolue entre l'autonomie individuelle et le contrôle collectif ? Le régime contractuel, en prédominant, est-il condamné à rétrécir la part de celui-ci du même coup qu'il élargit la part de celle-là ?

On a justement fait observer, à ce propos, que la multiplication des obligations que les individus s'imposent à eux-mêmes, par des contrats dont ils définissent les clauses, ne diminue pas forcément le nombre et l'importance des obligations que la collectivité leur impose à tous [1]. Non seulement une large part de leurs activités reste soumise à une réglementation extracontractuelle, mais encore dans le cercle même où ces activités sont capables de contracter, une réglementation du même ordre intervient, tant pour les contenir que pour les soutenir.

Non seulement en effet, une fois les clauses fixées par les contractants, des lois antérieures à leurs volontés posent les conditions qui leur permettront de faire valoir ces clauses - les preuves recevables, les actions intentables, les délais impartis, toutes ces précautions se trouvant ainsi soustraites aux transactions individuelles - mais encore, au delà des obligations qu'ils ont dûment contresignés, - sans d'ailleurs en avoir toujours analysé tout le détail - les contractants peuvent se trouver soumis à un certain nombre d'obligations

---

1 V DURKHEIM, *Division du travail,* p. 219-240. [Livre disponible dans <u>Les Classiques des sciences sociales.</u> JMT.]

non-écrites, « que l'équité, l'usage ou la loi » permettent ou commandent de suppléer d'office.

Bien plus, parmi les conventions que les individus pourraient avoir l'idée de formuler, n'en est-il pas que la loi déclare d'avance nulles et non-avenues ? C'est précisément le cas pour les contrats dits léonins ou usuraires, c'est-à-dire ceux où il apparaît qu'une des parties exploite abusivement la situation de l'autre, Qu'est-ce à dire sinon que même en matière de contrats, notre autonomie individuelle consiste surtout à choisir, pour déclencher l'un ou l'autre, entre certains mécanismes préformés par la tradition et comme patentés par la conscience collective ? Même sur ce terrain la loi, en même temps qu'elle nous offre une tutelle, nous impose une barrière, et travaille à discipliner les libertés pour les empêcher de s'écraser.

Il est remarquable que sur ce point les diverses conceptions du contrat qui prédominent dans nos législations et nos jurisprudences semblent converger, pour permettre de nouvelles immixtions du contrôle collectif [1]. On sait que le nouveau code allemand accorde, pour l'interprétation des contrats, une très grande latitude au juge. Celui-ci n'est plus invité à rechercher ce qu'ont bien pu vouloir, au juste, les individus qui se sont engagés. Bien plutôt il prendra comme des faits donnés, comme des espèces d'éléments objectifs détachés des sujets qui les ont marqués de leurs empreintes les « déclarations de volonté », et se demandera ce que, sur la foi de telles déclarations jetées dans la circulation on pouvait légitimement escompter. Il se placera donc au point de vue de l'intérêt social plus que de l'intention individuelle. Et avec les volontés même dûment déclarées il agira assez librement, puisque, d'après les articles 133 et 138 du code, il n'est tenu d'assurer l'exécution d'une convention qu'autant qu'elle ne lui paraît avoir rien d'injuste ni d'immoral, si les juges « estiment qu'il y a eu abus, conditions léonines, exploitation des embarras, de la légèreté ou de l'inexpé-

---

1 V. DERKUX, Étude des diverses conceptions actuelles du contrat, dans la Revue critique de Législation, 1901 et 1902, - CHARMONT, La socialisation du droit dans la Revue de métaphysique, - LÉVY, L'exercice du droit collectif, Revue de droit civil, 1903. - SALEILLES, La déclaration de volonté contribution à l'étude de l'acte juridique dans le code civil allemand, Paris, Pichon, 1901. - (Cf. Les diverses études critiques que ce livre a suscitées, notamment Maynial, dans la Revue de droit civil, 1902.)

Chapitre III

rience des contractants, ils tiendront l'engagement pour nul » [1].

Il semble au premier abord que, d'après les principes de notre droit, il soit laissé moins de champ à l'appréciation du juge, puisque celui-ci est invité à définir, pour les faire respecter, les véritables intentions des contractants. Non qu'il doive, à vrai dire, s'efforcer de se rendre présente la multiplicité des motifs qui ont pu décider l'individu à s'engager : il n'en doit retenir que le but prochain, juridiquement définissable, ce qu'on appelle la « cause » du consentement. Mais n'est-il pas vrai que rien qu'en délimitant ainsi, comme dit M. Saleilles, le contenu juridique du contrat, le juge se trouve facilement amené à mettre en jeu, « à côté d'une quantité infime de volonté réelle une quantité énorme de volonté en fait absente » [2] - ou en d'autres termes à substituer une volonté idéale à la volonté réelle du contractant ? Pratiquement, celle-ci reste souvent inaccessible. On la reconstruit selon certains normes, en s'efforçant de retenir non plus seulement ce qui est juridiquement définissable, mais ce qui est moralement avouable. Le noyau subjectif ainsi dégagé se laissera manier par le juge arbitre aussi librement que, dans le droit allemand, le fruit objectivé de la volonté individuelle.

Pour annuler ou redresser les engagements injustes notre juge n'a-t-il pas à sa disposition soit l'article 6 soit l'article 382 - soit celui qui interdit de déroger à l'ordre public et aux bonnes mœurs, soit celui qui permet de faire remonter la responsabilité du dommage à celui qui en est la cause ? Il y aurait donc, dans le droit français aussi, des moyens d'atteindre des résultats analogues à ceux qui sont assurés par le droit allemand.

À quoi tendent ces résultats, il faut s'en rendre compte : à rien moins qu'à restreindre de plus en plus cette autonomie individuelle dont on disait que le contrat était la plus parfaite expression. De plus en plus on interprète librement les volontés données pour leur substituer au besoin l'équité dont le juge est le représentant. On semble assigner à celui-ci le devoir de la faire « triompher dans tous les rapports sociaux, même en corrigeant au profit des plus faibles les injustices que l'habileté ou la contrainte a obtenues de leur consentement ». De ce point de vue, le juge paraît être désormais « plus encore que l'interprète de la volonté individuelle,

1 CHARMONT, *Revue de métaphysique*, 1903, p. 403.
2 DEREUX, Revue critique de Législat., 1901, p. 520.

Célestin Bouglé

le protecteur de l'égalité sociale que le contrat pourrait altérer » [1].

C'est au milieu de ces conceptions nouvelles du droit contractuel que la théorie solidariste du quasi-contrat vient prendre place. Trahissant elle aussi le souci de « protéger l'égalité sociale » elle ne demande pas seulement que l'organisation actuelle soit rectifiée comme si ses membres avaient débattu les conditions du contrat social en toute liberté, mais comme s'ils les avaient débattues avec des libertés égales, c'est-à-dire en toute équité. En d'autres termes ce n'est pas à un contrat quelconque c'est à un *juste contrat* qu'elle en appelle, et il n'y a pas à ses yeux de contrat juste où il n'y a pas d'équivalence ».

Sur ce point on pourrait rapprocher, pour l'éclairer, la pensée solidariste de la pensée « mutuelliste ». Proudhon déjà considérait que pour faire cesser ce qu'il appelle « l'insolidarité économique », il faudrait et suffirait que l'équivalence régnât enfin dans les contrats, c'est-à-dire selon lui, que les contractants échangeassent, indépendamment de toute « valeur d'opinion », des valeurs réellement égales : « service pour service, produit pour produit, prêt pour prêt, assurance pour assurance, crédit pour crédit, caution pour caution, etc., telle est la loi. C'est l'antique talion, œil *pour œil, et dent pour dent, vie pour vie,* en quelque sorte retourné, transporté du droit criminel et des atroces pratiques de la *vendetta* dans le droit économique, les œuvres du travail et les bons offices de la libre fraternité [2] ».

Nous retrouvons une tendance analogue dans les réflexions par lesquelles M. Durkheim explique quelle sorte de solidarité s'impose dans les sociétés où la « division du travail » règne en maîtresse. Par cela même que cette organisation favorise le développement des individualités, il n'est pas étonnant que les contrats s'y multiplient. De plus en plus le respect des contrats importe à l'ordre social tout entier. Mais pour qu'ils soient spontanément respectés, n'importe-t-il pas aussi qu'ils aient été consentis avec une égale liberté par les contractants, c'est-à-dire en somme qu'ils soient justes ? Or un contrat ne paraîtra juste nous dit M. Durkheim que si les objets échangés représentent - par la peine qu'ils coûtent et

---

1 MAYNIAL, art. cit., p. 558.
2 Capacité politique des classes ouvrières, p. 69.

les services qu'ils rendent - des valeurs sociales équivalentes [1].

M. Bourgeois semble vouloir définir cette équivalence à l'aide d'éléments plus « subjectifs ». Conformément à la tradition du droit français, il nous invite à nous représenter les « causes » du consentement accordé au contrat par les parties. C'est entre ces causes qu'il doit y avoir équivalence pour que le contrat soit juste. Chacun des deux contractants - quelle que soit la diversité des buts particuliers que l'un et l'autre poursuivent - a-t-il l'impression de trouver finalement à l'échange autant d'avantages que l'autre ? Aucun ne pourrait-il faire la preuve qu'il a été abusé, exploité, violenté ? [2] Alors et alors seulement le contrat pourra être dit vraiment juste. Ce sont des contrats de cette qualité qu'il faut poser à la base de l'ordre social, et il suffit de les y poser pour comprendre la nécessité de ces mutualisations des risques et des avantages sans lesquelles des individus raisonnables refuseraient légitimement d'entrer en société [3].

[102|

M. Saleilles, résumant les conséquences du mouvement juridique auquel nous faisions allusion plus haut, montrait qu'on semble en revenir, de gré ou de force, à ce dont le droit paraît avoir le plus de

1 Div. du Trav., p. 429.

2 Congrès de l'Éducation sociale, p. 85. - Philos. de la solidarité, p. 46-56, avec la discussion de M. Belot, p. 114-119.

3 Une loi qui organiserait ces « mutualisations » serait simplement, dit M. Bourgeois (Philos. de la solidarité, p. 54) « l'interprétation de la volonté de tous les individus présumés également libres et doués de raisons et cherchant à déterminer, impersonnellement, les conditions de la justice dans l'échange de leurs services réciproques. Aucun être doué de raison ne se présenterait devant un juge pour faire décider que le sens d'un pacte quelconque a été de donner à l'un tous les avantages, à l'autre tous les risques de l'opération. L'homme qui, pour l'ensemble des avantages et des risques sociaux, élèverait la même prétention, en rejetant l'obligation de la dette mutuelle, ferait un acte anti-social, et se mettrait de lui-même hors de la société. La loi qui reconnaîtrait le caractère obligatoire de la dette mutuelle serait donc uniquement fondée sur l'interprétation de la volonté de tous ceux qui continuent à revendiquer leur titre de membres de la société ». On a rapproché cette théorie (v. BARCH, L'individualisme anarchiste, p. 190) des formules de Kant : le contrat social « n'est qu'une simple idée de la raison, mais qui a son indubitable réalité pratique dans le fait d'obliger tout législateur à donner ses lois de telle sorte qu'elles auraient pu émaner de la volonté unie de tout un peuple, et de considérer chaque sujet, en tant qu'il veut être citoyen, comme s'il avait approuvé cette volonté de son vote. C'est là la pierre de touche de la légalité de toute loi publique ».

Célestin Bouglé

méfiance, à dire : « Cela est parce que cela est juste. » Jusqu'ici les juristes voulaient pouvoir dire : « cela est juste parce que cela a été voulu ». Il faut désormais que l'on dise : « Cela doit être voulu parce que cela est juste [4] ».

On reconnaît, dans la théorie solidariste du quasi-contrat une conversion du même genre. A un premier moment elle semble préoccupée de rechercher, pour faire respecter les contrats aux-quels elles auraient souscrit, les volontés *libres*. Mais on voit bien-tôt qu'elle ne retient, pour y conformer l'ordre social, que les vo-lontés justes. Elle demande moins à la société de se réformer selon ce que les individus auraient pu vouloir en fait que selon ce qu'ils auraient dû vouloir, en droit.

Par où l'on pressent que le solidarisme pourra être entrainé assez loin, dans sa réaction contre l'excès du libéralisme économique. Et il apparaît que la théorie du quasi-contrat, comme elle est un moyen d'adapter l'une à l'autre la tendance rationaliste et la ten-dance naturaliste, serait peut-être destinée à servir d'intermédiaire entre l'individualisme et le socialisme. Quelle est, vis-à-vis de l'un et de l'autre, l'attitude actuelle de notre doctrine ? C'est ce qu'il im-porte maintenant de préciser.

---

4 Déclaration de volonté, p, 351.

Chapitre III

Chapitre IV

LA RECTIFICATION DE L'INDIVIDUALISME

Il y a encore beaucoup de gens aux yeux de qui l'individualisme se présente comme une doctrine toute négative : dans l'ordre politique et économique, il n'irait à rien moins qu'au « nihilisme administratif ». « Ote-toi de mon soleil, la requête de l'individu à l'État, disait Bastiat, est la même que celle de Diogène à Alexandre,). N'est-ce pas là le thème le plus souvent développé tout le long du XIXe siècle, par les tenants de l'individualisme ? La crainte des interventions paraît être à leurs yeux le commencement et la fin de la sagesse. Que l'État assure la sécurité de la nation, tant à l'intérieur qu'à l'extérieur ; qu'il fasse respecter les contrats par lesquels les individus s'engagent les uns envers les autres. Mais qu'il se garde de tout ce qui pourrait les empêcher de fixer, en pleine et entière indépendance, les conditions de leurs échanges. La puissance publique est un mal nécessaire : tâchons du moins d'en circonscrire, aussi étroitement que possible, le champ d'action.

Cette soif d'indépendance ne dresse pas seulement les individus contre l'État ; elle est capable de les exciter contre la morale même. Ce n'est pas seulement le contrôle économique, c'est toute espèce de contrainte, même intérieure, qu'ils ne supportent plus qu'avec impatience. Ils deviennent alors les « ennemis des lois » ; et l'on s'aperçoit que l'individualisme n'est que le masque philosophique de l'égoïsme. Ainsi l'entendent du moins ceux qui dénoncent, dans le progrès du sens individuel, la plaie rongeante de la société contemporaine. Ses membres se montrent de plus en plus incapables de se « régler » et de se « rallier ». C'est que l'orgueil du moi leur fait perdre l'équilibre ; c'est que, posant leur individualité comme la mesure de tout, ils ont pris au sérieux, ils ont mis en pratique les leçons de « cet intellectuel, ce névropathe de René Descartes ». La libre pensée engendrerait donc logiquement le libertinage des mœurs : on retrouve, dans les écrits de M. Brunetière, le souvenir de cette thèse classique. M. Bourget de son côté, dans le *Divorce* aussi bien que dans *l'Étape* dénonce les méfaits de cet esprit qui ne respecte rien ; il prouve, par l'histoire des personnages qu'il invente, qu'à prétendre penser par soi-même on ne peut manquer bientôt de vouloir vivre pour soi.

Ainsi, dans l'ordre économique le laisser-faire : dans l'ordre moral, le laisser-aller, tel serait, à rejoindre les deux interprétations que nous venons de rappeler, le bilan de l'individualisme. Contre ces interprétations, on n'a pas manqué de protester au nom de l'histoire même des idées. Que l'on remonte aux sources, on s'apercevra aisément que la doctrine classique de l'individualisme, telle qu'elle s'élaborait par une sorte de coopération spontanée des penseurs à la fin du XVIIIe siècle, ne témoigne à aucun degré de cette sécheresse et de cette étroitesse qu'on lui prête volontiers aujourd'hui [1].

Au point de vue moral, d'abord, il est trop clair qu'elle ne se présente nullement comme une apologie du « culte de soi ». Bien plutôt son ambition est de formuler une règle de vie sociale qui permette la constitution d'une société avouable à la raison. Si, pour satisfaire à cette ambition, elle se trouve amenée à proposer comme centre, à la raison organisatrice, la notion des droits naturels de la personnalité, il ne faut pas confondre cette personnalité avec l'individualité empirique. La personnalité serait la partie supérieure, et la partie commune des individualités, ce par quoi elles se ressemblent et peuvent aisément se rassembler. Le culte de la personne humaine, bien loin d'autoriser, dans la vie morale, la règle du bon plaisir, exige de tous la « bonne volonté », et ne reconnaît de volonté bonne que celle qui se plie à une règle généralisable. Qu'on se rappelle les formules de la morale de Kant, où cette doctrine venait en quelque sorte se cristalliser, on se rendra aisément compte qu'elle en veut par dessus tout aux mobiles purement personnels, qui ne sont propres qu'à opposer les individus en même temps qu'à les abaisser. Elle élève au-dessus de tous, comme le soleil du monde moral, cette idée de l'humanité dont chacun d'eux porte un reflet sur sa figure : fin universelle capable en effet de régler en même temps que de rallier les activités individuelles.

Mais ce n'est pas seulement dans l'ordre proprement moral, c'est dans l'ordre politique et économique que l'individualisme classique apparaît plus « social », plus ouvert, et comme moins hérissé qu'on le croit généralement. N'est-on pas trop porté à oublier - re-

---

1 C'est la thèse d'Henry MICHEL, L'idée de l'État., Cf. DURKHEIM, L'individualisme et les intellectuels, dans la Revue bleue du 2 juillet 1898.

marquait à ce propos Henry Michel - non seulement les greniers publics auxquels songeait Rousseau, ou le système d'assurances mutuelles esquissé par Condorcet, mais le devoir d'éducation publique imposé par Adam Smith à la collectivité, et le droit à la subsistance proclamé par Montesquieu ? La phobie de l'État n'avait donc pas gagné encore les représentants de l'individualisme : du moins elle était contrariée et limitée chez eux par le souci même du droit humain et de ses garanties nécessaires par ce qu'on peut appeler déjà « le sentiment de la solidarité » [1] : s'ils n'admettaient plus l'État-maître, ils admettaient volontiers l'État-Serviteur des individualités libres. Ainsi, en remontant le cours de la tradition individualiste, on constaterait, au rebours de ce qui arrive dans la nature, que ce fleuve d'idées va s'élargissant au fur et à mesure qu'on se rapproche de sa source. [2]

Au surplus, si les premiers économistes réclamaient en effet l'abaissement de toutes les barrières, c'est qu'ils croyaient que dans et par la liberté une parfaite harmonie des intérêts se serait établie, favorisant, au profit de tous, le juste concours des mérites personnels. Mais si l'expérience dément ces espoirs, et prouve que loin d'aboutir à la distribution la plus juste, la pleine liberté de la production et de la circulation tourne surtout au plus grand profit de privilégiés nouveaux, avantages déjà par leur richesse même, et laisse les déshérités dans l'impossibilité de faire valoir leurs titres naturels, n'est-il pas logique que l'économie politique, éclairée par la leçon des faits, admette dans l'intérêt même de la fin qu'elle maintient, la mise en œuvre des moyens qu'elle repoussait d'abord ? Ainsi par cela même qu'elle est une *Rechtsdotrin* et pose des droits naturels inhérents à chaque individu, la doctrine individualiste, attachée d'abord au libéralisme intransigeant, en pouvait être détachée par l'expérience même : de ce point de vue se découvre à nouveau l'équivoque qui entretient l'opposition entre la tendance individualiste et la tendance socialiste [3].

1 V. outre, L'Idée de l'État, la Doctrine politique de la Démocratie (Paris, Colin, 1901) la leçon d'ouverture d'un cours d'histoire des Doctrines politiques, dans la Revue bleue de 1896. Nous avons essayé de résumer cette « doctrine idéaliste de la démocratie » dans un article consacré à l'œuvre d'Henry Michel, (Revue politique et parlementaire, 10 mars 1905.)

2 L'Idée de l'État, p. 326.

3 V. H. DIETZEL, Article Individualisme, dans le Handworterbuch der Staatswissenschaften (Conrad) IV, p. 1336-1341.- cf. V. BASCH, L'individualisme anar-

Célestin Bouglé

Mais si compatible qu'elle nous apparaisse, en principe - tant au point de vue de l'organisation économique qu'à celui de la vie morale - avec les exigences de la conscience, il faut reconnaître que cette haute doctrine a subi en fait, au cours du XIXe siècle, nombre de déviations. Contre lesquelles il n'était pas inutile d'opérer comme des redressements périodiques. La tâche s'imposait en particulier de notre temps ; il est vrai, en effet, qu'il a vu apparaître, adaptées à la mode scientifique, telles formes d'individualisme qui semblaient dirigées, non seulement contre l'intervention de la collectivité dans l'ordre économique, mais contre toute espèce de contrainte et de règle. « L'individu contre l'État », c'est le titre du petit livre où Spencer, décrivant « l'esclavage futur », dénonce les « péchés des législateurs », et « la grande superstition politique » : formules qui brillent comme autant d'étoiles, dira un économiste, pour nous ramener au droit chemin de la liberté. L'originalité de Spencer, c'est de justifier ce libéralisme par un appel aux lois naturelles, clairement manifestées dans le progrès des organismes.

Et à vrai dire, lorsqu'il compare les sociétés elles-mêmes à des corps vivants, en relevant les correspondances entre les institutions et les organes, l'assimilation ne semble pas faite, on l'a observé, pour nous suggérer le « nihilisme administratif ». Les adaptations par en haut - la direction venant du centre - deviennent de plus en plus nombreuses au fur et à mesure que les organismes se perfectionnent. Le cerveau, disait Huxley, mène les éléments comme avec une baguette de fer. Au vrai, l'analogie organiciste nous offre sur tout des exemples de centralisation. Si Spencer en tient peu de compte, c'est sans doute qu'une tradition préalablement donnée préoccupait son esprit : par la vertu de ce talisman, il pouvait retirer, de tous les faits rencontrés dans son voyage à travers la nature, des leçons de libéralisme [1].

Mais peut-être l'autre arc-boutant biologique de la politique d'Herbert Spencer est-il moins fragile. Sans s'obstiner à l'assimila-

---

chiste, p. 198-224.
1 V. Henry MICHEL, La Philosophie politique d'Herbert Spencer (Extr. du G. R. de l'Acad. des sciences morales 1892) - cf. l'étude critique de MARION sur les Principes de sociologie, dans la Revue philosophique de mai 1877.

Chapitre IV

tion des sociétés avec les organismes, on peut penser que les mêmes lois qui gouvernent le progrès dans le monde animal s'étendent au monde humain : l'humanité même pourra-t-elle, sans risquer la déchéance, soustraire les individus aux nécessités de la lutte et de la sélection ? C'est au nom de ces inéluctables conditions de progrès que Spencer loue la libre concurrence et blâme la bienfaisance publique. C'est de ce point de vue qu'il présente « comme les résultats nécessaires d'une loi générale, éclairée et bienfaisante la pauvreté des incapables, la détresse des imprudents, l'élimination des paresseux et cette poussée des forts qui met de côté les faibles et en réduit un si grand nombre à la misère ». En d'autres termes c'est au crédit du darwinisme social que l'on demande ici un regain d'autorité pour le libéralisme économique.

Mais ce n'est pas seulement contre l'État, c'est bien contre la morale même qu'on a vu l'individualisme, de notre temps, tourner les données de la science naturelle. Nous faisons allusion au mouvement d'idées « immoraliste » qui gravite autour de Nietzsche et de Stirner.

Pour eux aussi, la défiance à l'égard de l'État est le commencement de la sagesse. Hegel avait semblé annihiler l'individu devant l'État divinisé. Contre cette dernière incarnation du « sacré » Stirner nous met en garde : fantôme créé par les hommes, pour se faire peur les uns aux autres [1]. Nietzsche dénoncera avec la même énergie la tyrannie de cette fiction : « l'État est le plus froid de tous les monstres froids... Il mord même avec des dents volées ». Mais ce n'est pas assez de se défendre contre les empiètements légaux de la collectivité : par la morale aussi elle exerce sur les individus une pression qui, pour être moins matérielle, n'en est pas moins dangereuse. Elle nous empêche de développer nos virtualités dans tous les sens, de donner la mesure de notre originalité. Elle nous uniformise et elle nous mécanise.

Pour légitimer ces sacrifices, on recense ce que nous nous devons les uns aux autres, on invoque la « solidarité » : si on avait le courage de se débarrasser de cette dernière religion, on serait peut-être délivré, dit Ibsen, du fardeau qui pèse le plus lourdement sur la personne. Les exigences de la solidarité, ce n'est qu'un autre nom de la plainte éternelle du troupeau des faibles et des

1 V. BASCH, *L'individualisme anarchiste*, 1 Part. chap II. et V.

Célestin Bouglé

médiocres. Votre socialisme, en ce sens, est encore tout trempé de christianisme. Il continue la revanche des esclaves. Et certes, il ne détourne plus, à la manière du christianisme, leur espérance vers le ciel. C'est le bonheur sur la terre qu'il fait miroiter devant leurs yeux. Mais quel petit bonheur, borné, réglé, administré ! C'est pour sauvegarder cette vie mesquine de la masse que vous arrêtez le libre essor de ceux qui sont seuls capables de donner son prix à la vie ? Que ceux-ci, conscients du droit qui leur vient de leur force, rejettent d'un haussement d'épaules les scrupules de toutes sortes dont on les charge pour les paralyser. qu'au besoin, comme l'arbre sur la montagne, pour porter plus haut leur feuillage dans le ciel, ils plongent plus profondément leurs racines dans les ténèbres – dans le mal. C'est ainsi que l'individualisme exaspéré aboutit en effet à l'immoralisme.

Et sans doute cet immoralisme ne se laisse pas confondre avec le laisser-aller [1]. La doctrine de Nietzsche du moins, par son inlassable prédication de l'effort, fait plutôt penser au óvoς stoïcien, « Je surmonterai » c'est sa devise. Les valeurs que la métaphysique est désormais impuissante à déduire de la nature, il invite l'homme à les créer par un coup d'audace héroïque de la volonté. Mais il importe, pour qu'elle soit vraiment créatrice, que cette volonté délivrée sache se discipliner elle-même, et ne se laisse pas mener par les bas instincts, par les « chiens sauvages » Nietzsche, différent en cela de Stirner - qui semble repousser toute discipline autonome aussi bien que toute hiérarchie intérieure - rappelle donc à l'individu que pour tirer beaucoup de soi, il faut savoir, d'abord, beaucoup prendre sur soi... [2]

Il reste que la doctrine de Nietzsche est immoraliste, en effet, parce qu'elle défend d'attribuer une valeur universelle aux règles qu'elle propose. La recherche de l'universalité, en matière de loi morale, lui paraît être encore une des déviations due à l'illusion de l'égalité des hommes. Vouloir traiter les autres comme on voudrait être traité soi-même, c'est décider arbitrairement que ce

---

1 C'est ce que M. Lichtenberger met bien en relief dans ses diverses études sur *Nietzsche* (voir en particulier *Études sur la Philosophie morale au XIXe siècle*, p. 243-279).
2 Sur les différences entre Nietzsche et Stirner V. A. l'Évy, *Stirner et Nietzsche* (Paris, *soc. gouv.*, 1904) contestant *la* valeur des rapprochements indiquée par Fouillée *Nietzsche, et l'Immoralisme*, Paris, Alcan, 1903.

Chapitre IV

qui plait à l'un convient aux autres ; rechercher l'équivalence en matière d'échanges, c'est oublier que *les* Moi sont incomparables ; entre ces « uniques » pas de commune mesure. Plus profondément on s'apercevrait sans doute que les Moi qui sont vraiment uniques sont des exceptions : ils forment une élite. A la masse les règles de la morale commune conviennent en effet. Celle-ci est « bonne pour le peuple ». Laissons donc les médiocres s'enterrer dans la médiocrité. Dressons seulement, au-dessus de cette poussière, la race des surhommes. L'affirmation de l'inégalité essentielle des hommes, et finalement l'apologie du régime des castes, - c'est par là que cet individualisme nouveau s'oppose le plus nettement à l'individualisme classique.

Dans cet unique et dans ce surhomme, il *est* aisé de reconnaître, sans doute, un petit-fils du héros romantique. Celui-ci déjà posé son invincible moi en face de l'univers. Il se met aisément hors la loi commune, Du haut de son roc solitaire, drapé dans son manteau noir, il lance l'anathème à la société. - Le romantique n'est pas seulement, d'ailleurs, une glorification de l'homme passionné ; d'une manière plus générale, c'est une glorification des forces spontanées. Aux froides lumières de la raison, il oppose la chaleur de la vie mystérieuse. Des traces de ce sentiment vitaliste se retrouvent dans l'individualisme de Nietzsche [1].

Mais en ce point on voit l'apport de la connaissance scientifique se mêler à celui de la tradition poétique : cette volonté de puissance dont Nietzsche chante l'hymne, la biologie la lui montre à l'œuvre. A regarder de près les démarches des organismes, on s'aperçoit que ce n'est pas seulement le « vouloir-vivre » de Schopenhauer qui les anime : comme disait le naturaliste Rolph, ils sont « insatiables ». Chacun d'eux ne tend pas seulement à durer, mais à dominer ; chaque vivant est un conquérant qui aspire à s'assimiler tout l'univers. La lutte entre les vivants n'est donc pas seulement une lutte pour la vie, c'est une lutte pour l'empire. De ce point de vue les méthodes impitoyables de la sélection se montrent deux fois justifiées. La grande pensée de mon œuvre, dira Nietzsche, est une pensée sélectrice. Et il apparaît que son individualisme impérialiste n'est qu'une sorte de darwinisme aggravé.

---

1 V. BASCH, loc. cit., p. 149. – Cf. BERTHELOT. article NIETZSCHE de la Grande Encyclopédie, à la fin.

Célestin Bouglé

*
* *

Il fallait se représenter ces réincarnations récentes de l'individualisme anti-égalitaire pour apprécier l'opportunité du solidarisme. Il vient à son heure, comme une réaction contre ces excès. Et l'effort qu'il fait pour nous rendre sensibles nos devoirs sociaux, en nous mettant pour ainsi dire sous les yeux les premiers résultats généraux de la recherche sociologique, lui permet de retrouver, par delà ces déviations on ces rétrécissements, le sens de l'individualisme classique : *sociologia duce regredimur...*

Quels services le solidarisme nous rendait en suivant les adversaires du mouvement démocratique sur leur propre terrain, et en retournant contre eux l'arme de la biologie, nous l'avons noté déjà. Par l'analyse du consensus organique comme par celle de l'association entre organismes différents, il prouvait que la lutte sans frein et sans merci n'est pas la seule voie du progrès. Dans « l'entr'aide » aussi les êtres s'élèvent. Qui dit solidarité ne dit pas forcément affaissement de la vitalité ; au contraire : en fait les bêtes de troupeau, si raillées par Nietzsche, l'ont emporté sur les bêtes de proie. D'une manière plus générale, s'il est vrai que la faim est conseillère de guerre, l'amour incline à la paix. La générosité elle-même est en germe dans la nature. Tous ces *leitmotiv* du solidarisme biologique [1] ont du moins le mérite de rappeler que l'individualisme de la force n'est pas la seule doctrine qui se puisse réclamer de la nature.

Mais il est permis d'escompter un gain plus positif. C'est à la sociologie proprement dite, et non pas seulement à la biologie que le solidarisme, de plus en plus, emprunte des munitions. Et peut-être celles-ci lui seront-elles d'un secours encore plus efficace, contre les retours offensifs de l'individualisme intransigeant.

Il ne semble pas douteux en effet que l'élargissement de nos connaissances sociologiques, nous dévoilant les tenants et les aboutissants de nos actions individuelles, ne puisse contribuer à une sorte de restauration du sens social. Pour mesurer cette influence, il ne faudrait pas se contenter de répéter les formules que nous avons déjà citées : « La raison même est une résultante de la vie et) société, » - « L'âme est fille de la cité », etc. Il faudrait voir ces

1 V. plus haut. p. 60 sqq.

Chapitre IV

formules se gonfler de sens, et se vivifier au contact des remarques de toutes sortes que l'effort quotidien des sociologues extrait de la matière historique. Qu'on dépouille par exemple les tomes imposants où l'équipe de *l'Année sociologique* [1] consigne avec patience les résultats qu'elle peut dégager du travail contemporain. On verra comment cent démonstrations de détail, par les voies les plus différentes, convergent vers une même impression d'ensemble.

S'agit-il d'expliquer tels de nos sentiments moraux, par exemple l'horreur que nous éprouvons pour l'inceste ? On montrera que, pour le comprendre, il est indispensable de connaître tel tabou qui tient lui-même la constitution des sociétés primitives, et de se représenter comment, en conséquence de ce tabou, les sentiments d'amour proprement dit et les sentiments de familles ont été amenés à se différencier. De même on prouvera que, pour définir la situation spéciale des sorciers (les vrais aïeux, suivant quelques-uns, des savants modernes), pour s'expliquer la puissance étrange qu'on leur reconnaît, les sentiments mêlés qu'ils inspirent, il importe d'être familiarisé avec tout le système des premières représentations religieuses, et avec les notions ambiguës du sacré et du mana.

Mais ce n'est pas seulement à la survivance de telle croyance collective, c'est à la pression des formes sociales qui nous entourent que la sociologie fait remonter la responsabilité de nos tendances. Elle assignera par exemple les causes non seulement économiques, mais politiques, des recrudescences de criminalité. Elle constatera que la fréquence des suicides augmente là où diminue le nombre et la cohésion des groupements capables de soutenir, en l'enveloppant, l'individu. Ou encore, en suivant les variations de telle catégorie de salaires, elle vérifiera que ces variations s'expliquent, non pas comme l'annonçait l'économie politique individualiste, par la pure et simple loi de l'offre et de la demande, mais par les intérêts et les habitudes de certaines classes en présence, en un mot par les répercussions d'une organisation sociale donnée [2].

---

1 Paris, Alcan, 7 tomes (depuis 1898).
2 *V.* DURKHEIM, *La prohibition de l'inceste et ses origines, Année sociologique, tome I.* [Texte disponible dans <u>Les Classiques des sciences sociales</u>. JMT.] - HUBERT *et* MAUSS, *Esquisse d'une théorie générale de la magie, T. VII.* [Texte disponible dans <u>Les Classiques des sciences sociales</u>. JMT.] - RICHARD, *Les crises sociales et la criminalité. III.* - SIMIAND, *Remarques sur les variations du prix du charbon au XIXe siècle, T. V.*

Célestin Bouglé

Economiques ou politiques, religieux ou moraux, les phénomènes ainsi étudiés ont ce caractère commun l'être antérieurs et en un sens extérieurs à l'individu. De ces traditions et de ces situations il constate en lui les effets sans en découvrir en lui la raison suffisante. Elles lui commandent, ou lui interdisent tel mode d'activité. Elles orientent, ou elles canalisent jusqu'au courant, de ses énergies intimes. A relever ces empreintes et à mesurer ces pressions de toutes sortes, il acquiert *la* conscience habituelle, le sentiment toujours présent d'une force des choses sociales avec laquelle doit compter sa volonté personnelle.

Si l'essentiel du sentiment individualiste, c'est ce sentiment d'orgueil qui incite le moi à croire qu'il peut se suffire, et, pour se poser comme une fin dernière, à « s'affirmer » comme un commencement, il est naturel qu'à la lumière projetée sur les faisceaux de forces sociales qui soulèvent et soutiennent l'individu, son orgueil se trouble et s'évanouisse. Le Coriolan de Shakespeare, pour montrer sa ferme résolution de ne plus rien respecter, et de rompre toute solidarité entre lui et les siens, s'écrie : « Je veux agir désormais comme si j'étais né de moi-même ». Mais personne n'est né de soi-même. Et il y a des solidarités qu'on ne peut pas rompre, le voudrait-on de la plus ferme volonté du monde. Pour que notre personnalité à tous développe ses puissances, il lui faut baigner dans un milieu qui ne cesse de l'alimenter. Il arrive que nous ne nous en rendions nul compte, pas plus que la plante, en croissant, ne se doute de ce qu'elle doit à l'air et à la terre. Mais plus nous deviendrons savants, plus nous deviendrons aussi conscients de nos attaches, plus nettement nous apercevrons nos racines.

Comment cette discipline sociologique limite heureusement le dévergondage romantique, c'est ce que Taine explique dans une note récemment publiée [1] : « Combien l'éducation scientifique et historique change le point de vue ! Matériellement et moralement je suis un atome dans un infini d'étendue et de temps, un bourgeon dans un baobab, une pointe fleurie dans un polypier prodigieux qui occupe l'Océan entier et génération par génération émerge, laissant ses innombrables supports et ramifications sous la vague : ce que je suis m'est arrivé et m'arrive par le tronc, la grosse branche, le rameau, la tige dont je suis l'extrémité : je suis pour un moment

---

1 Correspondance, III, 310.

et sur un point l'aboutissement, l'affleurement d'un monde paléon-
tologique englouti, de l'humanité inférieure fossile, de toutes les
sociétés superposées qui ont servi de support à la société moderne,
de la France de tous les siècles, du XIXe siècle, de mon groupe, de
ma famille. Je n'ai pensé, je ne pense que d'après le groupe de faits
reçus et de directions établies autour de moi. De telles idées rabat-
tent les exigences et rattachent la volonté de l'individu à quelque
chose de plus étendu, de plus durable et de plus précieux que lui,
sa famille, sa patrie, l'humanité, la science, etc. » [1].

1 Ce sentiment sociologique, on conviendra qu'un des auteurs qui ont le plus
fait pour le vulgariser (ou si l'on préfère ; pour le mondaniser), c'est précisément
un des disciples de Taine ; M. Barrès (2e manière). L'individualiste hautain qui
vantait par dessus tout la solitude ; « Toi seule ne m'a pas avili », et n'avouait
qu'un seul péché mortel, « le désir de n'être pas différent » proclame aujourd'hui
qu'il n'y a pas de moi sans un nous ; il va jusqu'à soutenir que même la liberté de
penser n'est qu'une illusion, et que l'homme ne se libère que par l'acceptation de
son déterminisme. Il est donc vrai que « penser solidairement, c'est s'acheminer
à penser solidairement », « Bourgeon dans un baobab », disait Taine, « Feuille
éphémère dans un chêne », dira Barrès, « Je multiplie mes faibles puissances par
des puissances collectives. » - Je reconnais « que le moi individuel est supporté et
alimenté par la société. » - Conversion que l'on pourrait décrire en disant que M.
Barrès a « découvert » la sociologie.
Il faudrait se hâter d'ajouter qu'entre les théories auxquelles s'arrête la réflexion
de M. Barrès et celles auxquelles conduit le travail de la sociologie, la distance
croit chaque jour. La doctrine qu'il a choisie pour s'y reposer se trouve être parmi
les plus étroites et les plus décidément vieillies. La philosophie des races, où il
se comptait, a fait son temps. M. Darlu remarquait il y a quelques années déjà
qu'au moment même où elle descendait dans la rue agitée par des journalistes
ignorants, l'idée de race semblait définitivement bannie de l'histoire scientifique.
L'hérédité n'est pas la seule, ni sans doute la plus féconde, des solidarités dont
nous vivons. De même celle qui nous nuit à la terre natale, pour prenante et en-
veloppante qu'elle soit en réalité, n'empêche pas que d'autres fils, d'autant plus
nombreux et entrecroisés que la civilisation se développe, ne rattachent nos âmes
à d'autres points et des plus distants. Pour montrer ce qu'un individu doit à la
société il ne suffit plus aujourd'hui, et de moins en moins, il suffira de montrer
qu'il est de sa province. Nos racines à tous plongent plus profond et puisent en
des terrains plus variés. Et si l'on voulait par exemple s'amuser à faire le décompte
des influences qui se partagent une âme aussi intimement « civilisée », et aussi
cosmopolite en vertu de cette civilisation même, que celle de l'auteur d'*Un homme
libre,* la part qui reviendrait en dernière analyse à la terre lorraine serait sans
doute bien menue.
Mais que la nouvelle philosophie de M. Barrès soit trop étroite encore, il n'importe
pour l'instant : il reste que quelques-unes des formules générales auxquelles elle le
conduit, sur le rapport des personnalités aux ensembles qui les soutiennent, sont
bien faites pour répandre l'espèce nouvelle de sentiment individualiste auquel

Célestin Bouglé

Qu'est-ce à dire ? Et allons-nous conclure d'ores et déjà, pour la joie de M. Brunetière et de M. Bourget, que cette sociologie à laquelle le solidarisme, fait appel démontre en tout et pour tout le mal fondé de l'individualisme, établissant ainsi la dangereuse folie de la société contemporaine ?

Il est vrai qu'en même temps qu'elles contribuent à nous déprendre nous-mêmes, les études sociologiques posent devant nous les grands objets capables de nous attacher.

Par cela même qu'elles nous découvrent, entre les divers phénomènes économiques, politiques, religieux, tant de connexions et de corrélations inaperçues, elles nous familiarisent avec la notion du consensus social, elles nous communiquent l'impression des besoins propres à l'ensemble, elles font en quelque sorte vivre à nos yeux, dans la multiplicité de leurs fonctions, les êtres collectifs. Réalités idéales sans doute, impalpables et impondérables, mais dont il faut bien tenir le plus grand compte et respecter par dessus tout les exigences, s'il est vrai que ces puissances invisibles ne cessent de nous envelopper et, en pressant sur nous, de nous soutenir, C'est pourquoi, à quiconque aura acquis cette espèce de sens social que donne la science sociale, rien n'importera davantage, sans doute, que ce qui est nécessaire pour faire « tenir ensemble » les éléments constitutifs de la société, pour assurer la cohésion indispensable à sa durée, à sa santé, à son progrès.

Mais cette préoccupation exclut-elle fatalement le souci des droits réclamés par la personne humaine ? Et la logique de notre méthode nous acculerait-elle à une sorte de nouveau panthéisme sociologique, devant lequel, à aucun point de vue, l'individualisme contemporain ne saurait trouver grâce ?

*

* *

Il suffira, pour se délivrer des antithèses qu'on essaie d'établir entre ces deux termes, de se rappeler que les conditions de la santé sociale sont loin d'être identiques dans toutes les sociétés, et que si les unes, à une certaine époque, à un certain degré de civilisation, ne peuvent assurer leur cohésion interne qu'en étouffant, sous quelque forme qu'elles percent, les moindres velléités d'indépen-

---

l'étude méthodique des réalités sociales paraît, nous l'avons vu, nous acheminer.

Chapitre IV

dance individuelle, d'autres, parvenues à un degré supérieur, ne sauraient plus durer et progresser sans se prêter, sans s'ouvrir aux variations, aux dissidences, aux initiatives de toute nature.

Que ce soit là pour nos sociétés occidentales, et pour la société française en particulier, une condition vitale, la plupart des moralistes contemporains l'ont senti et exprimé plus ou moins nettement. Le même Taine, aux yeux de qui notre être particulier, mesuré avec les grands êtres au sein desquels il vit et se meut, semblait se réduire à un néant, ne peut s'empêcher de constater ce fait : « Pour chaque individu moderne ce qu'il y a de plus précieux, c'est son âme, sa volonté personnelle avec tous les sentiments profonds, compliqués qui l'engendrent. Je tiens d'abord, et avant tout à ma conscience, à mon honneur à mon indépendance. En fait ce sentiment existe... » Combien il importe aux collectivités contemporaines de respecter cette qualité de sentiment, et de se faire modestes devant les exigences généralisées des individus, c'est ce que M. Faguet indiquait à sa façon en rappelant que les nations ne s'assurent désormais notre amour même qu'au prix de ces concessions, et qu'en définitive il ne saurait plus se constituer de patriotisme en dehors du libéralisme [1]. C'est sur cette même idée que se rencontraient naguère, lors de nos discussions sur les conditions de l'unité morale du pays, M.F. Buisson et M. H. Michel, lorsqu'ils répétaient que la seule unité aujourd'hui désirable, aujourd'hui tolérable, est celle qui tolère la variété, qui accueille les libertés : toutes affirmations dont le postulat commun est qu'il n'y a plus de valeur supérieure, aujourd'hui, aux droits des personnalités, et que coûte que coûte il faut que la société « s'arrange », afin de réserver aux individus la possibilité de chercher leur voie, de donner leur mesure, d'essayer leur idée.

Il est permis de dire que, sur ce point, les intuitions des moralistes sont d'ores et déjà confirmées par les inductions des sociologues. La revendication individualiste que ceux-là constatent, ceux-ci travaillent à l'expliquer ; et dans la mesure du possible ils la justifient, en la fondant pour ainsi dire en histoire. Ils ne se contentent pas de relater les événements, d'admirer les accidents grands et petits, de mettre en lumière les initiatives et les révolutions qui ont permis à cette revendication de se formuler ou de s'imposer : plus

---

1 *Le Libéralisme*, Paris, Soc. fr., p. 280-284.

profondément ils essaient de montrer qu'elle tient à l'organisation elle-même des groupements humains, qu'elle correspond à un stade de leur évolution, qu'elle exprime à sa façon les besoins que des changements de structure ont déterminés.

C'est ainsi que M. Durkheim, par exemple, dans sa thèse sur la *Division* du Travail, signalait la nécessité de distinguer entre deux espèces de solidarité correspondant à deux types d'organisation, à deux phases de l'évolution sociale. S'il y a une solidarité qui passe le rouleau sur les individualités, il en est une autre qui accepte, qui réclame qu'elles se dressent et se mettent en valeur. Si dans le petit groupe primitif l'identité des activités et l'unanimité des sentiments constituent une conscience collective, tyrannique, ardente à corriger les moindres dissidences, au contraire, quand les groupes deviennent plus denses en même temps que plus volumineux, quand la pression même de la concurrence y rend indispensable la diversité sans cesse croissante des professions et des situations, et y fait tomber, pour que tous les individus puissent s'adapter selon leurs vocations aux conditions nouvelles de la vie, les barrières qui les parquaient en autant d'enclos fermés, alors on commence à comprendre qu'il y a un intérêt social à respecter les diversités individuelles, qu'on n'a pas besoin, pour être des associés, de rester en tout et pour tout des semblables, et qu'enfin la différenciation à son tour peut devenir un principe d'union. C'est ainsi, au fur et à mesure des modifications de structure entraînées par leur civilisation même, que nos sociétés, sentant se desceller, par la force des choses, ces griffes de traditions qui tenaient leurs éléments unis en les maintenant immobiles, ont compris la nécessité d'un système d'assemblage plus souple et comme plus plastique : par là s'explique qu'elles aient dû substituer aux traditions autoritaires un idéal libéral, qui ne fait plus communier les personnalités que dans l'idée du respect qu'elles se doivent les unes aux autres.

Nous pourrions aborder le même problème par un autre biais, et rappeler par exemple comment, par des études sociologiques sur les *Idées Égalitaires* [1] - lesquelles ne consistent en dernière analyse, qu'à réclamer, pour tous les membres des sociétés modernes, ce même droit au libre développement de la personnalité, - on a essayé de prouver qu'elles tiennent aux formes mêmes de ces sociétés,

---

1 Paris, Alcan, 1899.

Chapitre IV

à la mobilité aussi bien qu'au grand nombre et à la concentration dans les villes de leurs unités constituantes, à l'entrecroisement des courants de toutes sortes qui amènent ces unités à se ressembler de plus en plus par certains côtés, dans le même temps que, par d'autres, de plus en plus elles diffèrent...

Toutes les démonstrations de ce genre aboutissent à ce même résultat, de présenter les théories du droit naturel comme autant de produits sociaux. Ces théories traduisent un certain état déterminé par une évolution interne, elles répondent à un besoin organique de la collectivité. C'est donc dans l'intérêt même de la santé collective qu'il faut leur prêter attention. C'est pour maintenir l'espèce de solidarité seule viable aujourd'hui que nous sommes amenés à favoriser le libre développement des personnes.

En justifiant à sa manière cet idéal, la sociologie n'oublie nullement ce qu'elle nous enseignait sur « l'insuffisance » de l'individu. Elle ne cesse pas d'affirmer que sa puissance ne serait qu'illusion sans le contrôle et le secours du groupe. Mais elle distingue entre la *puissance* et la *valeur, ou* encore entre le point de vue des *causes* et celui des fins. Quand bien même les individus en tant que tels apparaîtraient définitivement dépouillés du pouvoir créateur qu'on leur attribuait, il reste que la culture de leurs virtualités peut se proposer, voire s'imposer comme une fin aux groupes mêmes. Un moment vient où l'ordre intime de ceux-ci n'est plus capable de se maintenir qu'à la condition de se plier à ce progrès. Par cette voie, il est permis de soutenir que la sociologie, après nous en avoir écarté, nous ramène à l'individualisme.

*

* *

Mais ce détour n'aura pas été inutile, s'il est vrai qu'en justifiant l'individualisme, la sociologie le limite, si en d'autres termes elle nous fournit des raisons d'accueillir telle de ses formes et de repousser telle autre, si par là elle contribue à dissiper la nuit où ces formes s'entrechoquent.

Et d'abord, en présentant le libre développement des personnes comme une fin qui réclame le concours de la collectivité, les sociologues achèvent de ruiner les objections dressées par les économistes classiques sur le chemin des réformes sociales. Contre l'intervention de l'État, c'est bien l'individualisme que ceux-ci invoquaient, mais un *individualisme-moyen,* pourrait-on dire, par opposition à *l'individualisme-fin* esquissé tout à l'heure. Ils répétaient que le seul devoir de l'État en matière économique, c'est de laisser concourir, dussent-elles se heurter, les initiatives : le principe du libéralisme ne l'exige-t-il pas ? Mais on a justement fait observer que si la société veut garantir à tous ses membres, et non plus seulement à une classe de privilégiés, des libertés réelles, force lui est d'intervenir pour corriger ou prévenir telle répercussion du laissez-faire. Au rebours des anciennes doctrines économiques, les nouvelles doctrines sociologiques, par cela même qu'elles se placent au point de vue du groupe et lui proposent comme une tâche nécessaire à sa propre vie de « réaliser » l'égale liberté des personnes, semblent faites pour autoriser et guider ces interventions.

Mais si l'on considère les choses sous l'aspect proprement moral et non plus seulement sous l'aspect économique, on se rend compte qu'il est d'autres équivoques, peut-être plus dangereuses, contre lesquelles ces mêmes doctrines nous mettent en garde. Elles demandent, disions-nous, des moyens de développement pour tous les individus sans exception, et c'est comme une règle pour la discipline sociale qu'elles imposent le respect de sa personnalité. C'est dire qu'elles ne sauraient se prêter aux fantaisies des « amoralistes », qui réclament pour l'individu le droit d'épanouir, sans souci des conséquences sociales, toutes ses tendances quelles qu'elles soient, et de débrider à son gré ses appétits. Nous ne voulons plus distinguer, disent les disciples de Stirner, entre les parties hautes et les parties basses de la personnalité, entre l'intelligible et le sensible, entre la raison et les instincts : antithèses encore inventées par la société pour intimider l' « unique », et l'incliner à se mutiler lui-même. - Principes de hiérarchie nécessaires, répondrons-nous, pour organiser cette discipline intérieure sans laquelle aucun ordre extérieur n'est concevable. Si nous voulons la liberté pour tous, il faudra bien que chacun soit capable de prendre sur sa liberté. Une association d'égaux n'est possible que si chacun de ses membres s'élève jusqu'à comprendre les droits des autres et à respecter la figure de l'humanité en eux, comme il veut qu'elle soit respectée en lui. Pour cela il importe que la part de l'intelligible ait suffisamment grandi dans son âme aux dépens de la part du sensible, qu'il sache maîtriser au besoin les appétits par les facultés, qu'en un mot il ait conquis ses titres à la dignité d'être raisonnable.

De ce point de vue, il apparaît que le seul individualisme qui se justifie aujourd'hui sociologiquement, c'est précisément celui qui demande que la collectivité sache s'interposer et les hommes se dominer, un individualisme à la fois démocratique et rationaliste, - et c'est pourquoi nous pouvions dire qu'en se laissant guider par la sociologie, le solidarisme retrouvait le sens, et continuait, pour l'élargir, l'œuvre de l'individualisme classique.

Cette opération d'élargissement conduirait-elle jusqu'à l'acceptation du socialisme intégral ? - c'est ce qu'il nous reste à rechercher.

Célestin Bouglé

Chapitre V

LA PENSE SOCIALISTE

« Voulez-vous savoir ce que c'est que le socialisme ? Prenez un sansonnet, faites-lui répéter à l'infini ce mot : « Solidarité, solidarité », et vous avez un socialiste. »

Ainsi s'exprimait, il y a vingt-cinq ans, M. Paul Le roy-Beaulieu, retournant la boutade de Lassalle contre l'économie politique orthodoxe.

Depuis vingt-cinq ans, et surtout depuis cinq ou six ans, nous avons assurément répété bien des fois le mot en question : est-ce à dire que nous soyons devenus « socialistes » ?

« Plaisanterie, répondent dédaigneusement les ultras du marxisme, les surveillants du *mouvement socialiste,* les jeunes gardiens des vieilles machines de guerre révolutionnaires. Le solidarisme est une doctrine à l'eau de rose, et qui sent sa « paix sociale » d'une lieue. Nous voyons bien que ses partisans font effort pour canaliser et détourner vers la roue lente des réformes l'énergie ouvrière : ils ne sont nullement prêts, ni disposés à en recevoir l'impulsion, à en subir la direction. Entre la révolte socialiste, vivante au cœur des salariés, et cette philanthropie de conférenciers, il n'y a pas de rapport. »

« Le rapport est manifeste au contraire, ripostent d'autres gardiens - moins jeunes mais non moins ardents - d'une autre orthodoxie. Les discours solidaristes achèvent de détacher, des sains principes du libéralisme économique, la confiance, si ébranlée déjà, de l'opinion. Ils contribuent à la déshabituer de respecter « les supériorités réelles, supériorité de la fortune comme l'intelligence ». Ils surexcitent la passion des pauvres contre les riches. Ils font croire « aux couches inférieures de la société qu'elles ont été écrasées par les couches supérieures sous le poids de la civilisation, quand c'est plutôt le contraire qui est vrai ». Par sa théorie du redressement des comptes sociaux, leur doctrine « confine au collectivisme » comme, par la pratique du droit social de reprise, « elle se rapproche, à certains points de vue, de l'anarchie ». En deux mots bien loin qu'elle soit une « barrière », elle est un « pont » par où toute la révolution passera.

Ainsi frémit l'Institut (section de l'Académie des sciences morales et politiques), quand M. Brunet eut l'imprudence de lui présenter, il y a quelques années, comme une « doctrine inoffensive », le nouveau système de « morale scientifique [1] ».

*

* *

Si l'interprétation que nous avons proposée de la théorie du quasi-contrat est exacte, il semble qu'on puisse tirer, de cette théorie, des déductions assez redoutables pour l'ordre social actuel. Elle ne reconnaît de « juste contrat », disions-nous, que là où se rencontre une parfaite « équivalence » des causes. Mais, pour que cette équivalence se rencontre, n'importe-t-il pas que les contractants se trouvent déjà, en fait, sur un pied d'égalité ? Si rien ne presse l'un tandis que l'autre est talonné par la nécessité, n'y a-t-il pas trop de chances que celui-là exploite, dans les conditions mêmes du contrat, l'infériorité de celui-ci ? C'est pourquoi M. Durkheim observait que pour que les valeurs échangées dans les contrats fassent en fait équivalentes, il faudrait moins d'inégalités intrinsèques dans les conditions de la concurrence. Il ajoutait [2] : « Il ne peut pas y avoir des riches et des pauvres de naissance sans qu'il y ait des contrats injustes. » C'est une conséquence analogue que développe M. Renard [3] lorsqu'il rappelle que « le socialisme ne considère pas comme valable le contrat conclu entre deux personnes que sépare une profonde inégalité économique, intellectuelle, sociale, entre le patron et l'ouvrier, entre le capitaliste qui peut attendre et faire attendre, et celui qui ne peut que louer ses bras immédiatement sous peine de mourir de faim, de froid, de misère, de se condamner et de condamner sa famille à la mort. Il y a, dans ce cas, lutte à armes inégales ou plutôt il y a lutte d'un homme puissamment armé contre un homme totalement désarmé. Le contrat, dans de semblables conditions, est vicié dans son essence, il n'est pas valable au point de vue de la justice idéale ». - « Vous savez bien que je ne pouvais pas faire autrement » n'est-ce pas l'éternelle réponse

---

1 V. dans les C. R. de l'Acad. des *sciences morales (1903,* tome LX) les opinions de MM. F. Passy, E. Levasseur, P. Leroy Beaulieu, A. Sorel, Clément Juglar, etc.
2 Div. du Trav., p. 430.
3 Philos. de la solidarité, p. 67.

Célestin Bouglé

du salarié à qui l'on reproche d'avoir contresigné des clauses auxquelles il manque ?

Ainsi, où subsiste la disproportion des conditions, il semble que l'équivalence ne saurait régner dans les conventions entre privilégiés et déshérités. Elles sont viciées d'avance. Le ver est dans le fruit. L'arbre de l'inégalité économique ne peut porter que des contrats injustes.

Dans quelle mesure le solidarisme accepterait-il ces conclusions et les conséquences pratiques qui en découlent ? Pour en juger, il faut d'abord demander directement à la nouvelle doctrine ce qu'elle pense de l'égalité, de la liberté et de leurs rapports dans l'État,

*

* *

Par ses accointances avec les sciences biologiques, le solidarisme devait être enclin à insister sur l'inégalité naturelle des hommes. Les hommes naissent égaux ; c'est, disait Huxley, « une proposition risible au point de vue scientifique ». Le philosophe qui « voit les âmes », c'est-à-dire qui spécule sur ce qui ne se prête pas à la détermination ni à la mesure, croira volontiers que la diversité des milieux est surtout responsable de l'inégalité des résultats obtenus par les hommes. Mais le savant, qui les réintègre dans la nature, prêt à mesurer leurs facultés par leurs organes mêmes, et à vérifier sur eux les mêmes lois générales de la vie qui opèrent dans le monde animal, ne saurait perdre de vue, dans l'humanité non plus, ces différences natives dont le darwinisme a souligné le prix. Averti par la science, le solidarisme n'essaiera donc pas de pallier la disproportion des facultés naturelles des hommes.

« Contre cette cause d'inégalité, dira M. Bourgeois, l'accord des volontés ne peut rien, il n'y a pas là matière à consentement et à contrat ». À vouloir la déraciner, la société userait vainement ses ressources, et se priverait d'une sève précieuse. La division du travail, génératrice de solidarités de plus en plus complexes, utilise la diversité des aptitudes. Et si ces aptitudes ne sont pas seulement diverses mais inégales, n'est-il pas utile aussi que notre effort personnel soit excité, par quelque prime, à tirer le meilleur parti possible de nos capacités naturelles [1] ?

---

1 Congrès, p. 87.

Mais si, de ce point de vue, les inégalités d'origine naturelle nous paraissent intangibles, en sera-t-il de même des inégalités d'origine sociale ? Si notre participation à la civilisation est inégale « du fait de la nature et du sort qui dispensent inégalement entre les hommes la santé, l'aptitude physique ou intellectuelle, la durée de la vie... elle l'est aussi du fait des hommes, de leur ignorance, de leur barbarie, de leur violence, de leur âpreté au gain, en somme d'une longue série d'arrangements sociaux que l'idée de justice n'a point déterminés et pour lesquels le consentement de tous n'eût pas été obtenu ». Cette inégalité seconde, nous n'avons pas les mêmes raisons de la respecter. Les poids que la société jette dans les balances de la nature ne risquent-ils pas de fausser la pesée et de relever par excès tel qui, livré à lui-même, se serait abaissé comme d'abaisser, par défaut, tel qui se serait élevé ?

En suivant cette filière, le solidarisme serait donc amené à retrouver la pensée des nombreux moralistes qui s'accordent aujourd'hui pour demander à la société, non pas sans doute la suppression de l'inégalité « au point d'arrivée », mais du moins, la diminution des inégalités « du point de départ [1] ».

La conception n'est pas faite pour séparer nettement le solidarisme du socialisme. Le temps n'est plus où l'on pensait avoir amplement réfuté celui-ci en montrant du doigt dans l'humanité des géants et des nains, des forts et des faibles, des intelligents et des imbéciles. La tradition socialiste dénonce la disproportion qui subsiste, de par l'organisation capitaliste, entre la rémunération et la productivité, elle proteste contre une situation qui empêche toute une catégorie de producteurs de jouir du juste produit de leur force de travail. Elle ne nie pas pour autant la différence des capacités, ni l'intérêt que la société peut trouver, pour que ces capacités passent à l'acte, à rémunérer les gens selon leurs œuvres. Conformément à la pensée saint-simonienne M. Menger nous fait prévoir que dans l'État socialiste une organisation hiérarchique devrait subsister, conservant quelque chose de l'inégalité économique [2]. « Tous les hommes naissent libres et inégaux, écrit Grant Allen [3]. Le but du socialisme est de maintenir cette inégalité naturelle et d'en tirer le

1 V. H. MICHEL, *La Doctrine pol. de la Démocratie*, p. 48.
2 *L'État socialiste*, trad. fr., (Paris ?, soc. nouv. 1904) Livre 1, chap. IV.
3 Cité par VANDERVELDE, *Le collectivisme et l'évolution industrielle*, p. 235.

Célestin Bouglé

meilleur parti possible ».

*
* *

Mais peut-être, dans la question de la liberté, verra-t-on plus clairement en quel point, après avoir fait route ensemble, le solidarisme et le socialisme se séparent ?

On a quelquefois reproché aux solidaristes d'avoir oublié - dans leur effort pour opposer, à l'excès du libéralisme individualiste, l'état de dépendance où nous vivons - que l'indépendance aussi est un fait et que la Nature, qu'ils invoquent, le rappelle utilement aux sociétés. S'il est vrai que tout se tient dans les choses, les choses n'en restent pas moins distinctes. Que le cosmos ne nous empêche pas de voir les monades. L'existence même des lois astronomiques suppose des systèmes de corps relativement autonomes. Et jusqu'au sein des organismes, les organes agissent par eux-mêmes, comme autant d'organismes distincts [1].

En fait, il ne semble pas que le solidarisme ait méconnu cet enseignement. Lorsque M. Bourgeois, pour démontrer les progrès réalisés grâce à la solidarité, cite l'exemple des organismes perfectionnés par la division du travail, il ne manque pas de noter que cette organisation supérieure consiste dans une collaboration d'éléments distincts. « La grande loi de la division du travail physiologique n'est que la coordination des efforts individuels » - « une organisation supérieure est celle où il y a équilibre entre les unités et le tout » [2]. Ce n'est pas par l'écrasement des forces composantes que l'ensemble prospère, mais par le déploiement de leurs virtualités. Ainsi est-il permis d'espérer, comme le disait M. Fouillée, que dans une humanité mieux organisée ces deux effets du progrès seront réellement inséparables : l'accroissement de la vie individuelle et l'accroissement de la vie sociale.

N'avons-nous pas vu d'ailleurs que le solidarisme retient, pour les mêler aux exemples que lui prêtent les naturalistes, quelques éléments de la tradition des économistes ? Il en gardera particulièrement cette idée que la liberté est « la condition première de tout

---

1 *Boutroux, C. R. de l'Acad. des sc.. mor.,* tome LX, p. 399-402. - M. Boutroux indique d'ailleurs à une autre place comment serait possible la réintégration de ce libéralisme au sein du solidarisme (Philos. de la solidarité, p. 273-287).
2 *Solidarité,* p. 55.

progrès » : le libre exercice des facultés et des activités personnelles peut donner seul le mouvement initial » [1]. La division du travail elle-même ne suppose-t-elle pas que chacun, suivant sa pente, applique sa volonté au point où pour lui est le moindre effort [2] ? « Toute diminution de la liberté, et par suite de l'activité volontaire de l'individu équivaut donc à un arrêt de développement de son être, et, en vertu de la solidarité qui lie tous les hommes, entraîne un arrêt de développement de toute la société humaine ».

Mais la liberté individuelle est-elle seulement un moyen ? Bien plus, c'est comme une fin du progrès social que le solidarisme nous la présente. Il nous rappelait, devant l'accumulation de nos dettes envers la société, que la liberté n'est revendiquée légitimement que par qui a payé ses dettes. Mais une fois qu'il se sera libéré, il est entendu que la collectivité n'aura rien à voir dans l'usage que l'individu pourra faire de ses capacités ou propriétés personnelles. Faisons donc sa juste part à la société, mais laissons le champ à la liberté. « Il y a une part de notre liberté, de notre propriété, de notre personnalité qui est d'origine sociale : c'est cette part sociale de nous-mêmes qu'il faut mutualiser : au delà nous n'avons plus le droit de rien imposer aux hommes.

Avec les économistes nous disons : liberté, c'est la condition du progrès humain. Avec les socialistes nous disons : justice. Mais la justice, pour nous, reste le point de départ de la liberté [3] ».

Mais beaucoup de socialistes ne souscriraient-ils pas, eux aussi, à cette dernière formule ? Ne feraient-ils pas remarquer avec raison qu'on abuse de l'antithèse lorsqu'on présente leur système comme prêt à sacrifier sur l'autel de l'égalité toute liberté individuelle ? On sait quel parti certains esprits, aujourd'hui encore, tirent de cette opposition. M. Faguet, en particulier, ne cesse de montrer dans le libéralisme et l'égalitarisme deux frères ennemis, nés tous deux de la Révolution. Par sa théorie des Droits de l'homme, elle conduisait assez logiquement à l'individualisme, voire à l'anarchisme ; par sa théorie de la souveraineté du peuple, c'est au collectivisme qu'elle tend. La lutte de ces deux esprits fait le tourment de notre vieux monde.

---

1 Solidarité, p. 61.
2 Congrès. p. 82.
3 *Philos. de la solid.*, p. 56.

Célestin Bouglé

Mais, à qui proteste que la liberté va être écrasée par telle intervention de la collectivité dans l'organisation économique, il faudrait toujours prendre la précaution de demander « quelle liberté » et « la liberté de qui ». Il faudrait en un mot comme disent des logiciens, définir la liberté dont il s'agit tant en compréhension qu'en extension, et rechercher non seulement quels caractères la notion en implique, mais à combien d'individus cette notion s'applique.

On s'apercevrait alors que tout n'est pas dit si l'on a montré que telle mesure limiterait l'indépendance des gens, en ajoutant une loi à celle qu'ils doivent déjà respecter. On rappellerait que si la loi est une chaîne pour certaines formes de la liberté, elle est un bouclier pour certaines autres, si la capacité d'agir au hasard et à tout risque, sans limites et sans règles, nous donne un certain sentiment de liberté, un autre sentiment mérite le même nom qui nous vient de la possibilité de préméditer, de vouloir à longue échéance, de faire des projets en escomptant l'avenir : il y faut de la sécurité, qui ne s'obtient pas par les mêmes conditions que l'indépendance. Que sera-ce si au besoin de sécurité nous ajoutons le besoin de puissance ? Est-ce être vraiment libre que ne rien pouvoir réaliser de ce qu'on veut ? Existe-t-il Par suite une réelle liberté pour l'homme sans un minimum de domination sur la nature ? La coopération dans la vie sociale, en créant ce qu'on appelle la civilisation, a précisément pour résultat d'accumuler les moyens d'imposer aux choses les volontés humaines. Mais qui reste privé de ces moyens se dira avec raison exclu de cette forme de liberté qui est l'œuvre propre de la civilisation.

Quand donc on nous prouverait que telle intervention, en rectifiant l'organisation sociale actuelle, limitera l'indépendance de ceux qui jouissent aujourd'hui, grâce à cette organisation même, du maximum de puissance et de sécurité, il ne serait pas dit encore que cette intervention n'augmentera pas la somme totale de liberté, si elle assure en effet plus de sécurité et de puissance à ceux qui, aujourd'hui, en possèdent si peu qu'il leur est impossible de jouir réellement de cette indépendance à laquelle on les renvoie [1].

Par où l'on voit à quel point il est injuste d'opposer brutalement le libéralisme et l'égalitarisme. Les égalitaires aussi peuvent protester

1 V. G. RENARD. *Le régime socialiste*, Paris, Alcan, 1898. - E. VANDERVELDE, *Le collectivisme et l'évolution industrielle*, Paris, soc. nouv., 1900.

qu'ils veulent la liberté, mais la liberté pour tous, et une liberté réelle. En ce sens, le souci qu'il marque de la liberté ne saurait plus suffire à séparer radicalement le solidarisme du socialisme : s'il est vrai que celui-ci aussi peut prétendre que bien loin de rayer la liberté d'un trait de plume, il travaille à la rendre réelle et universelle [1].

*
* *

Sa théorie de l'État, du moins, n'est-elle pas faite pour distinguer nettement le solidarisme des autres doctrines politiques ou économiques ?

La théorie est originale en effet, et en la suivant le solidarisme se fraie, pour aboutir à l'interventionnisme, un sentier à part, très loin de la route le plus généralement empruntée.

Que l'on compare en effet, sur ce point, notre solidarisme à ce qu'on a appelé en Allemagne le « socialisme de la chaire ». Pour ce qui est des tendances pratiques, les deux écoles se ressemblent par plus d'un trait. L'une et l'autre travaillent à ruiner le crédit de l'ancien libéralisme, et à préparer l'opinion aux réformes nécessaires. L'une et l'autre démontrent qu'il ne règne pas toujours une harmonie spontanée entre les répercussions de l'ordre économique actuel et les exigences de la conscience morale ; et qu'en conséquence celle-ci autorise la collectivité à user de sa puissance pour « assurer » les déshérités contre les maux multipliés par ce mécanisme imparfait.

Mais comment le socialisme de la chaire procède-t-il à cette démonstration ? C'est précisément par une sorte de personnification de la collectivité, destinée à mettre en relief les intérêts vitaux qui sont communs aux individus, et distincts de la somme de leurs intérêts particuliers. Une économie « nationale » (Volkswirthschaft) est autre chose que la juxtaposition des économies « privées » (Einzelwirthschaften). Elle forme comme un organisme qui a ses conditions propres d'équilibre et de santé. C'est de ces conditions que l'éthique nous donne conscience. Et c'est pour restaurer ces conditions troublées que l'État a le droit d'exercer, sur l'activité économique, une influence régulatrice. La notion des intérêts propres

---

1 *Cf. E. Senchet, Liberté du travail et solidarité vitale*, Paris, Giard et Brière, 1903.

Célestin Bouglé

en tout, et qu'un État « de culture » a mission de sauvegarder, sert donc ici d'intermédiaire naturel entre l'éthique et l'économie politique : elle sert du même coup de limite aux protestations qu'on pourrait élever, au nom du droit individuel, contre les interventions de l'État [1].

Aussi n'est-il pas étonnant que les défenseurs du libéralisme économique s'acharnent contre cette manière « organiciste » de réaliser la conscience collective, et de personnifier l'État qui lui sert de support. Les entités, « un peu mystérieuses dans leur substance » n'en sont pas moins, dit-on, « très réalistes dans leur action ». Elles tirent même de leur origine voilée un certain prestige, qui permet l'installation d'une tyrannie étendue et pesante [2]. Dénonçons donc ces survivances de la mythologie, ces illusions métaphysiques, ramenons les esprits au culte des réalités sociales concrètes, qui ne consistent qu'en personnalités distinctes, et nous aurons du même coup réduit à de justes limites la tendance interventionniste, qui menace de paralyser l'initiative des personnalités.

Mais plusieurs chemins mènent à l'interventionnisme. Encore que la doctrine solidariste doive y aboutir dans la pratique, elle refuse de se laisser guider par les mêmes abstractions réalisées auxquelles se fie le socialisme de la chaire. Elle fait chorus avec l'économie libérale pour protester contre « cette croyance à une sorte d'être supérieur aux hommes, tirant de quelque source mystérieuse une autorité - et sans doute aussi une sagesse - qui lui permettrait de régler au mieux notre sort commun » (1). A voir les premiers efforts des solidaristes pour utiliser les leçons de la biologie, on aurait pu penser qu'ils pencheraient eux aussi vers l'organicisme, et que prêtant un corps au tout social, ils se représenteraient aisément ses intérêts comme distincts de la somme des intérêts individuels, ses exigences comme supérieures à l'indépendance des associés.

Tout au contraire, M. Bourgeois observe que, « en détruisant la notion abstraite et a priori de l'homme isolé, la connaissance des lois de la solidarité naturelle détruit du même coup la notion éga-

1 DURKHEIM, *La science positive de la morale en Allemagne*, Revue philosophique, 1887, p. 38 sqq. - cf. nos *Sciences sociales en Allemagne*, Paris, Alcan, 1895, chap. 10.
2 D'EICHTHAL, *La Formation des richesses et ses conditions sociales actuelles* (Paris, Alcan, 1906) p. 338. - Cf. PALANTE. *Combat pour l'individu* (Paris, Alcan, 1904) chap. xv.

lement abstraite et a priori de l'État, isolé de l'homme et opposé à lui comme un sujet de droits distincts ou comme une puissance supérieure à laquelle il serait subordonné [1] ». La connaissance des lois de la solidarité fait en un mot saillir les liens qui rattachent les individus les uns aux autres : elle nous découvre entre eux une multitude de *rapports,* mais elle ne nous autorise à poser aucun *être* en dehors d'eux. « il n'y a rien, dira M. Andler, en dehors du groupement humain et de la somme des individus [2] ». Les personnalités sont les seules réalités sociales observables, et par suite les seuls sujets possibles du droit. Cessons donc de nous interroger sur « les rapports des individus et de l'État » et de mesurer le droit de celui-ci sur ceux-là. Une fiction possède-t-elle des droits sur ses auteurs ? Parlons seulement des rapports mutuels des individus, définissons des droits et les devoirs *réciproques* que le fait de l'association crée entre les hommes, recherchons à quelles conditions ils auraient accepté de collaborer [3].

En tout ceci l'État ne nous apparaîtra pas comme une partie en cause. Son rôle se borne à faire respecter la volonté des parties, en sanctionnant le quasi-contrat qui les lie les unes aux autres. « Un fait s'est produit, assimilable, si on en prend conscience, aux plus profondes révolutions qui aient eu lieu dans le droit et, à notre surprise, a passé inaperçu presque : La *distinction vient de tomber entre le droit public et le droit privé* [4], » C'est en ces termes que M. Andler saluait la théorie que nous venons de résumer. Elle est capable de mettre un terme, pensait-il, aux discussions confuses qui tournent autour de la personne de l'État : substantifié aussi bien par ses adversaires, en somme, que par ses partisans. « Comme ce corps chimérique de Jésus qui fut seul adoré et seul crucifié par les hommes, mais qui n'était, selon les docétistes, qu'une lueur immatérielle, la matière même du débat s'évanouit [5] ».

En fait nous avons vu se produire, depuis, des théories, juridiques de l'État qui s'efforcent, contrairement aux théories allemandes, de définir ses attributions et son rôle en évitant de le personnifier à aucun degré, et en déduisant seulement les conséquences du « fait

1 Congrès, p. 89.
2 Solidarité, p. 87.
3 *Revue de métaph.,* 1897 p. 521.
4 Philos. *de la solid.,* p. 52.
5 *Art. cit.* p 520.

Célestin Bouglé

positif » de la solidarité sociale. On accordera que la conscience de ce fait, si elle n'efface pas la distinction entre le droit public et le droit privé, contribue du moins utilement à éclaircir leurs rapports, et ménage en quelque sorte des passages de l'un à l'autre : on atténue ainsi l'antinomie classique entre l'individu et l'État. ; ont ouvre une issue à « la crise de la science politique [1] »...

Si l'on cherchait à quelles tendances ont obéi les initiateurs de cette conception antiréaliste de l'État, il faudrait compter d'abord, sans doute, leur défiance à l'égard de toute métaphysique. Ils cherchent à incorporer à leur doctrine, nous l'avons vu, les résultats des recherches de la sociologie ; mais ils craignent son langage et les abstractions qu'elle semble parfois réaliser pour mieux définir son objet propre. La conscience collective, l'État-personne, ne sont-ce pas là de ces concepts vides, de ces *Entia rationis vel potius imaginationis* dont le solidarisme, dans son désir de rester scientifique et positif, fait profession de se détourner ? C'est pourquoi - sans se demander plus longtemps si telle abstraction sociologique ne se justifierait pas, à l'usage, par l'orientation fournie à la recherche, et

---

1 V. DUGUIT, *l'État, le droit objectif et la loi positive,* Paris, Fontemoing, 1901. - Dans un article sur la *crise de la science politique,* répondant au livre de M. Deslandres publié sous ce titre (Paris, Chevalier et Maresq, 1902) M. Saleilles s'exprime ainsi : « Après les admirables études que M. Duguit vient de consacrer aux rapports du droit subjectif et de l'État la question ne peut plus être passée sous silence : il faut prendre parti. Il faut savoir si entre le droit public et le droit privé subsiste la séparation infranchissable que l'on avait établie jusqu'alors ou s'il n'y aurait pas plutôt deux faces distinctes d'un fait universel, celui de la solidarité sociale, condition et résultante tout à la fois de la vie en société.

Les droites subjectifs individuels, bien loin d'être indépendants de l'idée de vie collective, ne seraient que l'expression des rapporte sociaux considérés dans chaque individu ; ce qui ne veut pas dire que la société ait qualité pour méconnaître le droit individuel, puisque le progrès social est lui-même conditionné par le respect des initiatives et des libertés individuelles, mais ce qui veut dire tout au moins que ces droits subjectifs ne peuvent entrer en conflit direct avec les conditions essentielles de la vie collective, et que leur contenu se délimite d'après leur faculté d'adaptation au fonctionnement social.

La distinction entre le domaine du droit public et celui du droit privé ne disparaît pas pour cela, mais les frontières s'abaissent et les rapports qui unissent l'un et l'autre, et que jusqu'alors on avait feint d'ignorer, apparaissent enfin avec toute l'importance qu'ils ont dans la réalité. »

(Revue politique et parlementaire, avril, 1903, p. 118. - cf. l'étude critique consacrée par MM. Haurion et Mestre au livre de M. Duguit, dans la *Revue du Droit public, 1902,* XVII, p. 346-366).

Chapitre V

même à l'action, sans se demander non plus si les données des sens et de la conscience empirique ont seules autorité pour fournir ses cadres à la science - ils décident qu'ils ne veulent connaître d'autres réalités sociales que ces réalités concrètes et distinctes, dont l'observation extérieure nous montre les dehors séparés, tandis que l'observation intérieure permet à chacun de nous d'en saisir le dedans isolé : les personnes humaines.

Précaution contre les excès de la sociologie, la théorie en devait être une aussi, sans doute, dans l'esprit de ses premiers partisans, contre les excès du socialisme. On s'est longtemps plu à définir le socialisme comme un effort pour fusionner les personnalités dans la masse collective : espèce de panthéisme pratique, il ne tendrait à rien moins qu'à dissoudre les éléments individualisés dans le sein du grand tout social [1], M. Bourgeois paraissait partager cette manière de voir lorsqu'il disait dans un discours à Melun, prononcé en 1896, opposant les idées collectivistes aux idées de la Révolution de 89 : « Le socialisme, au contraire, c'est comme le mot indique, la suprématie de l'unité sociale sur l'individu, l'absorption du citoyen par la collectivité, enfin la conception directement opposée au système individualiste consacré par la Déclaration des Droits de l'Homme ». La théorie solidariste de l'État semblait faite pour rendre plus malaisées ces opérations de résorption socialistes ; par cela même qu'elle annexe en quelque sorte le droit public au droit privé, refusant à l'État toute vertu supérieure et toute puissance propre, elle rappelle que les personnalités, comme elles sont les seules réalités observables, sont aussi les seules fins acceptables de l'organisation sociale.

Mais à cette formule encore le socialisme contredirait-il ? Sur ce point aussi il faut se défier des antithèses classiques. On nous avertissait utilement que la « socialisation » ne se présente pas forcément comme le contraire, mais bien plutôt comme l'adjuvant de « l'individualisation » : socialiser le droit, ce n'est pas autre chose qu'étendre le bouclier juridique sur des libertés personnelles qui restaient désarmées [2]. De même, un État socialiste ne se vantera-t-il pas de défendre, mieux que tout autre, les droits individuels de tous ?

---

1 V. DIETZEL, art. cit., p. 1329.
2 CHARMONT, *Revue de métaph.*, 1903, p. 380-405.

Célestin Bouglé

C'est du moins cet aspect que met en lumière la plus récente théorie socialiste de l'État. Dans le livre de Menger aussi on voit tomber la barrière entre le droit public et le droit privé. A vrai dire l'assimilation s'opère ici en sens inverse du sens solidariste ; c'est dans le droit public que le droit privé s'absorbe. Loin de réduire en principe l'autorité de l'État au rôle d'interprète des volontés individuelles, Menger demande que cette autorité ne craigne pas de s'étendre méthodiquement pour contrôler la vie économique et défendre, d'office au besoin, par voie d'intervention administrative, les droits normaux de tous les citoyens [1]. Ainsi tandis que le solidarisme conçoit les pouvoirs sociaux suprêmes sur le type de pouvoirs *d'arbitrage,* le socialisme de Menger tendrait à absorber le pouvoir judiciaire lui-même de l'État dans le *pouvoir administratif* [2].

Mais croit-on que Menger soit disposé pour autant à personnifier l'État, et à admettre un bien commun supérieur à la somme des biens individuels ? Au contraire, c'est précisément parce qu'il doit y avoir identité entre celui-là et ceux-ci qu'il réclame l'imprégnation du droit privé par le droit public. Et ce qu'il reproche aux théories qui substantifient l'État, c'est qu'elles empêchent de voir cette identité essentielle. À lui non plus le bloc étatisé ne dit rien qui vaille. Mais sa défiance ne repose pas sur les mêmes raisons que celle des économistes. Quand on personnifie l'État, pense-t-il, rien de plus facile que de prêter à cette entité mythique toutes les fins imaginables [3], En fait, le plus souvent, ces fins ne seront autre chose que les intérêts des groupes sociaux les plus puissants. Sous le couvert de l'intérêt supérieur de la communauté, ce sont les « intérêts sinistres » d'une minorité de gouvernants et de possédants qui continueront de se faire servir. « Les États civilisés de l'antiquité et des temps modernes sont nés presque sans exception de triomphes militaires et s'imposèrent pour cette raison aux peuples, dès l'origine, comme une organisation rigoureusement hiérarchisée, comme une pyramide politique et sociale dont le sommet était formé par les vainqueurs, la base, par les vaincus. D'où suit que, de même que le navigateur aperçoit d'abord, en s'approchant des îles et des continents, le sommet des montagnes et ne voit que plus

1 *L'État socialiste,* p. 29, et 217-220.
2 V. l'introduction de M. Andler à la trad. fr. de l'État *socialiste, p.* XXI.
3 *Liv. cit.,* p. 227.

tard les larges plaines, ainsi les nations furent portées à considérer d'abord les intérêts les plus haut placés, et à les mettre, sous le nom de bien général ou public, bien au-dessus des intérêts vitaux de la grande masse [1]. »

Prendre décidément pour fin avouée ces intérêts vitaux, assurer à tous « la sécurité de la personne, un mode de vie vraiment humain et une vie de famille réglée [2] », ce serait le propre de « l'État populaire de travail », et en ce sens, il se vanterait légitimement de tendre à la « réalisation » de l'individualisme. Il est vrai que Menger continue d'opposer cette forme d'État à ce qu'il appelle « l'État *individualiste* de la force ». Mais il définit celui-ci par la préférence accordée aux intérêts individuels d'une minorité de puissants. Passer du souci des habitudes de la minorité au souci des besoins essentiels du plus grand nombre, ou en d'autres termes de la conception aristocratique à la conception démocratique de la société, ce serait du même coup, et sans contradiction, élargir l'individualisme jusqu'au socialisme. Nous retrouvons par ce chemin la réconciliation à laquelle nous préparaient de leur côté les socialistes français contemporains, répétant que le socialisme n'est autre chose, à le bien entendre, que l'individualisme, mais « logique et complet [3]. »

On le voit : quel qu'ait pu être, chez les premiers artisans du solidarisme, le désir de se distinguer du socialisme, les principes politiques auxquels ils s'arrêtent sont loin de constituer une infranchissable barrière : qu'il s'agisse de la notion de l'État, de celle de la liberté, de celle même de l'égalité, nombre de socialistes aussi pourraient protester qu'ils acceptent les définitions proposées par les solidaristes.

*

* *

Mais plus encore que les principes où elle se tient, les pratiques où elle tend, les programmes qu'elle formule, les applications qu'elle préconise révèlent la tendance dernière d'une doctrine.

Si nous cherchons à mesurer par ce biais des affinités socialistes du

---

1 *Liv. cit*, p. 105.

2 p. 233.

3 J. JAURÈS, Socialisme et Liberté, Revue de Paris 1er déc, 1898. - FOURNIÈRE, Essai sur l'individualisme, Paris, Alcan, 1901.

Célestin Bouglé

solidarisme, nous constaterons que sous sa première forme, rien ne faisait prévoir qu'il portât dans ses flancs des réformes alarmantes. Dans l'Essai conciliateur où M. Bourgeois s'efforçait d'adopter les résultats de la science avec les données de la conscience, il eût fallu des prophètes bien pessimistes pour dénoncer un programme de bouleversement économique [1]

Sans doute l'auteur levait son modeste drapeau - aux couleurs mêlées de la biologie et de la morale – contre le laisser-faire. Il rappelait que tout n'est pas dit et qu'on n'est pas encore quitte du devoir social quand on a répété à l'infini « Liberté, liberté ».

La porte était ainsi ouverte à l'interventionnisme. Mais les exemples d'intervention possibles et désirables étaient rares, et rassurants. Ces contrats individuels pour lesquels M. Yves Guyot réclamait toute licence, on invoquait la nécessité d'en surveiller les clauses dans des cas spéciaux : si quelque intérêt supérieur, autre que l'intérêt économique, est en jeu, comme dans le cas du mariage ; s'il existe entre les contractants certaines causes « d'inégalité » par trop intolérables ; si une nécessité publique (guerre ou disette) exige impérieusement des restrictions aux libertés ordinaires de la circulation... Il n'y avait pas là de quoi faire bondir un économiste.

Dès cette période, à vrai dire, le danger était bientôt signalé par l'enthousiasme de quelques commentateurs, annonciateurs de la tempête. Nous avons vu en quels termes l'historien du *Socialisme d'État en Allemagne*, M. Ch. Andler saluait « ce très gros événement intellectuel » ; par la théorie du quasi-contrat, les relations qui obligent les individus envers l'État et l'État envers les individus sont conçues disait-il, sur le même type que celles qui obligent les individus entre eux. Le pouvoir gouvernemental ne leur apparaît plus que comme le gérant du patrimoine qui leur est commun. Mais les conditions mêmes de cette gestion lui imposent, et lui donnent le droit d'imposer certaines obligations. Tenu de rendre ses comptes à tous, il aura mission de veiller à ce que la dette sociale soit équitablement répartie entre tous, et à ce que personne ne reste exploité par quelque contrat léonin. Il lui sera donc loisible d'exercer contre les privilégiés telle « répétition de l'indu », et de défendre les déshérités, en réglementant, non plus seulement

---

1 *Solidarité*, p. 142-150.

Chapitre V

- comme paraissait le croire M. Bourgeois - aux grands jours de crises, mais dans son cours normal, la vie économique.

Or ce contrôle de tous sur le bén6fice que chacun retire de l'association humaine, qu'est-ce autre chose que « ce qu'en langue vulgaire on désigne du nom de socialisme [1] » ?

De fait, lorsque nous retrouvons la doctrine, au Congrès d'Éducation sociale de 1900, elle s'enfle pour promettre à ce « contrôle » un plus large champ d'interventions : au feu des réclamations démocratiques, nous la voyons forger sous nos yeux de nouveaux instruments pour une action plus étendue.

C'est qu'à ce Congrès, il n'y avait pas seulement des philanthropes », administrateurs ou universitaires. Des groupes d'études sociales, des coopératives, des Bourses de travail, y avaient envoyé leurs délégués. Avec ceux-ci n'était-ce point le peuple qui entrait, pour surveiller ces discours où des bourgeois bien intentionnés mesuraient ses droits ? Quel compte allaient-ils tenir de ses inquiétudes et de ses espérances ?

Rapportant le résultat de ses expériences dans les Universités populaires où il allait porter la bonne parole solidariste, M. Buisson indiquait pour quelles raisons la théorie de la dette sociale semblait ambiguë et suspecte aux déshérités [2]. Les conditions de vie qui leur sont faites ne leur donnent pas le moyen de développer pleinement leurs facultés, de jouir librement de leurs droits. Comment votre appel à la reconnaissance, tombant sur leur misère, n'y retentirait-il pas comme une ironie ?

Il est vrai qu'il y a un courant de civilisation, sans cesse élargi, où les plus pauvres peuvent puiser. Stuart Mill énumère les incalculables richesses dont dispose un « déshérité » de nos jours [3]. Par la vertu de la division du travail, disait déjà Adam Smith, un humble journalier d'Angleterre est mieux vêtu, abrité, nourri que tel monarque africain. Il n'en reste pas moins que, tandis que les richesses s'accumulent, le travailleur n'en reçoit pas la part proportionnée à la productivité de son travail. Tandis que quelques-uns ne savent qu'inventer pour consommer les revenus qu'ils n'ont eu

1 Art, cit., p. 530.

2 Congrès, P. 330 sqq.

3 Cf. les remarques des membres de *l'Académie des* sciences *morales (comptes rendus,* 1903, tome LX, p. 366, 381)

Célestin Bouglé

que la peine de toucher, des travailleurs continuent de manquer du nécessaire physique et moral. Ils continuent d'être ballottés du surmenage au chômage. Et finalement, quand la société a achevé de sucer leur force, ils sont abandonnés « aux lois naturelles »...

Formulées nettement ou inexprimées, entendues de tout près ou seulement dans le lointain, comme une rumeur d'orage, ces plaintes du prolétariat étaient présentes à l'esprit du Congrès. C'est pourquoi il ne pouvait manquer de tirer, dans le sens « socialiste », les formules qui lui étaient proposées. -- La justice ne sera pas ré-alisée dans la société tant que chacun des hommes ne reconnai-tra pas la dette qui, du fait de la solidarité, pèse sur lui ? Disons : « pèse sur tous », et ne négligeons pas d'ajouter « à des degrés di-vers ». Et comprenons bien que l'important en ces matières, c'est précisément le *degré*. Rendons-nous compte, en somme, que, dans l'organisation économique actuelle, s'il y a des gens qui sont sur-tout débiteurs, il y en a qui pourraient plus légitimement se porter créanciers. S'il y a « des débiteurs éternellement insolvables », il y a des « créanciers éternellement impayés ». Ceux-ci prennent le plus de peine pour la manœuvre de « l'outillage social » et ceux-là en retirent le plus de profit. *Sic vos non vobis.* En deux mots, il y a des classes, et c'est entre ces classes qu'une solidarité consciente, com-mandant une justice réparatrice, nous oblige à opérer un grand redressement de comptes [1].

---

1 V. le détail de la discussion. Congrès, p. 326-257.
Renouvier constatait ce fait à sa façon, dès ses Essais *de critique générale (IVe essai, Introduction à la philosophie analytique de l'histoire,* 1864, p. 107).
« Le personnel de nos sociétés si complexes est divisé en deux camps par une loi très simple, - Là, peut-on dire, est la foule des hommes libres destinés par la naissance à toutes les tentations et à toutes les misères, et qui, par le fait, ac-complissent aussi bien, en général, un sort marqué d'avance que s'ils étaient les esclaves d'une nécessité inexorable ; ici est le groupe de ces autres hommes libres que la *fortune* conduit par la main à tous les repos apparents et à toutes les joies. Ceux-ci ont la liberté difficile de tomber, ceux-là, la liberté difficile de se tenir et de s'élever honnêtement, ou de mourir. Les uns trouvent autour d'eux la place occupée et les rangs serrés : les autres dont les places sont retenues et gardées d'avance, se trouvent amenés infailliblement à soumettre la houle des disgraciés à la loi de leur bon plaisir en beaucoup de choses nécessaires. Ainsi un abîme est creusé entre la justice universelle et la sphère des obligations positives. Les obligations sont contractées et les lois sont faites en conséquence de la donnée de l'inégalité sociale, et cette inégalité est telle que, la personne même étant ravalée chez un grand nombre d'hommes, ce respect mutuel, cette reconnaissance de la

Pour que la solidarité soit juste et puisse présenter à la ratification des consciences l'ordre qu'elle établit, il importe qu'elle assure, à chacun des membres de la société, ce minimum de conditions de vie sur lequel tous seraient tombés d'accord, s'ils avaient en effet débattu, en toute liberté et égalité, les clauses du contrat social - si en un mot aucune égalité « extrinsèque » ne venait élever ceux-ci, abaisser ceux-là, handicaper les uns au détriment des autres. Or, quelle assemblée d'hommes raisonnables voudrait avouer un ordre social qui, pendant que le luxe se raffine, n'est capable d'assurer, ni aux vieillards de quoi ne pas mourir de faim, ni aux enfants de quoi pousser aussi loin qu'ils en sont capables la culture de leurs aptitudes, ni même aux hommes de quoi gagner leur vie par un travail continu ?

Il importe donc que la collectivité, par une mutualisation méthodique des avantages et des risques, organise enfin tout un système d'assurances : assurances contre le défaut de culture des facultés individuelles, assurances contre les incapacités naturelles, assurances contre les risques sociaux (accidents, chômages involontaires, etc.) [1].

Devant le tableau de ce néo-garantisme, quoi d'étonnant si les défenseurs de l'ordre économique actuel se sont inquiétés ? Ne faudra-t-il pas, se disent-ils, soumettre cet ordre à des remaniements organiques, si l'on veut réaliser tout ce système d'assurances ? Les impôts de justice réparatrice dont on nous menace ne seront-ils pas comme une « pompe aspirante » [2] qui pourrait fonctionner jusqu'à l'épuisement total des revenus particuliers ? On nous a dit qu'une fois libéré de la dette sociale l'individu garde la pleine et entière disposition de sa personne et de ses biens. Le bon billet ! Quand aurai-je fini d'acquitter ma dette puisque ma vie continue, qui ne se soutient que par des emprunts quotidiennement renouvelés ? Et qui décidera que j'ai suffisamment « compensé », mes privilèges ? La masse sans doute ? Créancière anonyme à qui l'on donne mission de faire valoir une créance indéterminée, sans autre limite que celle de ses appétits : à la fois juge, partie et huissier dans cet apurement de comptes. Malheur à la nation qui se mêle de dé-

---

dignité qui est le fond de la justice se trouve incompatible avec les faits ».
1 *Congrès.* p. 90. - *Philos. de la solidarité*, p. 82-88.
2 C'est l'expression de M. Levasseur (G. *R. de* l'Acad., tome cité, p. 388).

Célestin Bouglé

finir la justice en fonction des besoins du peuple...

*

* *

Mais ce n'était là qu'un programme général, et rassurant peut-être par son ampleur même. Quand le solidarisme en viendra à étudier dans le détail les « applications de la solidarité » ne saura-t-il pas se ressaisir devant les pentes dangereuses, et faire fonctionner des crans d'arrêt ?

L'hygiène est un des champs préférés du solidarisme [1]. C'est là, en matière de thérapeutique ou de prophylaxie sociales, qu'il est appelé à exercer son activité la plus féconde et aussi, semble-t-il, la plus inoffensive. Qui pourrait résister à ses objurgations quand il va prêchant la « croisade sanitaire ? » La solidarité des microbes est la plus évidente : c'est à propos d'elle aussi qu'on voit le plus nettement les devoirs nouveaux surgir d'un nouveau savoir. Au fur et à mesure que la science nous rend plus présent l'invisible et nous fait mieux suivre à la trace la course funèbre des maladies, il y a des situations qui deviennent de plus en plus intolérables à la conscience ; le nombre croît des soi-disant fatalités qu'elle ne se reconnaît plus le droit de supporter.

Mais ici encore, si nous voulons vraiment que « cela cesse », ne serons-nous pas entraînés plus loin que nous ne le pensions d'abord sur le chemin des interventions ? Quiconque a enseigné l'hygiène dans une Université populaire sait à quelles objections son enseignement se heurte bientôt, ou plutôt quelles conséquences en déduit la logique du peuple.

S'agit-il de ces habitations insalubres, de ces bouges où « il faudrait de l'héroïsme, selon le mot du Dr Du Mesnil, pour ne pas contracter la haine de la société » ? Le respect des contrats nous arrêterait-il au moment d'intervenir entre le locataire et le propriétaire, et de faire plier l'intérêt particulier de celui-ci devant l'intérêt général ? Certains pays étendent et renforcent en ces matières le droit d'expropriation ; ils mettent les deniers communaux à la disposition des citoyens désireux de se faire construire une maison salubre et à bon marché ; ils autorisent même, pour parfaire aux ressources de ces entreprises, la perception de certains impôts.

1 *Les applications sociales de* la solidarité. Cinq conférences sur sept sont consacrées à l'hygiène sociale.

Chapitre V

N'est-ce pas entrer dans les voies du socialisme municipal ? [1]

D'une manière plus générale, nombre de conseils et d'avertissements répétés par les hygiénistes ne recèlent-ils pas une justification des revendications prolétariennes comme un appel à l'organisation ouvrière ? On nous rappelle par exemple qu'il vaut mille fois mieux, pour l'économie des ressources et des forces nationales, travailler à prévenir la tuberculose que de se dépenser à la guérir. Dans un milieu aussi bien aéré, aussi bien purifié que possible, conservez à l'homme sa force de résistance, permettez à son organisme de se reconstituer [169[quotidiennement pour se défendre ; ainsi, et seulement ainsi, le troupeau des sacrifiés cessera de grossir. Mais qu'est-ce à dire, sinon que pour la tuberculose reculât, il faudrait à la classe ouvrière un salaire plus haut, permettant une nourriture plus fortifiante, et un travail moins long, permettant un repos normal ? Un médecin produisait publiquement cette conséquence au récent Congrès de la tuberculose : les Trois-huit, vœu commun aux hygiénistes et aux socialistes.

Au surplus, si l'on veut non seulement que les tempéraments soient aussi bien défendus, mais les milieux aussi bien purifiés que possible, il est clair que beaucoup d'habitudes devront être bouleversées, et même qu'un certain nombre d'intérêts devront être lésés. La propreté coûte cher. Combien d'ateliers, si l'hygiène faisait vraiment loi, devraient être transformés de fond en comble ! Il est vraisemblable que leurs propriétaires se prêteront sans enthousiasme à ces transformations : leur santé d'ailleurs n'y est pas directement intéressée. N'est-ce pas des intéressés eux-mêmes qu'il faut admettre, appeler, instituer le contrôle ? Que les salariés se groupent donc pour la défense de leur santé. Qu'ils signalent les infractions à la loi, qu'ils protestent contre l'emploi de telle matière, qu'ils montrent à l'opinion les conditions d'insalubrité où ils sont forcés de vivre. Révoltes nécessaires pour triompher de tant de résistances accumulées. Un professeur du Collège de France arrivait, en somme, à cette conclusion, que trop souvent la lutte contre le mauvais microbe ne saurait se poursuivre et s'organiser sans une lutte préalable contre le mauvais employeur.

Ainsi, dans l'ordre même de l'hygiène sociale, on pourrait montrer que les solidaristes se trouvent amenés, de proche en proche,

1 *Les applications sociales*, p. XIII.

Célestin Bouglé

à faire appel à l'État d'une part, et de l'autre au peuple même. A fortiori s'il s'agissait non plus seulement de la défense contre la maladie, mais de l'assurance contre l'invalidité, contre la vieillesse, contre le chômage ! C'est alors qu'on verrait à plein que le solidarisme ne saurait aller loin dans la réalisation de ce programme, sans escompter d'un côté l'intervention des pouvoirs publics, de l'autre l'organisation des forces populaires : pour que nous accomplissions tout notre devoir social, il est bon que nous y soyons aidés par la pression d'en haut, et par la poussée d'en bas.

S'il est vrai que notre doctrine s'ouvre de plus en plus à ces deux tendances, on peut penser que les économistes alarmés n'avaient pas tort et que le solidarisme, sur plus d'un point, qu'il l'ait voulu ou non, se trouve amené à faire le lit du socialisme [1].

*

* *

Ce qui ne signifie nullement que les tendances solidaristes, même portée comme malgré elles jusqu'à ces températures extrêmes, suffisent au programme et à l'esprit du parti socialiste proprement dit. Nous sommes loin de compte.

Solidaristes et socialistes, disait déjà M. G. Renard à M. L. Bourgeois, font route de conserve jusqu'à un certain point, mais à partir de ce point leurs directions divergent. La divergence se marque de plus en plus chaque jour, depuis que les deux fractions extrêmes du socialisme, se sentant débordées l'une et l'autre par le syndicalisme révolutionnaire, s'efforcent de le ramener à elles en s'unifiant contre les partis suspects de « paix sociale », et en insistant systématiquement sur ce qui les en sépare.

Suppression de la propriété *individuelle. - Lutte des classes : le* solidarisme a énergiquement refusé, jusqu'ici, de dire *amen* à ces deux formules. Et la première a sans doute, malgré les apparences, une signification moins décisive qu'on ne croit, De l'aveu de socialistes classés, elle est équivoque ; elle ne donne à aucun degré l'idée de la souplesse et de la diversité des formes de propriété qui resteraient debout, après même que le souffle de la révolution sociale aurait balayé la face de la terre. De ces « propriétés solidaires », selon la formule proposée par M. Rauh [2], la doctrine dont nous avons re-

1 *Philos. de la solidarité*, p. 70.
2 Propriété *individuelle et* propriété *solidaire*, dans Philos, *de la solid,*, p. 163-180.

Chapitre V

tracé l'évolution pourrait peut-être finalement s'accommoder.

Mais il semble qu'elle doive répugner plus longtemps à la seconde formule, aux conséquences qu'on en tire, aux procédés qu'elle suggère, aux sentiments qu'elle surexcite. Les solidaristes ont été amenés, nous l'avons vu, par leur distinction même entre ceux qui sont surtout créanciers et ceux qui sont surtout débiteurs, à avouer l'existence de classes. Mais tous leurs raisonnements typiques, tous les exemples dont ils se servent pour illustrer leur thèse initiale, sont autant de démonstrations de la puissance et de l'utilité des traditions, des sentiments, des intérêts qui enveloppent ces classes d'un même filet protecteur, et qui continuent de les unir alors même qu'elles seraient séparées parla disproportion des avantages économiques dont elles jouissent. En particulier c'est un des axiomes du solidarisme que l'existence de patrimoines nationaux, communs aux membres de toutes les classes, et qu'il est du devoir de tous, quels qu'ils soient, de transmettre intacts aux descendants : c'est précisément un des points sur lesquels M. Andler s'appuyait, pour orienter le solidarisme vers un « socialisme libéral » [1]. Le parti socialiste lui aussi se plaisait naguère, lorsqu'il sentait les responsabilités gouvernementales plus près de ses épaules, à rappeler, par dessus les oppositions d'intérêt des classes, les solidarités qui les unissent [2]. Si les nécessités du sentiment révolutionnaire doivent

1 art. cit., p. 527, 529.

2 MILLERAND, Le socialisme *réformiste français,* Paris, soc. nouv., 1903, p. - Cf. J. SARRAUTE, Socialisme d'opposition, *socialisme de* gouvernement et lutte de classe, p. 24, 68.

Nous trouvons, dans les Libres *entretiens* publiés à propos de l'Internationalisme par *l'Union pour la Vérité* (18 février 1906, p. 348-349) une page de M. Saleilles qui nous paraît rendre assez nettement le sentiment qui doit être, dans cette question des rapports du patriotisme avec le socialisme, celui de la majorité, des solidaristes. Les idées résumées dans cette page s'opposent directement à celles qui furent, au cours de ces mêmes Entretiens, soutenues par M. Lagardelle sur l'état « d'insolidarité » où doit vivre selon lui le prolétariat dans les nations modernes. fait partie de groupements homogènes, qui aient à se poser en face de groupements différents. C'est parce que l'homme est encadré dans un groupe historique qu'il sort de son individualisme, pour coopérer avec les autres à une fin collective, et c'est parce que ces groupes historiques sont différents les uns des autres et qu'ils ont, chacun, comme une mission spéciale et des intérêts propres auxquels il leur faut pourvoir, les uns vis-à-vis des autres, que la cohésion se fait chez eux et que l'unité de droit se conserve en eux. Sinon, ce serait à l'intérieur des collectivités elles-mêmes, l'émiettement de toutes les individualités, la lutte des classes poussée à l'état aigu, les haines de races exaspérées, l'anarchie partout débordants, il

Célestin Bouglé

lui faire oublier nu négliger ces liens, le solidarisme prendra sans doute la charge de les remettre en pleine lumière.

Au vrai, ce n'est qu'à un socialisme réformiste que le solidarisme pouvait s'adapter. Sur la « morale scientifique » de M. Bourgeois, la « politique sociale » de M. Millerand venait se greffer assez naturellement. Mais la tendance réformiste restera-t-elle longtemps agrégée au socialisme proprement dit ? pour mieux pratiquer la politique du « poing tendu » ne va-t-il laisser tomber l'outil des améliorations méthodiques et progressives ?

En ce cas, sur le terrain de la pratique, un fossé ne pourrait manquer de se creuser, les divergences deviendraient de plus en plus sensibles entre l'attitude des solidaristes et celle des socialistes.

---

faut, pour mettre en équilibre tous ces instincts haineux ou dissolvants, un centre d'unité, un terrain d'union, un groupement plus large qui ait ses racines dans le passé et qui se pose, en face d'autres groupements analogues, comme ayant son individualité propre. Il faut quelque chose qui donne l'impression d'une âme commune, d'une conscience collective, homogène : et c'est ce sentiment qui se résume dans l'idée de patrie. L'idée de droit étant aujourd'hui de moins en moins individualiste, et devenant de plus en plus une conception sociale, elle repose très fermement sur cette base d'une solidarité réciproque, qui groupe entre eux les membres d'une même collectivité politique. »

M. Saleilles s'exprime ainsi : « En général, laissez-moi vous le dire très franchement, les juristes - et moi en particulier, encore que je ne puisse guère parler qu'en mon nom - sont très attachés à l'idée de patrie ; et ils le deviennent d'autant plus qu'ils deviennent plus réalistes et qu'il s'attachent davantage aux constatations positives de la sociologie. Ils restent de plus en plus convaincus que les fins sociales pour lesquelles l'homme a sa fonction ici bas ne peuvent être remplies que s'il

Chapitre V

Chapitre VI

L'ÉDUCATION SOCIALE

« La question sociale n'est pas seulement une question morale ». Cette constatation, nous l'avons vu, est le point de départ du solidarisme. Il établit que, pour remédier ou pour parer aux répercussions injustes des inégalités d'origine sociale, il ne suffit pas que les individus se reconnaissent des devoirs nouveaux : il importe encore que la collectivité sanctionne ces devoirs, en transformant le droit lui-même. La théorie du quasi-contrat social est destinée à préparer cette transformation du droit. En suivant les conséquences de cette théorie les solidaristes semblent délibérément s'éloigner de la tradition du libéralisme économique. Entre, l'individualisme et le socialisme, ils atténuent systématiquement l'opposition : ils semblent prêts à accorder des satisfactions de plus en plus larges aux aspirations socialistes.

Est-ce à dire qu'il faille classer le solidarisme parmi ces doctrines qui se fient en tout et pour tout à l'action légale, et ne placent que peu d'espoir en l'action morale ? « Le souffle des bouches humaines peut bien rider la surface miroitante des fleuves, non modifier le sens de leurs courants profonds : sans la refonte des institutions, la réforme des mœurs n'est qu'agitation superficielle. » On a souvent prêté pareil langage aux partisans du socialisme traditionnel. Leur philosophie de l'histoire matérialiste les oblige, disait-on à ce « quiétisme ». Ce n'est pas de l'effort conspirant des bonnes volontés, c'est du mouvement concentrateur de l'évolution économique qu'ils attendent le salut : que la force des choses mette d'abord dans la main du prolétariat organisé la force des lois : ce jour-là seulement, seront possibles des réformes qui en vaillent la peine.

Que ce quiétisme en matière de morale soit on non le fruit naturel de la philosophie socialiste, toujours est-il que la philosophie solidariste ne saurait à aucun degré s'en accommoder. Elle prépare et provoque, certes, la réforme des institutions mêmes. Mais d'abord elle n'admet pas encore la nécessité de cette conversion du système économique, totale et globale, où le collectivisme montre la solution unique. Et puis, en tout état de cause, elle rappellera que la réorganisation des lois, quelque nécessaire qu'elle puisse être, restera toujours insuffisante sans une régénération des mœurs.

Que le régime de la propriété individuelle puisse prêter à des excès, dira M. Bourgeois [1], ce n'est peut-être pas une raison suffisante pour que le régime lui-même soit d'ores et déjà condamné. Il faut assurément prendre des précautions, contre « ce collectivisme au profit d'un seul » qu'on voit fonctionner là où les trusts établissent leur empire : mais cela ne démontre pas encore que le moment soit venu d'instituer le collectivisme universel. Nombre de contrats entre individus sont comme viciés dans l'œuf, sous le régime actuel, en raison de l'inégalité excessive qui sépare ces individus : en conclurons-nous qu'il faut supprimer tout ce qui est matière à contrats individuels, et substituer sur tous les points, au régime de l'échange libre, celui de la coopération forcée [2] ? Nous nous refusons jusqu'à nouvel ordre à ces reconstructions intégrales, non 8eulement parce que, comme on l'a dit très longtemps, elles nous paraissent dangereuses pour la liberté, mais encore et surtout parce que la nécessité ne nous en paraît pas démontrée. Nous admettons - nous l'avons établi contre le libéralisme classique - que les libertés individuelles doivent se soumettre à toutes les restrictions] imposées par les exigences de la justice sociale ; mais que la justice sociale ne puisse se frayer sa route que par l'intermédiaire du collectivisme intégral, qu'il faille, pour la faire entrer dans les faits, remettre toute propriété en même temps que toute autorité aux mains de « l'État populaire du travail », nous n'en sommes pas encore convaincus.

Ce qu'on oppose ainsi au socialisme proprement dit, ce n'est plus une fin de non-recevoir préalable, une objection de principe a priori, le mur d'airain de l'ancienne économie politique : c'est une barrière de bois, barrière volante, et qui se laisserait déplacer aisément par les leçons de l'expérience. L'existence de cette barrière suffit toutefois pour signifier que le solidarisme, - consentant au « socialisme libéral » [3], mais répugnant au « collectivisme autoritaire » - n'aura pas les mêmes raisons que celui-ci de se défier de

1 Répondant à M. RENARD, Philos. *de la solidarité*, p. 34, 74.
2 *Ibid.*, p. 72, 97.
3 C'est l'expression proposée naguère par MM. Belot et Andler, (art. de la *Revue philosophique* et de la *Revue de métaphysique*). - *Voir* l'usage qu'en fait M. Gaultier dans des articles récents sur *l'Antinomie sociale* (*Revue Bleue*, 1906).

Chapitre VI

l'action morale.

Le tour même de l'argumentation par laquelle il justifie l'action légale ne prouve-t-il pas combien il est nécessaire à ses yeux que cette action soit non seulement ratifiée, mais préparée et secondée par le mouvement autonome des consciences ? C'est à titre d'interprète des volontés individuelles, présumées justes, qu'il fait intervenir l'État. Il importe donc que la masse des volontés individuelles soit prête en effet à se plier aux nécessités de la justice. Il importe que le plus grand nombre des consciences aient l'habitude de se placer d'elles-mêmes au point de vue de la conscience commune. « Cette solidarisation préalable des charger, et des forces sociales qui permettrait aux hommes d'échanger ensuite justement les produits de leur activité personnelle, qui ne voit, dit M. Bourgeois [1], qu'elle suppose avant tout le consentement de tous les hommes aux conditions vraies de la société ! Qui ne voit d'ailleurs que, lors même que toutes les conditions extérieures de justice auraient été préalablement établies avant le contrat, il faudra en dernier ressort chez chacune des parties la même volonté sociale, c'est-à-dire la résolution de consentir un échange véritable, valable au point de vue de la justice et du droit ? Aussi bien est-ce là le dernier terme du problème ; c'est d'une nouvelle évolution de la conscience des hommes que dépend la solution. Ils ont conquis la liberté et ils ont cru qu'elle suffirait à établir la justice. C'est la solidarité qu'ils doivent d'abord reconnaître et établir pour pouvoir, dans la justice, jouir enfin de la liberté. Le problème social est en dernier mot un problème d'éducation. »

Ailleurs [2] M. Bourgeois reprend la formule de Michelet. « L'éducation est le premier et le dernier mot de la politique » et insiste sur la conspiration des bonnes volontés nécessaire pour que l'action de l'État, soit non seulement acceptée, mais encore complétée. Ce n'est pas assez de consentir aux justes contraintes ; il faut y suppléer par l'association libre et profiter des autorisations de la loi pour substituer spontanément, sur le plus de points possible, l'union pour la vie à la lutte pour la vie.

Ainsi le solidarisme fait intervenir entre les individus, à titre d'arbitre, le pouvoir social ; mais il entend que les individus s'efforcent

1 Congrès, p. 91.
2 *Philos. de la solidarité*, p. 97.

Célestin Bouglé

de plus en plus, de leur côté, de devenir des êtres sociaux. Pour limiter l'empire de l'injustice il ne saurait suffire de faire porter, sur tel ou tel autre, la pression de l'appareil gouvernemental : il importe qu'un esprit nouveau, qu'un « sens social » plus exigeant circule dans tout l'ensemble de la société, pour coordonner ses éléments, et leur apprendre à fondre spontanément leurs intérêts. La socialisation des biens elle-même resterait lettre morte sans un préalable « socialisation des personnes ».

*
* *

Mais par ces formules souvent répétées que faut-il entendre au juste ? Quelle orientation le solidarisme propose-t-il à l'éducation sociale ? À quels principes, en matière de pédagogie, s'est-il arrêté, et quelles pratiques approuve-t-il de préférence ?

Sur ce point encore nous aurions à constater une évolution, à mesurer un progrès de la doctrine. Dans son effort pour devenir de plus en plus éducative, elle se développe sous nos yeux, elle pousse ses branches en deux sens qui paraissent au premier abord tout à fait opposés : dans le sens personnaliste et dans le sens sociologique. Elle prend de plus en plus conscience que, pour préparer les réorganisations nécessaires, il faut des hommes qui sachent unir, au sentiment de la dignité de la personne et au goût de l'effort individuel, le désir de coordonner leurs efforts dans l'intérêt du groupe, considéré comme une sorte de réalité supérieure à chacun d'entre eux.

Au premier moment, il pouvait sembler que le solidarisme fournirait un point de départ tout nouveau et une méthode inédite à l'enseignement de la morale. On présentait alors la doctrine comme exclusivement scientifique : elle se tient tout entière, pensait-on, sur le terrain des faits. Il devait donc suffire, pour inculquer aux hommes le sens social, de déchirer le rideau de leur ignorance et de leur montrer du doigt les rapports de toutes sortes qui les relient les uns aux autres. Acquérir le sens social, ce n'était pas autre chose que prendre conscience de cette interdépendance. « L'éducation sociale enseignera les lois de la solidarité naturelle » [1].

Mais on s'est vite aperçu, nous l'avons rappelé, que pour que cette

---

1 Congrès, p. 92.

Chapitre VI

dette se présentât aux hommes sous l'aspect d'un devoir il y fallait autre chose que l'enregistrement d'un fait : il y fallait l'attachement à une fin. Dès lors la culture des sentiments reprenait ses droits traditionnels. Dès lors la pédagogie n'était plus forcée d'abdiquer, sur l'autel de la science naturelle, toute espèce « d'idéalisme ». Bien au contraire, de plus en plus clairement on percevait non seulement la possibilité, mais la nécessité de réintégrer dans le solidarisme la plupart des notions dont notre philosophie, morale classique, depuis Kant, s'était accommodée. Greffons sui, cette philosophie, mais gardons-nous de la déraciner. Il n'y a pas de sens social qui tienne, si les âmes ne sont imprégnées d'abord du souci de la

*

* *

Mais par ces formules souvent répétées que faut-il entendre au juste ? Quelle orientation le solidarisme propose-t-il à l'éducation sociale ? À quels principes, en matière de pédagogie, s'est-il arrêté, et quelles pratiques approuve-t-il de préférence ?

Sur ce point encore nous aurions à constater une évolution, à mesurer un progrès de la doctrine. Dans son effort pour devenir de plus en plus éducative, elle se développe sous nos yeux, elle pousse ses branches en deux sens qui paraissent au premier abord tout à fait opposés : dans le sens personnaliste et dans le sens sociologique. Elle prend de plus en plus conscience que, pour préparer les réorganisations nécessaires, il faut des hommes qui sachent unir, au sentiment de la dignité de la personne et au goût de l'effort individuel, le désir de coordonner leurs efforts dans l'intérêt du groupe, considéré comme une sorte de réalité supérieure à chacun d'entre eux.

Au premier moment, il pouvait sembler que le solidarisme fournirait un point de départ tout nouveau et une méthode inédite à l'enseignement de la morale. On présentait alors la doctrine comme exclusivement scientifique : elle se tient tout entière, pensait-on, sur le terrain des faits. Il devait donc suffire, pour inculquer aux hommes le sens social, de déchirer le rideau de leur ignorance et de leur montrer du doigt les rapports de toutes sortes qui les relient les uns aux autres. Acquérir le sens social, ce n'était pas autre chose que prendre conscience de cette interdépendance. « L'éducation sociale enseignera les lois de la solidarité naturelle »[1].

Mais on s'est vite aperçu, nous l'avons rappelé, que pour que cette dette se présentât aux hommes sous l'aspect d'un devoir il y fallait autre chose que, l'enregistrement d'un fait : il y fallait l'attachement à une fin. Dès lors la culture des sentiments reprenait ses droits traditionnels. Dès lors la pédagogie n'était plus forcée d'abdiquer, sur l'autel de la science naturelle, toute espèce « d'idéalisme ». Bien au contraire, de plus en plus clairement on percevait non seulement la possibilité, mais la nécessité de réintégrer dans le solidarisme la plupart des notions dont notre philosophie morale classique, depuis Kant, s'était accommodée. Greffons sur cette philosophie, mais gardons-nous de la déraciner. Il n'y a pas de sens social qui tienne, si les âmes ne sont imprégnées d'abord du souci de la justice. Et le souci de la justice suppose à son tour le culte de la personne humaine. C'est là qu'il faut toujours en revenir. M. Payot, rappelant les tentatives qui ont été multipliées pour introduire l'esprit solidariste dans l'enseignement primaire, montre que le plus sûr moyen d'y arriver, c'est en somme d'emprunter le détour du personnalisme[2]. Insistons sur le devoir de nous cultiver, de porter en nous-même, au plus haut point où elle puisse atteindre, la fleur de la vie spirituelle. Nous ferons mieux comprendre, par cette voie, la nécessité de nous prêter aux obligations de la vie sociale, qui, si elle n'est pas toujours la condition suffisante de notre bonheur, reste toujours du moins la condition inéluctable de notre culture. Et du même coup, nous répondrons au reproche « d'amener par la diffusion des idées de solidarité une diminution de la personnalité humaine ».

N'y avait-il pas lieu, en effet, de réagir contre certains excès de zèle solidariste ? Dans l'enthousiasme de la nouveauté, quelques-uns ne proposaient-ils pas de changer du tout au tout, non seulement les idées directrices de l'enseignement, mais les mœurs et usages de l'école ? Craignons de développer pour notre part, disaient-ils, ces sentiments anti-sociaux dont tout le monde souffre. Nous continuons à classer les élèves selon leurs mérites comme à les punir individuellement : ne serait-il pas plus conforme à la logique de la solidarité d'instaurer dès l'école, sur le plus de points possible, le

1 Congrès, p. 92.
2 Congrès, p. 106, 108.

Chapitre VI

régime des sanctions collectives ? Et si l'on nous dit que nos élèves en seront d'abord froissés, dans leur sentiment intime de la justice, nous répondrons : « comme dans la vie ». Il n'est pas mauvais que l'école leur fasse faire l'apprentissage de ces solidarités, dans le mal comme dans le bien, que la vie leur imposera de gré ou de force [1].

Mais l'école doit-elle donc être en effet un miroir de la réalité ? Pourquoi cesserions-nous de nous en servir comme d'un projecteur d'idéal ? Nous y pouvons organiser des petites républiques artificielles où règne la justice. Est-il mauvais de l'y faire régner, en effet, afin que les enfants en emportent l'habitude et le goût, et qu'ils soient ainsi capables de contribuer à rectifier, comme le veut la doctrine bien entendue de la solidarité de droit, le régime de la grande république où ils vivront ? Et l'intérêt le plus manifeste de celle-ci ne commande-t-il pas qu'on se garde de relâcher au cœur des enfants, en leur faisant perdre l'habitude de la responsabilité personnelle, les ressorts de l'initiative et de l'autonomie ?

« La solidarité des vertus, des fautes, des mérites ! Conception grossière, enfantine ! s'écriait à ce propos M. Buisson [2]. Oubliera-t-on donc cette loi que l'individualisme est la condition première de tout vrai socialisme ? Que pour faire une cité il faut commencer par faire des citoyens ? - Avec un mot, au nom d'un mot, va-t-on donc nous faire retomber dans une conception contre laquelle, depuis Érasme et Rabelais, toute la pensée moderne s'est soulevée ? Il était nécessaire de signaler ce danger, et de montrer que ce principe de la sanction collective est un des plus pernicieux qui soient. Car ceux qui inclinent dans ce sens n'ont ni l'intention ni la conscience de nous faire verser dans cet abîme. Qu'on fasse de la discipline des applications collectives quand il y a eu participation collective, tout le monde en est d'accord. Mais qu'on ne collectivise que ce qui de sa nature est collectif. Et voici ce qui ne l'est pas : la conscience et le devoir, l'individualité morale. »

Dirons-nous qu'en ressaisissant avec cette énergie l'anneau personnaliste le solidarisme s'est renié lui-même ? Interprèterons-nous ce « retour » comme un aveu que la doctrine tout entière avait

---

1 V. Buisson, résumant les rapports recueillis par la Société d'éducation sociale, dans l'*Annuaire de l'enseignement* primaire 1902, p. 382, 391. - Cf. du même auteur, la solidarité à l'école, dans Philos. de la solidarité, p. 189, 200.
2 *Philos. de la solid.*, p. 198.

Célestin Bouglé

fait fausse route ? - Il importe de noter qu'entre l'appel à l'union pour la vie qu'elle avait fait entendre, et le souci de l'initiative que quelques-uns de ses partisans manifestent aujourd'hui, il n'y a nullement contradiction. C'est encore une antithèse équivoque que celle qui oppose l'esprit d'initiative et l'esprit d'association. L'association ne naît et ne vit que par les initiatives. Une collection de momies, si bien attachées qu'elles fussent les unes aux autres, ne ferait pas une société vivante. C'est pourquoi nous rappelons qu'il faut avant tout rester capables d'agir par soi [1].

Mais agir par soi n'est pas forcément agir pour soi seul ni surtout agir contre les autres. C'est l'erreur des individualismes de la force de s'imaginer qu'on ne peut s'élever qu'aux dépens et comme sur les épaules de son prochain. On a raison, disait Michelet, d'être soi et de ne pas vouloir descendre. - Mais on peut, mais on doit « vouloir monter ensemble ». Le tout est de savoir coordonner en vue d'un intérêt commun, au lieu de les maintenir séparées ou de les tourner les unes contre les autres, nos énergies individuelles.

On comprend ici quelle sorte de services on peut attendre, pour l'éducation sociale, des conceptions sociologiques : il n'est pas indifférent à l'orientation de leurs activités que les individus se représentent une sorte d'être qui les domine en les enveloppant, et dont le bien leur apparaisse comme un idéal supérieur à leur bien propre. Sur ce point on observait que la doctrine solidariste n'était peut-être pas conséquente avec son propre principe lorsqu'elle refusait de « réaliser », sous quelque forme que ce fût, l'ensemble social. Ce n'est pas à tel de nos semblables en particulier qu'elle nous invite à payer notre dette : c'est à la masse qu'ils forment et qui déborde chacun d'eux de toutes façons, dans le temps comme dans l'espace. Le trait qui distingue le solidarisme de l'altruisme c'est précisément que celui-ci nous attache aux individus, celui-là à une collectivité [2].

Mais n'y serons-nous pas plus intimement attachés en effet si nous la sentons vivre, si nous la concevons comme un corps dont rien ne nous importe plus que le développement normal ? On dira

---

1 V. à ce propos les remarques de M. Gide, dans le rapport sur *l'Économie sociale au XIXe siècle (Rapport du jury international*, introd. gal, p. 41).
2 V. Les objections de M. DARLU (*Philos. de la solidarité*, p. 122, 250, et les définitions de M. BUISSON (Congrès p. 244).

Chapitre VI

qu'au degré de civilisation où nous en sommes, le bien de l'ensemble ne se définit plus que par le bien des éléments, que la société place désormais son honneur dans la mise en valeur des personnes, et qu'ainsi cet idéal de santé collective ne saurait plus être qu'une fin intermédiaire ? Sans doute, mais la représentation de cette, fin intermédiaire est peut-être indispensable pour que nos libertés se rallient sous le sentiment d'une obligation commune. - La morale commence, disait récemment M. Durkheim [1], là où commence l'attachement à un groupe quel qu'il soit. - Des êtres qui sachent agir d'eux-mêmes, mais en s'adaptant les uns aux autres, et dans l'intérêt d'un groupe, - ce sont là les races d'hommes que le solidarisme veut former ; et il n'est pas étonnant que pour parfaire sa pédagogie il ait été amené à emprunter principes et méthodes, tantôt à l'école personnaliste, tantôt à l'école sociologique.

*

* *

En possession de cet idéal, on devine quelles pratiques le solidarisme recommandera spécialement pour le développement du sens social, et à quelles formes d'association il reconnaîtra le plus de valeur éducative : ce sera précisément à celles qui lui sembleront préparer le mieux la fusion des intérêts et la coordination des efforts individuels.

Les organisateurs du Congrès de 1900 [2] plaçaient au plus bas degré de l'échelle des formes sociales, « l'association pure et simple, passagère et permanente d'un nombre fixe d'individus, ou de parts considérées comme individuelles, réunis en vue d'un résultat déterminé avantageux aux intérêts personnels de chaque participant », et ils citaient en exemple « les associations de commerce, d'industrie, les sociétés anonymes à capital fixe ou variable, les syndicats d'achat ou de vente, les trusts, les tontines etc... »

Au plus haut degré, au contraire, ils plaçaient « l'association en vue d'une organisation permanente établie et gérée par les associés afin de constituer, pour les autres comme pour eux-mêmes, un milieu plus riche, en ressources, plus propre au libre développement des forces individuelles et sociales. De ce nombre les syndicats d'intérêts généraux de travailleurs, les associations coopéra-

1 À la société de Philosophie (séance de janvier 1906).
2 Notice préparatoire aux questionnaires spéciaux (Congrès, p. XV.)

Célestin Bouglé

tives proprement dites, les œuvres de solidarité individuellement consenties et pratiquées etc... »

Quels sont donc les avantages de ces organisations permanentes, avec gérance directe des intéressés ? C'est que ceux-ci y trouvent l'occasion de devenir des associés actifs, ce qui ne veut dire à aucun degré des « bêtes de troupeau ». Au contact des problèmes pratiques ils apprennent comment choisir les capacités en vue de la fin commune, à quel moment il faut leur faire confiance et à quel moment leur imposer un contrôle, combien il est nécessaire de s'incliner, après qu'on a fait tout son possible pour l'éclairer, devant l'arbitrage du plus grand nombre. Ils s'habituent ainsi à réfréner en eux les impulsions anti-sociales qui empêchent le bon fonctionnement de la vie de l'ensemble. Chacun se plie à parler à son tour, à marcher à son rang, à combattre à son poste. Par là, les associations de ce genre deviennent les meilleures écoles de démocratie. Apprenant à s'y gouverner eux-mêmes, les hommes y acquièrent non seulement les qualités intellectuelles, mais les qualités morales sans lesquelles la démocratie resterait incapable de « s'organiser ».

Mais pour qu'elle s'organise en effet, il n'importe pas seulement que leurs actes s'adaptent, il faut que leurs intérêts cessent de s'opposer. Il faut que s'étende de plus en plus, par les pratiques même de l'association, l'habitude d'harmoniser les intérêts individuels au lieu de les opposer, et de les identifier au lieu de les séparer. Dans le questionnaire adressé en 1900 aux diverses espèces de syndicats, les organisateurs du congrès d'Éducation sociale ne manquaient pas de demander [1] : « le groupement s'occupe-t-il uniquement des intérêts personnels de ses membres (par exemple, achat de matières premières, entente sur les prix de vente, contre la concurrence - etc...) - S'occupe-t-il des intérêts de la corporation (préparation professionnelle, fixation de cours généraux de verte, d'achat, de salaires ; ententes, discussions, contrats entre patrons et ouvriers ; missions coloniales, musées spéciaux etc.) ? - S'occupe-t-il d'intérêts sociaux plus étendus de nature commune à toutes les corporations et à tous les emplois sociaux (création de coopératives de production ou de consommation, de caisses d'assistance ou d'assurances : fondations en faveur des femmes, des enfants, des invalides, etc...) ? »

---

1 *Ibid.* p. XX.

Il est clair que suivant les modes d'action qui y prédomineront, les associations se rapprocheront plus ou moins de l'idéal de la solidarité. La mutualité est solidariste : encore l'est-elle plus ou moins selon les cas, et selon la façon dont elle est pratiquée. Une caisse de secours en cas de maladie est une véritable caisse de solidarité : chacun contribue, sans savoir si personnellement il en usera autant que les autres, à accroître ces ressources communes, et ce sont les plus faibles qui y puisent le plus souvent, proportionnellement à leurs besoins plus qu'à leur apport. Mais dans le cas des caisses de retraites, si la méthode exclusivement employée est celle du « livret individuel », chacun ne touchant que proportionnellement à son apport, la société mutualiste est transformée en une société d'assurances pure et simple. Il faut l'institution du « fond commun » pour qu'on puisse continuer à dire que la mutualité est un apprentissage de la solidarité en même temps que de la prévoyance [1].

L'association professionnelle semble le type de l'association solidariste. L'ouvrier syndiqué apprend à défendre l'intérêt des autres en même temps que son intérêt. Il s'impose des sacrifices personnels, - fatigues, privations, risques de diverses sortes - pour que le syndicat se développe. À son tour, le syndicat, en se développant, prendra en main les intérêts communs à ses membres, permettant ainsi à chacun d'eux d'élever son niveau de vie [2]. Bien plus, ce n'est pas seulement pour ses membres, c'est souvent pour ceux mêmes qui restent en dehors de ses cadres que le syndicat travaille. La peine d'une élite profite ainsi à la masse de la corporation.

Toutefois, parce que le principe d'union qui sert ici de centre - l'intérêt professionnel - et aussi un principe de séparation, voire d'opposition, le syndicat est-il la meilleure école qu'on puisse rêver pour le sens social ? En cette matière, la supériorité ne revient-elle pas à la coopérative, toujours ouverte et toujours contente de s'ouvrir, aussi bien disposée en faveur des nouveaux venus qu'en faveur des fondateurs ? C'est qu'elle réunit les hommes par l'intérêt qui leur est commun à tous - par leur intérêt de consommateurs, - et que chaque adhérent qui lui arrive, lui apportant une nouvelle

1 On sait à quelles discussions cette question a donné lieu. V. Lépine, La mutualité, ses principes, *ses bases* véritables (Paris, Colin, 1903), - cf. à propos de ce livre l'article de M, Alengry dans la Revue *pédagogique 1904*, 1, p. 253-263.
2 V. à ce sujet la note de Ch. GIDE (Les applications sociales *de la* solidarité, p. 49).

Célestin Bouglé

puissance de consommation, augmente aussi sa puissance collective. Et certes, si de cette puissance les coopérateurs ne se servent que pour augmenter leurs dividendes personnels, le profit moral n'est pas grand. Mais qu'ils conviennent de garder une part des bénéfices de la coopération pour soutenir quelque œuvre d'intérêt général, qu'ils constituent des fonds de réserve pour commanditer des ateliers, que leurs magasins se libèrent et s'adressent directement aux associations de production. Alors, c'est la république coopérative qui s'ébauche, le cercle s'élargit des intérêts harmonisés. Les mœurs et coutumes d'individualisme anarchique peuvent tomber en désuétude [1]. C'est en pensant à cet idéal que Ch. Gide disait que la coopération n'est pas seulement une boutique ; c'est une étoile. Plus encore que par les économies d'argent qu'elle leur permet, la coopération vaut par les dépenses de sens social auxquelles elle habitue les hommes.

*
* *

Des divers types d'organisation sociale préparés par l'expansion des mutualités ; des syndicats, des coopératives, lequel répondrait le mieux aux exigences de la justice élargie ? Lequel serait le plus propre non seulement à guérir, mais à prévenir les iniquités de toutes sortes que traîne à sa suite une liberté anarchique continuant sa course au milieu des inégalités économiques ?

Le solidarisme ne résoud pas cette question, ou pour mieux dire il ne se la pose pas. Entre les remèdes ainsi proposés il refuse de choisir. Il souhaite qu'on essaie les uns et les autres. Tout lui est bon, qui tire les hommes hors de l'égoïsme pour les unir contre les fatalités. À tous les banquets d'associations la figure de la solidarité vient s'asseoir. Mais, de même qu'après nous avoir démontré que l'État doit intervenir, elle refuse de préférer telle forme d'intervention - la forme collectiviste, par exemple - à l'exclusion des autres, de même, après nous avoir démontré qu'il faut nous associer pour seconder et compléter l'action de l'État, elle se garde de nous imposer spécialement telle forme d'association.

On reconnaît à ce trait, en même temps que le caractère intermédiaire, le caractère indéterminé du solidarisme. C'est un système

---

1 GIDE, *Les applications de la solidarité*, p. 47-79. - *Cf. les Conférences de propagande sur la coopération* (Paris, Larose, 1900).

Chapitre VI

qui se tient à mi-côte. Et de même qu'il s'interdit de remonter au plus haut dans la région des principes - et, par exemple, de rechercher les sources dernières du sentiment de la justice - il ne descend pas non plus très bas, jusqu'au détail des applications. Après avoir prouvé la nécessité d'institutions nouvelles, il ne précise pas fermement quelles formes elles devraient prendre : il se contente d'appeler à la vie les forces morales sans lesquelles, en tout état de cause, ces institutions, quelles qu'elles doivent être, resteraient lettre morte.

Quel sera l'aménagement définitif du palais ? Nous ne le savons pas et nous le verrons bien. Ouvrons toujours les avenues, plantons les arbres, construisons le vestibule.

Cette espèce d'empirisme tâtonnant est sans doute le secret à la fois de la faiblesse et de la force du solidarisme. Faiblesse politique, et force morale. Pour rallier des voix, pour constituer un parti, il faudrait sans doute des programmes de mesures pratiques plus nets que ceux que le solidarisme a élaborés jusqu'ici. Mais par cette attitude même, de préparateur et d'introducteur à diverses solutions concourantes, il n'est pas étonnant qu'il attire, des points de l'horizon les plus différents, beaucoup de consciences. Le nombre croît en effet chaque jour des gens qui s'accordent sur ce fait, que l'organisation sociale appelle des réformes décisives, sans qu'aucun des plans de réorganisation jusqu'ici proposés emporte leur adhésion. La route, devant eux, se perd vite dans la brume. Ils savent cependant qu'il faut marcher. Ce sont ces bonnes volontés, incertaines des institutions de l'avenir, mais certaines des devoirs présents, hésitantes entre diverses possibilités, mais d'accord sur telles nécessités, qui se rallient au carrefour solidariste.

Que d'ailleurs, parmi ces recrues, il se rencontre un nombre croissant d'éducateurs, cela aussi s'explique aisément par la position que garde le système. Beaucoup d'éducateurs ont, en effet, le sentiment que nous vivons, comme on l'a dit, « entre deux mondes », et que rien n'est plus urgent que d'ouvrir les voies à des formes de société plus justes. Mais quel que soit leur désir de hâter les organisations sociales, encore faut-il qu'ils se gardent d'emprisonner dans une formule les âmes qui leur sont confiées. Il importe qu'en faisant découvrir à celles-ci l'idéal nouveau ils les excitent à l'effort, mais sans leur imposer tels moyens de réalisation. Le vague que l'on peut reprocher, sur certains points, à la doctrine solidariste, devient ici une manière d'avantage. Elle a de l'eau pour plus d'un moulin. En usant des ressources diverses qu'elle met dès à présent à sa disposition, l'éducateur pourra se vanter de préparer à sa façon, sans avoir oublié les droits de la liberté, les « socialisations » nécessaires.

Avril 1906.

Chapitre VI

APPENDICE

Une campagne solidariste

Nous reproduisons ici, en les classant sous quatre rubriques : (sur le Réformisme, - sur le Patriotisme, - sur le Syndicalisme, - sur le Christianisme social), un certain nombre d'articles où nous avons été amené à exprimer, à propos des questions du jour, des opinions inspirées des principes auxquels nous avait conduit notre étude sur le solidarisme.

La plupart de ces articles ont paru dans la Dépêche de Toulouse ; quelques-uns dans la Revue bleue.

Célestin Bouglé

Appendice I

SUR LE RÉFORMISME

Maintien ou suppression de la propriété individuelle [1] *?*

Entre socialistes et radicaux, c'est là semble-t-il, le point vif de la discussion. On retrouve dans leurs programmes bien des revendications communes - le nombre et l'importance en croit à chaque session. - Mais l'antithèse reparaît sur cette question de principe - il suffit que ce fanion soit agité pour qu'on voie, semble-t-il, se retourner décidément l'une contre l'autre ces deux troupes d'avant-garde qui mènent, sur tant de points, le même combat.

Les radicaux optent pour le « maintien de la propriété individuelle ? » Anachronisme, scolastique, enfantillage, ainsi s'exclame Jaurès avec sa verve puissante, dans cette admirable série d'Études socialistes où il prenait position, naguère, à égale distance du guesdisme intransigeant et du radicalisme pur. « C'est une véritable déchéance intellectuelle, pour un parti de démocratie, que de souscrire à de pareilles formules ». Au vrai, elles sont suivant lui incompréhensibles. Celui qui les ressasse, insoucieux de l'avenir, se révèle aussi ignorant du passé, et inconscient du présent. Pétrifié sur sa propre borne, l'histoire ne lui a rien appris. Il oublie tout simplement que comme elles ont évolué les formes de propriété évolueront encore, et que dès aujourd'hui, par les « servitudes » de toutes sortes qui pèsent sur lui - par l'impôt, par l'hypothèque, par les règles de la co-propriété, etc. - le droit d'appropriation individuelle se montre de plus en plus soumis au contrôle de la collectivité.

Serait-il donc vrai que le parti radical socialiste fût condamné à cette espèce d'arrêt de développement intellectuel ? Quiconque ne dit pas *amen* au collectivisme serait donc, du coup frappé de cécité ! Il deviendrait incapable de comprendre que le droit de propriété a subi des transformations, extensions ou limitations, et d'admettre que ce même droit en pourrait subir encore !

Faites plus de crédit, Jaurès, à l'entendement de ceux qui ne, pensent pas comme vous en tous points. Le radicalisme aussi

1 Dépêche du 29 avril 1906.

s'est penché sur le fleuve du devenir. Il a appris, lui aussi, que les formes du droit ne sont pas autre chose, selon le mot de Lassalle, que des « catégories historiques », et que, comme elles ont varié, il faudra bien qu'elles varient encore, sous la pression des transformations de toutes sortes, politiques, économiques et morales, auxquelles notre civilisation, inventive et progressive, ne saurait se soustraire. En particulier, beaucoup de radicaux se doutaient vraisemblablement, - même avant ces Études où vous travaillez à leur dessiller les yeux avec tant de vigueur, - que d'ores et déjà, dans un intérêt plus général, le droit absolu de l'individu propriétaire se trouve soumis dans nombre de cas à nombre de restrictions. Sera-t-il nécessaire, sur tel ou tel point, d'en ajouter de nouvelles ? Ne faudrait-il pas, par une nouvelle organisation de l'impôt, obliger les propriétaires privilégiés à mettre à la disposition de la collectivité, pour qu'elle s'acquitte plus aisément et plus complètement de ses devoirs sociaux, une plus large part de leurs revenus ? Ne faudrait-il pas même faire rentrer dans le domaine public certaines formes spéciales de propriété, concentrée et faire travailler directement, au profit de l'ensemble, certaines formes d'industrie déjà monopolisées ? Les radicaux-socialistes ne demandent pas mieux que de se poser ces questions, en distinguant entre les différentes formes et les différents degrés de propriétés, et en variant leurs solutions selon qu'ils regarderont en bas ou en haut de l'échelle des propriétaires.

Mais que dis-je, qu'ils se posent ces questions ? Ils ont dès à présent indiqué nettement quelles solutions ils sont prêts à essayer. Laisserez-vous entendre qu'ils poussent la déchéance intellectuelle et morale jusqu'à ignorer, eux, que ceux qui ne sont propriétaires que de ce qu'ils gagnent au jour le jour - les salariés - ne jouissent à aucun degré de cette liberté supérieure qu'assure la propriété individuelle ? Parler de maintenir la propriété individuelle des travailleurs de l'usine, ce ne serait, en effet, dans la plupart des cas, que leurre et sanglante ironie. Ce qu'il faut, en conséquence, c'est les aider à obtenir, en s'organisant, une participation réglée non seulement aux bénéfices, mais au gouvernement même de l'usine ; ainsi passeront-ils progressivement, selon les expressions de M. F. Buisson, de l'état de travailleurs salariés à l'état de travailleurs associés. Ce qu'il faut encore, c'est, en dehors de l'usine même, par de plus larges emprunts aux ressources collectives disponibles, leur assurer le plus possible de cette sécurité que leur propriété garantit d'ordinaire à ceux qui restent possesseurs de leurs moyens de travail. De là ce vaste système d'assurance sociale, de « mutualisation des risques et des bénéfices » esquissé par M. L. Bourgeois. De là, pour aider ce budget de la solidarité à se soutenir, la nécessité des réformes fiscales réclamées depuis longtemps par le parti radical. De là enfin, pour n'être pas obligé de faire trop rendre aux impôts, les monopoles de plus en plus nombreux dont il admet aujourd'hui le retour à l'État.

« Deux sortes d'exploitations, dit la Déclaration du parti de 1905, peuvent légitimement revenir à l'État : celles d'abord qui constituent de véritables fonctions nationales, et qui, réglant les conditions décisives de l'existence commune de tout un peuple, ne peuvent être laissées à des intérêts particuliers sans leur assurer un véritable pouvoir féodal et sans démembrer, à leur profit, ce domaine public que nos lois font imprescriptible et inviolable ; et, en second lieu, celles qui, concentrées par leur nature en un très petit nombre de mains, donneraient, si l'on n'avisait, à leurs propriétaires, le pouvoir de taxer, de rançonner à leur merci, le groupe restreint des travailleurs qu'ils emploient d'un côté, la masse des consommateurs de l'autre ». Un peu plus loin, le Congrès invite l'État à demander les ressources nécessaires, pour sa part de contribution aux retraites ouvrières, à la transformation en services publics des industries déjà constituées en monopoles privés.

Par où l'on voit que si le parti radical-socialiste maintient la propriété individuelle partout où elle apparaît, en effet, comme une prolongation de la personnalité humaine sur les choses conquises par son travail et nécessaires à son indépendance, il n'hésite pas à restreindre cette même propriété sur tous les points où l'expérience semble démontrer - parles abus de pouvoir que le monopole de fait permet à quelques-uns au détriment de tous - la nécessité en même temps que la possibilité de ces « socialisations » partielles et progressives.

Il prouve ainsi qu'il a compris tout ce qu'exige cette doctrine solidariste qui s'est élaborée dans ces dernières années, avec le concours de beaucoup d'universitaires, sous l'impulsion d'un des chefs du parti radical, et pour laquelle les collectivistes se montrent

Appendice

si méprisants. Il prouve ainsi qu'il entend continuer et compléter sa politique d'émancipation laïque par une politique décidée d'organisation économique. Après le balai, la pioche et la truelle.

Mais, direz-vous, pourquoi hésiter ainsi à reconstruire tout le système juridique et économique de fond en comble, et sur un plan entièrement nouveau ? Pourquoi n'admettre que des socialisations partielles, non une socialisation globale ? Pourquoi s'attaquer à telle forme particulière, réprimer tel abus, prévenir tel excès de la propriété individuelle et ne pas en extirper jusqu'au principe, racine de tout le mal ?

Pourquoi ? - Et d'abord parce que ce plan nouveau n'est pas très clair. Parce que la « suppression de la propriété individuelle » - cette autre tarte à la crème. - pourrait bien être elle aussi (l'expression est de Millerand) une proposition incompréhensible. Parce que le collectivisme est encore un nuage, et que s'il en jaillit aujourd'hui beaucoup d'éclairs, brusques et terrifiants, il ne s'en dégage pas assez de lumière continue pour guider nos pas prochains sur la terre. On nous a assuré que Jaurès lui-même, dès la rentrée de la prochaine législature, déposerait une série, un système de projets de lois socialisatrices, formulerait tout un code collectiviste immédiatement discutable. A la bonne heure ! Et aucun service plus grand ne pourrait être rendu aux républicains que la question sociale ne cesse de tourmenter. Des mesures ainsi proposées, les radicaux-socialistes auront peut-être beaucoup à retenir. Peut-être auront-ils, au contraire, beaucoup de restrictions à faire et de précautions à prendre. Nous verrons bien. Et du moins saurons-nous, cette fois, sur quoi tabler.

Jusque-là, et à travers la brume persistante, ce que nous voyons de plus clair, c'est que si l'on voulait, en effet, tout socialiser et décréter un collectivisme global, il y faudrait la concentration, entre les mains de l'État, de toute propriété en même temps que de toute autorité ; il y faudrait, pour une mise en valeur « socialiste » de ces richesses concentrées, une énorme consommation de bureaucratie - dont toutes les orgies bureaucratiques admirées jusqu'ici par l'histoire ne pourraient donner que la plus faible idée.

Et en effet, l'essentiel du collectivisme pur, c'est, en bref, la substitution de la valeur de travail à la valeur d'échange. Pour que cha-

Célestin Bouglé

cun touche tout le produit et ne touche que le produit de son travail, il importe que les objets produits soient estimés, non d'après les fluctuations plus ou moins inattendues de la demande, mais d'après la quantité de travail qui y est réellement incorporée : c'est cette valeur intrinsèque, mesurée en heures de travail moyen, qui doit revenir intégralement au producteur. Sans que nous puissions entrer ici dans le détail, qui ne voit quelle immense besogne de statistiques à concentrer, de moyennes à calculer, de défalcations à opérer, suppose une évaluation pareille ?

Je sais bien que Jaurès - rejoignant ici les tendances décentralisatrices du radicalisme classique - s'efforce d'établir que ce travail sera divisé, qu'il reviendra, non directement à l'État, mais aux fédérations ouvrières organisées. Il espère ainsi substituer, à la solution centralisatrice, cette « solution corporative » dont Guesde disait naguère que c'est la plus impraticable et la plus utopique de toutes. Mais, même sous cette forme, - comme le montrait M. Bourguin à Jaurès dans un livre sur les Systèmes socialistes et l'Évolution économique, que celui-ci n'a malheureusement pas eu le temps de discuter - il semble bien que la solution collectiviste suppose la perpétuelle et minutieuse intervention, dans l'ordre commercial aussi bien que dans l'industriel, de l'organe central, seul capable d'instituer les comparaisons, de fixer les compensations, d'imposer - ou d'empêcher - les innovations suivant les besoins, prévus par lui, de tout l'ensemble.

Au surplus, Jaurès lui-même, en défendant si vigoureusement contre Hervé l'organisation indépendante des nations, ne reprochait-il pas, à ce collectivisme sans-patrie, de supposer pour se réaliser l'utopie d'une « bureaucratie planétaire » ? Qu'est-ce à dire, sinon que pour se réaliser à l'intérieur des patries, le collectivisme supposerait l'organisation d'une immense bureaucratie nationale ?

Je sais encore que beaucoup de socialistes, craignant l'effet refroidissant de cette grande ombre sur l'opinion, se hâtent d'ajouter que l'État de demain n'aura aucun rapport avec l'État d'aujourd'hui. « L'administration des choses sera définitivement substituée au gouvernement des personnes ». Formule fameuse, et vraisemblablement formule aussi creuse que fameuse. Je m'en voudrais d'insister. On pourrait retourner ici les compliments de Jaurès aux radicaux : traces de faiblesse intellectuelle, pour un parti, que de

Appendice

s'être si longtemps satisfait d'une affirmation pareille ! On n'agit sur les choses qu'à travers les personnes : on ne dirige la production ou la circulation, tout le mouvement des matériaux et objets fabriqués, qu'en « faisant marcher » les hommes. Et il n'y a aucune espèce de raison de supposer que la bureaucratie socialiste ne serait pas aussi coûteuse, aussi lente, aussi lourde que toutes les autres.

Voilà pourquoi, lorsque Jaurès reproche au solidarisme de n'inventer que des palliatifs, sinon des dérivatifs, et de s'amuser à porter ici et là « un peu de quinine, un peu de phénol » en laissant dans le corps social le germe de toutes les maladies - la propriété individuelle - nous lui répondons qu'il y a tels remèdes préventifs qui, appliqués sans mesure, sont capables de tuer, ou tout au moins de paralyser le malade. Voilà pourquoi nous hésitons en effet à étendre à toute espèce d'entreprise le domaine de l'État : sur tous les points où la nécessité et la facilité de son action directe ne nous est pas encore clairement démontrée par les faits eux-mêmes, il nous paraît plus prudent, comme disait Waldeck-Rousseau, de faire encore crédit à la liberté.

Attitude hésitante et tâtonnante, nous criait Jaurès. Votre flèche tremble au moment même où vous la lancez. Vous visez tantôt une cible et tantôt l'autre. Vous n'avez pas la splendide unité de notre idéal scientifique.

Il est vrai que nous ne prétendons pas avoir, pour toutes les questions sociales, une « solution unique » et toute faite. Nous voulons en effet faire flèche de tout bois. Nous entendons bien, en tenant compte des nécessités et des possibilités du moment, recueillir ce qu'il peut y avoir de pratique, de positif, d'immédiatement applicable dans les diverses doctrines qui nous offrent aujourd'hui leur panacée. Je pourrais montrer - en utilisant les arguments d'un homme qui fut, à l'Université de Toulouse, le successeur de Jaurès et mon prédécesseur : F. Rauh - que cette attitude empirique est peut-être aussi la plus « scientifique », la plus conforme à l'esprit de la science actuelle, désabusée des grandes théories uniques. Mais c'est le moment de faire de la politique active, et non plus de philosopher.

Je ne veux retenir aujourd'hui qu'un trait : c'est que cette attitude modeste est sans doute aussi la plus pratique. Elle nous permettra

Célestin Bouglé

de ne négliger, en attendant mieux, aucun de ces petits profits sociaux dont parlait Briand, aujourd'hui à l'index de votre Unité. Le
« poing tendu » de Cachin, c'est un beau geste. Mais il n'est peut-
être pas commode, si on veut garder cette noble posture, de mettre
résolument la main à la pâte, pour l'élaboration des réformes positives. C'est pourquoi je disais qu'il fallait transposer la belle image
de Jaurès, définissant les rapports de son socialisme avec la bourgeoisie, et que ce pourrait être l'honneur du parti radical-socialiste
de ramasser, pour s'en servir avec méthode, cet outil du réformisme
qui tombe des mains du socialisme, redevenu intransigeant.

Entre deux mers [1].

Le radicalisme est d'ores et déjà sûr de disposer, à la Chambre
nouvelle, d'une majorité respectable : à quelles fins va-t-il employer cette force ?

On se souvient de la charmante et profonde drôlerie de Jaurès,
parlant au Capitole. Il montrait le parti radical socialiste juché sur
un isthme, entre deux mers - entre la mer déchainée des passions
ouvrières et la mer lourde et comme stagnante des préjugés bourgeois. Il ajoutait : « La Bible raconte que Dieu dit un jour à la mer :
« Tu n'iras pas plus loin. » Mais la Bible ne dit pas que Dieu eût arrêté deux mers à la fois. Le parti radical-socialiste devra, s'il veut se
maintenir sur la position qu'il a prise, avoir deux fois la puissance
de Dieu, puisqu'il a deux Océans à maîtriser. »

Il est remarquable que peu de jours après, parlant à Lyon, Clemenceau était amené à définir, d'une manière analogue, la situation faite à son parti. Clemenceau se permet moins d'audaces poétiques que Jaurès. Notre ministre resté polémiste préfère, à l'image
grandiose, la formule nette et d'aspect quasi-mathématique. Après
avoir rappelé comment, depuis son entrée au ministère, il avait été
occupé à résister à la pression de deux forces de sens contraire :
« Nous avons arrêté l'effort de la réaction, concluait-il, et nous
avons refusé de nous faire les complices de la révolution. La
concordance des attaques des deux extrêmes me suggère l'idée que
nous tenons sans doute la ligne droite entre deux aberrations. » Et

---

1 Dépêche du 19 mai 1906.

Appendice

un peu plus loin, opposant son relativisme critique non seulement au dogmatisme catholique mais aussi au dogmatisme collectiviste, il s'écriait : « Qu'il vienne du passé, ou qu'il prétende régler l'avenir, nous n'avons pas chassé l'absolu du ciel pour l'installer sur la terre. Ni réaction, ni révolution. »

Ainsi, par une autre route que le leader socialiste, le leader radical nous acheminait à la même vérité, qui mérite, en effet, de retenir l'attention de tous ceux qui s'interrogent sur l'orientation des partis, leurs coalitions ou leurs compétitions dans les prochaines législatures : par la force des choses, le parti radical devient peu à peu, et deviendra de plus en plus un intermédiaire, une moyenne entre deux extrêmes, un nouveau parti-tampon.

Et, en effet, au fur et à mesure que s'en vont en fumée, au contact cuisant des expériences électorales, les espérances propres des ennemis déclarés du régime républicain - monarchistes, bonapartistes, plébiscitaires et autres rêveurs - il ne reste plus à ces désenchantés qu'une fiche de consolation : ils en sont réduits à jouer le jeu de l'opposition chagrine, qui n'ayant pu renverser le char, s'emploie du moins à l'immobiliser. Puisqu'il leur faut enfin, par la volonté vingt fois ré-exprimée du peuple, accepter la République, ils feront du moins, avec l'aide de Dieu, tout ce qui est humainement possible pour empêcher l'institution républicaine de se plier aux revendications populaires. C'est dire qu'ils sont mûrs pour le « progressisme », le « libéralisme » et autres formes conservatrices de l'opinion républicaine. Ainsi se nouent tout naturellement et se noueront de plus en plus étroitement, entre cléricaux et libéraux, entre réactionnaires et progressistes, ces coalitions avec lesquelles la dernière législature nous a déjà familiarisés. Ainsi se cimente un nouveau bloc de droite.

Et pendant ce temps, à l'extrême-gauche, on nous annonce le bataillon unifié des « poings-tendus », troupe menue, mais bruyante, et bien décidée à repousser, cette fois, toute tentative de « compromission » et de « déviation » républicaines. Guesde y sera, nous dit-on, Guesde, sergent aigre et bourru, pour empêcher les soldats, voire les capitaines de repasser, sous prétexte d'on ne sait quelles alliances nécessaires contre un ennemi commun, dans le camp de la bourgeoisie. Le grand conciliateur lui-même, Jaurès, n'a-t-il pas trouvé déjà un ingénieux moyen de fouailler les radicaux tout en

Célestin Bouglé

aiguillonnant les socialistes ? « Désistez-vous sans hésiter, dit-il à peu près aux candidats socialistes, en faveur des candidats radicaux. Car plus ceux-ci seront nombreux à la Chambre nouvelle, moins nous y serons forcés de leur donner un coup d'épaule. Plus nous y garderons, contre eux-mêmes au besoin, les mains libres. Moins nécessaire étant l'alliance, plus entière sera notre indépendance. » Qu'est-ce à dire, sinon que le collectivisme semble nous prévenir qu'il fera tout le possible, à la Chambre, pour se retrancher dans son intransigeance farouche ?

Dans ces conditions, n'est-il pas vraisemblable que le radicalisme, en effet, se trouvera pris entre deux feux ? ou qu'il aura, si Jaurès préfère, à maîtriser deux Océans ? Il sera donc amené, par la force des situations, à continuer la politique de juste moyenne que cet éternel opposant de Clemenceau, devenu gouvernant sur ses vieux jours, osait se vanter d'avoir appliquée. Il l'a appliquée, en effet, au milieu des tumultes tragiques qui accompagnaient son avènement au pouvoir, entre « la guerre civile de droite » et « la guerre civile de gauche », il l'a appliquée avec un sang-froid et une décision, avec un mélange d'audace et de prudence incomparables. Maintenant, ce n'est plus seulement pour venir à bout de telles effervescences révolutionnaires, c'est pour mener à bien la construction des réformes sociales, qu'il s'agit de garder cette attitude d'intermédiaire résolu.

Et c'est ici qu'il importe de se rappeler qu'il y a bien des façons de comprendre ce rôle. En cette matière aussi, c'est « la manière » qui importe. Commentant la formule de Clemenceau à Lyon « ni réaction, ni révolution », l'Humanité faisait observer qu'elle faisait songer aux pires ministères de répression subis par la République. Le Temps déclarait de son côté : « M. Clemenceau a tenu là le langage qu'auraient tenu tous les ministres de l'intérieur. » Le langage ? Peut-être (et encore !). Mais pour l'action, nous persistons à croire que beaucoup de ministres progressistes n'auraient pas agi à la Clemenceau. Dans les grèves du Nord, ils auraient un peu plus vite trahi leurs préférences pour la manière forte. Ils n'auraient pas ouvert le même crédit à la liberté, par cela même qu'ils auraient moins clairement compris, sans doute, ce qu'il y a de légitime dans l'effort désespéré des masses ouvrières pour soulever le roc, qui chaque jour retombe sur leurs reins, de l'inégalité économique.

Appendice

C'est dans cet état d'esprit « solidariste » que les radicaux devront se préparer à ce que M. Léon Bourgeois appelle les grands redressements de comptes sociaux, tâches inéluctables des prochaines législatures. S'ils ne comprennent pas, s'ils n'admettent pas la « solution unique » des collectivistes, s'ils repoussent de toutes leurs forces « l'action directe » des anarchistes, ils savent aussi que le plus sûr moyen pour la République d'économiser les révolutions brutales, c'est de se dépenser en réformes systématiques. S'ils se défient de tels remèdes à tout guérir vantés par les docteurs du socialisme, ils n'oublient pas, comme le disait Clemenceau encore, que son idéal de justice sociale est celui de la République elle-même.

C'est pourquoi, résolus à tenir leur nouveau rôle d'intermédiaires, ils auront à cœur de rester des intermédiaires actifs, toujours prêts à se mobiliser pour des conquêtes nouvelles, et disposés à utiliser le cas échéant, lorsqu'ils revêtiront enfin un caractère pratique, tels plans d'action proposés par leur avant-garde. Aux avertissements de toutes sortes et aux conseils de sagesse que leur prodiguent aujourd'hui, par l'organe du Temps, les modérés effarés, ils répondront qu'il vient un moment où l'audace méthodique est la sagesse véritable. Et ils prouveront ainsi que l'on peut constituer un nouveau Centre sans redevenir une « plaine » ou un « marais ».

L'autre danger [1].

Oui, le développement du socialisme, s'il s'obstinait dans les voies obscures où il s'est enfoncé depuis son unification, constituerait, à nos yeux, un danger pour la France et pour la République. Oui, c'est un jeu périlleux que de faire luire, à travers les nuages, les splendeurs de la Jérusalem collectiviste, au risque de détourner et de dégoûter les masses ouvrières du « terre-à-terre » des réformes pratiques, positives et progressives. Oui, il y a plus d'imprudence encore, et peu de courage, à n'avoir pas osé barrer, par quelque nette décision de Parti, ce courant écumant d'antipatriotisme où l'on voit entraînées, par la théorie mal comprise de la lutte des classes, tant d'âmes aussi simplistes qu'ardentes.

---

1 Dépêche du 12 mai 1906.

Célestin Bouglé

Tout cela, les radicaux ont eu occasion, pendant la campagne électorale, partout où ils ont trouvé un unifié en face d'eux, de le dire et de le redire. Et ils ne l'ont pas redit seulement pour les besoins d'une campagne électorale, pour le plaisir de se distinguer nettement de leurs aventureux émules, et comme l'on dit, de « se poser en s'opposant ». Ils l'ont répété parce qu'ils le pensaient. Et ils le pensent toujours.

Malheureux, s'écrie-t-on alors, si vous y croyez, au « danger » collectiviste, antipatriotique, et à tout ce qui s'ensuit, de quel front osez-vous conseiller à vos candidats de se désister en faveur de tels candidats socialistes, et inviter les républicains à gonfler, de toute la force de leurs suffrages réunis, la voile de cette barque téméraire ?

Ainsi s'exclame cette bande de bons amis, surveillants si scrupuleux de la conscience républicaine, qui vont du Temps au Gaulois, en passant par le Figaro, - tous ceux qui voudraient bien nous empêcher de danser en rond, à la barbe de M. Baudry d'Asson, la ronde des gauches.

Excellents directeurs de consciences, le « cas » est cependant assez simple. Avez-vous entendu parler d'un certain principe cher à la sagesse des nations, et qui se formule ainsi : « De deux maux il faut choisir le moindre » ? Partout où cela nous a paru nécessaire, nous avons détourné la démocratie, comme il convenait, du mirage collectiviste. Mais un « autre danger » nous préoccupe, et nous paraît devoir préoccuper par dessus tout les républicains, partout où les résultats du premier scrutin laissent en présence, d'un côté le candidat présenté par les socialistes unifiés, de l'autre le candidat patronné par les réactionnaires coalisés.

C'est que, par la victoire de ces soldats de la réaction politique et sociale déguisés en volontaires républicains, la République elle-même nous paraîtrait le plus directement menacée, sinon dans sa forme, au moins dans son esprit - dans cet esprit qui lui fournit chaque jour de nouvelles raisons de vivre, et au peuple de nouvelles raisons de l'aimer, - dans cet esprit dont les deux idées de liberté et de solidarité sont comme les deux ailes - dans l'esprit qui veut enfin, après les laïcisations définitives, les socialisations progressives.

Appendice

La forme même du gouvernement républicain, peut-être a-t-on dit trop souvent qu'elle était menacée. A force d'entendre « au loup », les meilleurs chiens de garde ne lèvent même plus le museau. Le peuple se fatiguerait si on le réveillait toutes les nuits au cri de : « La République est en danger ».

Nous ne croyons pas, pour notre part, que les proscrits réintégrés fassent des signes bien sérieux aux prétendants qui rôdent autour de la frontière. Nous ne craignons plus que l'infortuné Déroulède réussisse à escamoter, dans les pans de son ample redingote, le régime parlementaire. L'idée lui viendra-t-elle encore d'essayer de diriger, sur l'Élysée, un cheval de général avec tout ce que ce cheval traine à sa queue ? En tous cas, une aussi folle escapade ne produirait plus en France, pensons-nous, de conséquences politiques de longue durée.

Optimisme excessif, peut-être ? - Je sais bien que la veille du jour où l'on doit être trompé, il ne se rencontre pas toujours un ami pour vous en prévenir. Peut-être ces jours-ci Marianne l'a-t-elle encore une fois, en dormant, échappé belle. Attendons, pour en juger en tout sang-froid, la suite des petits papiers saisis par la justice. Il en est déjà sorti quelques-uns de fort intéressants, et bons à méditer...

Mais en attendant, la forme républicaine ne fût-elle pas sérieusement en danger, nous maintenons que le vrai danger pour la République, c'est que cette forme reste une forme vide, et qu'on ne l'emplisse pas assez vite du contenu que la démocratie attend. Si avec l'épée luisante, si soigneusement entretenue et si heureusement sauvegardée, des libertés politiques, vous ne bataillez pas assez ferme contre les conséquences néfastes de l'inégalité économique, alors prenez garde que des foules de plus en plus nombreuses, égarées par la misère même, ne se désintéressent de votre bataille et ne crachent sur votre épée. Le peuple défend volontiers la République, disions-nous, mais c'est pour s'en servir. Entendez : pour s'assurer, par le concours des lois méthodiquement réformées, ce minimum de puissance matérielle en même temps que d'indépendance morale sans lequel il n'est pas de liberté véritable.

Pour comprendre cette nécessité - dont le sentiment doit élargir ces possibilités dans lesquelles nous enferment les doctrinaires du piétinement - il n'y aura jamais trop, il n'y aura jamais assez d'esprits à la Chambre nouvelle. Celle d'hier, certes, a soulevé plus d'un rocher déjà et posé plus d'un jalon. Ceux des députés sortants qui appartenaient aux groupes de gauche ont pu avec raison soutenir, devant leurs électeurs, que rarement législature avait été plus féconde. Et presque partout, le vote nouveau des électeurs, en ratifiant cette politique, a donné à ces députés mandat de la .continuer.

Mais il est par dessus tout nécessaire que l'importance de l'œuvre accomplie ne cache à personne l'urgence de l'œuvre à accomplir. Après le balai, et avec la même énergie, il vous faut manier la pioche et la truelle. Les institutions de solidarité que vous avez amorcées déjà, c'est beaucoup, dites-vous, et cela demande un énorme effort financier au budget de la République. Oui, c'est beaucoup pour la bourgeoisie, qui a le temps d'attendre ; mais, - rendez-vous-en compte à l'entendre en parler - pour le peuple qui peine et qui chôme et vieillit sans pain, c'est peu pour le peuple.

Voilà pourquoi rien ne serait plus dangereux, rien ne risquerait plus de multiplier des mésintelligences et des désaffections déjà trop fréquentes que l'avènement d'une République fatiguée et comme paralysée, qui ne demanderait, comme disait hier Clemenceau, qu'à « se coucher », à se coucher sur ses lauriers en se mettant de la cire dans les oreilles, pour ne plus entendre la plainte, pitoyable ou menaçante, des déshérités.

Le Pont [1].

On s'en souviendra longtemps, du « duel » Clemenceau-Jaurès » : longtemps, radicaux et socialistes y reviendront puiser des raisons de principe pour continuer à se battre - ou pour recommencer à s'allier...

Le plus beau, en effet, dans ces belles passes de paroles, c'est que, malgré l'importance politique des deux personnalités en présence, et malgré la vigueur polémique de l'une comme de l'autre, le débat n'a pas gardé longtemps l'allure personnelle. Ce magnifique jaillissement d'étincelles, au contact de ces deux fines épées, n'a pas éclairé seulement la physionomie contractée des escrimeurs, mais

1 Dépêche du 1er juillet 1906.

derrière eux, les idées qu'ils représentent, la philosophie même qui les anime, et qui leur verse le meilleur de leur énergie. Et de nouveau la tribune française est devenue ce qu'elle a été tant de fois - pour l'honneur du pays : un terre-plein où des théories se battent pour l'enseignement du monde.

Mais les idées, comme les hommes, « se posent en s'opposant », Et dans l'ardeur de la confrontation, il arrive qu'on exagère leur opposition même. Radicaux et socialistes ont pu souffrir les uns comme les autres, pendant les luttes électorales, de cette fatalité, qui les empêchait peut-être de se rendre pleine justice. Il importe qu'elle pèse le moins longtemps possible sur leurs luttes parlementaires. Il est trop clair que les spectateurs intéressés qui les surveillent les uns et les autres sont prêts à profiter de toutes les occasions - et des définitions philosophiques aussi bien que des difficultés politiques - pour élargir entre eux les fissures.

Le Ministre de l'intérieur, avec une modestie superbe, en effet, a opposé, à cet absolutisme collectiviste qu'il dénonçait à Lyon après l'absolutisme catholique, ce que l'on peut appeler le relativisme radical ; le souci des réalités données se conciliant, par les tâtonnements d'une humanité qui se sent faillible, avec la recherche de toutes les possibilités dès à présent ouvertes. Reprenant pour la développer à sa façon la pensée de J. de Maistre - « on ne fait pas une Constitution avec de l'encre » - il a heureusement averti que, dans l'ordre économique surtout, toute doctrine qui semblerait vouloir rayer l'histoire de ses papiers et répudier dédaigneusement, pour y substituer d'un coup un système créé de toutes pièces, le résultat des initiatives variées qui jusqu'ici ont fait monter l'humanité, ne saurait engendrer un ordre viable. L'idée directrice qui doit, en ces matières comme clans les autres, orienter l'action consciente des sociétés, ce ne saurait être, a-t-il rappelé, que le souci, le respect, le culte des libertés personnelles. C'est par l'effort qu'ils feront sur eux-mêmes que les hommes rectifieront jusqu'au milieu économique. Les transformations de l'acteur transforment la scène. Vanité, donc, que de vouloir établir d'autorité un régime de production tout flambant neuf, dont le fonctionnement ne serait pas rendu possible par une suffisante éducation des niasses ! C'est en se retranchant derrière cette philosophie que Clemenceau pouvait répondre à Jaurès, qui l'invitait à « prendre parti » enfin, comme

Célestin Bouglé

firent à leur heure les hommes de la Révolution : « Il y a longtemps que nous avons pris parti comme eux, et c'est pour leur tradition coutre la vôtre : pour la liberté contre tous les dogmatismes, pour l'épanouissement de l'individu. »

Bravo. Et nous comprenons que les radicaux, si souvent accusés par les socialistes d'indigence intellectuelle et morale aient salué avec enthousiasme les formules ministérielles, où les idées qui leur sont communes venaient en quelque sorte se condenser pour briller d'un éclat nouveau. Mais les socialistes ne pouvaient-ils à leur tour se plaindre, en l'espèce, qu'il n'eût pas été fait bonne mesure à leur philosophie ?

Jaurès l'a brièvement indiqué dans sa réplique : plus que toute autre, d'abord, la doctrine socialiste se réclame de l'histoire. La socialisation des moyens de production ne devrait être, au sens de la tradition marxiste, que l'aboutissant, l'achèvement et comme le couronnement d'une évolution spontanée. L'art de cueillir les fruits mûris par les transformations de l'industrie, c'est précisément ce que le socialisme, en principe, se vante d'apprendre aux foules prolétaires rassemblées dans les usines. - Et sans doute, sur nombre de points, ces transformations n'ont pas obéi aux prédictions de Marx. Elles sont loin de s'être produites toujours selon les formes et d'avoir toujours produit les répercussions qu'il avait prophétisées. C'est ce qu'a très utilement montré, entre autres, le même Bernstein que citait M. Clemenceau. Ces erreurs de la philosophie de l'histoire socialiste, nous avons le droit et le devoir de les dénoncer, s'il nous est possible, les faits et les chiffres en main. Mais est-ce une raison pour méconnaître la méthode, l'esprit de cette philosophie, et la volonté qu'elle a toujours marquée d'être une interprétation de l'évolution sociale ?

À l'autre bout de la chaîne des idées, est-il exact d'opposer sans plus de nuances, aux prétentions collectivistes, les réclamations individualistes ? On s'est longtemps contenté de cette antithèse. M. L. Bourgeois lui-même l'utilisait encore, naguère, en affirmant l'accord impossible entre l'esprit de la Révolution française et les tendances du socialisme, « qui est, comme le mot l'indique, la suprématie de l'Entité sociale sur l'individu ». Mais depuis, à étudier de plus près et les tendances du socialisme et l'esprit de la Révolution française, on a vu diminuer les distances ; on a été obligé de consta-

Appendice

ter que les revendications socialistes, bien loin d'être condamnées a priori et pour jamais par les principes de 89, pouvaient surplus d'un point invoquer pour se justifier ces principes eux-mêmes. La situation économique qui leur est imposée n'empêche-t-elle pas, pour un trop grand nombre d'hommes, les « Droits de l'Homme » d'être une réalité ? L'excès de l'inégalité ne restreint-il pas abusivement, pour beaucoup, le jeu de la liberté ? N'importe-t-il pas, ici, que le « cadre » soit élargi pour que les personnages jouissent, comme on dit, de leurs coudées franches ? C'est en ce sens que Jaurès et Fournière avec lui soutenaient que le socialisme, à le bien comprendre, n'était qu'un nouvel avatar de l'individualisme, mais « un individualisme logique et complet », un individualisme « pour tout le monde ». - Et sur la question de savoir si « l'unique solution », l'unique moyen d'assurer en effet le respect du droit humain pour tout le monde, c'est de fondre toutes les propriétés particulières en une espèce de bloc économique qui pèserait de tout son poids sur l'activité nationale, continuons de discuter, certes, et de multiplier les avertissements. Mais que cela ne nous empêche pas de reconnaître que - tant qu'il s'agit de l'idéal à viser, et non des moyens à mettre en œuvre - les collectivistes aussi ont le droit de prétendre qu'ils se préoccupent, à leur manière, de la libération des personnalités.

Injustice pour injustice : les socialistes se plaindraient légitimement si on voulait à tout jamais les exclure de l'individualisme : les radicaux se plaindraient légitimement si on voulait à tout jamais les y enfermer - si on s'efforçait surtout de river leur politique à cette vieille philosophie libérale qui s'est opposée à toutes les protections comme à tous les contrôles nécessaires. N'est-ce pas un scellement de ce genre que semblait tenter Jaurès lorsque, très habilement, retournant contre Clemenceau son accusation d'absolutisme, il lui reprochait d'avoir épuisé sa doctrine dans une « glorification abstraite de l'individualisme absolu » ?

Mais par le développement même de son discours, le ministre de l'intérieur avait heureusement protesté, par avance, contre cette interprétation rétrécissante de ses formules. Ce n'est pas au moment où il évoquait d'une part tous les boucliers que la République « bourgeoise » avait voulu forger, par les lois votées jusqu'ici, pour défendre les ouvriers - d'autre part les armes nouvelles qu'elle allait

Célestin Bouglé

leur mettre en main, en favorisant la pratique du contrat collectif, ce n'est pas à ce moment, dis-je, qu'on pouvait lui reprocher d'être paralysé, dans la recherche des interventions indispensables, par on ne sait quelle religion individualiste. N'avait-il pas déclaré au surplus, que s'il ne reconnaissait à personne le pouvoir d'éliminer du monde la loi de la concurrence, il imposait à la société le devoir non seulement de la « régler » mais de « l'atténuer » ? C'est ta porte ouverte non seulement à l'interventionnisme, mais au syndicalisme, l'un aidant l'autre...

Le temps est donc passé pour jamais où « la morale de la concurrence », si prônée par M. Yves Guyot, pouvait contenter les radicaux. Si nous n'allons pas à l'orthodoxie de Marx, disait justement M. Puech, deux jours avant M. Clemenceau, nous ne nous arrêtons pas non plus à l'orthodoxie de Spencer. Nous ne voulons ni du Tout-à-l'État, ni du laisser-passer. Ici aussi, nous cherchons en tâtonnant, au fur et à mesure des nécessités senties et des possibilités conçues, les « moyennes équitables ».

Qu'est-ce à dire, sinon que le souffle de l'esprit de solidarité est venu décidément adoucir ce que l'ancien individualisme avait de rude, élargir ce qu'il avait d'étroit ? Entre l'individualisme et le socialisme, le « solidarisme » est un pont - par où radicaux et unifiés pourront faire rouler beaucoup de réformes pratiques, pour peu qu'ils sachent, au bon moment, rapprocher leurs épaules.

Le devoir fiscal [1].

« On ne fait pas d'omelettes sans casser des œufs ». Sous des formes plus nobles, c'est sans doute la vérité élémentaire que les députés vont essayer de faire comprendre, pendant les vacances parlementaires, à un certain nombre de leurs électeurs.

Les ministres ont donné le la : ils ont averti à plusieurs reprises qu'elles coûteront cher ces réformes sociales dont tant de gens, en période électorale, célébraient la nécessité ; ils ont pris la précaution de rappeler qu'on ne pourrait réaliser dès à présent plus de sécurité pour les non-propriétaires sans demander quelques sacrifices à ceux qui possèdent.

---

1 Dépêche du 6 août 1906.

Appendice

Comme de juste, c'est le ministre « socialiste » qui a commencé : il expliquait, à Saint-Étienne, que les patrons républicains tiendraient sans doute à honneur de se distinguer par leur conduite libérale dans l'usine ; ils n'oseront pas sans doute opposer le brutal aphorisme « Le patron est maître chez lui » aux mesures que le gouvernement compte prendre pour favoriser, par la pratique des contrats collectifs, une première participation des syndicats ouvriers à l'administration de l'industrie. - Mais, tout modéré qu'il est, le ministre des finances avait encore plus de raisons de préparer les privilégiés au quart d'heure de Rabelais. Il n'a pas voulu, sur ce point, rester en arrière de son prédécesseur (et successeur éventuel ?) À l'Union démocratique, M. Caihaux tançait vertement l'égoïsme des bourgeois qui accumulaient des provisions, pour le Ier mai, derrière leurs portes verrouillées après qu'ils avaient fait prendre à leurs capitaux le chemin de l'étranger. « Je me refuse quant à moi, s'écriait à son tour M. Poincaré, à considérer comme des représentants autorisés de la bourgeoisie française, de cette bourgeoisie libérale qui a fondé la République et qui l'a défendue aux heures, de péril, une poignée d'oisifs ou d'égoïstes apeurés qui ferment leurs persiennes le 1er mai et quelquefois aussi, - hélas ! - leur bourse toute l'année. » À Commercy déjà il avait insinué doucement qu'on ne pourrait donner un commencement de satisfaction aux exigences de la solidarité « sans déranger quelques habitudes »...

Mais, des quelques restrictions qu'un régime d'impôts un peu plus démocratique doit apporter au droit d'user, et d'abuser de la richesse, qui oserait se scandaliser, sinon celui dont l'imagination sociale n'est pas éveillée, celui qui ne se représente pas assez nettement l'état d'insécurité où, faute d'un système assez bien organisé, d'assurances et de garanties, le non-propriétaire est condamné à vivre ?

« À celui qu'opprime la pensée de la misère, les limitations, les mesures de contrôle, les contraintes fiscales paraissent légères, si elles ont pour objet de procurer à tous un minimum d'existence et de sécurité. Celui-là accepte sa part des obligations et des charges de la prévoyance sociale qui les considère comme des mesures de salut pour la masse des hommes : le tribut imposé aux plus favorisés lui apparaît non pas comme un prélèvement injuste, mais comme

Célestin Bouglé

un moyen de préserver les individus d'une injuste déchéance qui brise les énergies et corrompt une partie de l'organisme social. » Ainsi s'exprime M. Bourguin dans un livre sur les systèmes socialistes et l'évolution industrielle où, après avoir démontré ce qu'il y a d'incompréhensible ou d'inadmissible dans le collectivisme intégral, il définit ce que réclame, dans l'ordre économique aussi, le progrès de la démocratie.

Mais, malgré les efforts consciencieux des solidaristes, -ce sens social est-il dès à présent, chez les privilégiés, aussi développé qu'il le faudrait ? Un professeur d'un lycée de Paris nous disait récemment combien il avait de peine à faire entrer, dans la tête d'un certain nombre de « fils à papa », l'idée qu'un régime successoral, dont ils pensent profiter, n'avait rien de sacro-saint et pouvait bien être soumis à une revision... C'est que, à côté de l'enseignement solidariste, nos capitalistes, petits ou grands, jeunes on vieux, reçoivent d'autres enseignements, qui les incitent à tenir bon, et à ne pas céder un pouce de leurs privilèges.

Écoutez plutôt de quel concert de malédictions et de gémissements la presse des biens pensants et des biens nantis accueille les projets de réformes, si modestes pourtant et si circonspects, de notre ministre des finances. Pendant que l'Écho de Paris lui envoie quantité de lettres ouvertes pour démontrer en trois additions qu'il va « tuer la poule aux œufs d'or », la Libre Parole s'adresse directement à la bourgeoisie, et lui demande si elle va se laisser plumer sans résistance. C'a toujours été la méthode favorite de M. Drumont, d'exciter les gens, en les prenant par l'amour-propre, à « l'action directe ». Tout le long de l'Affaire il n'a cessé d'injurier l'armée en lui criant tous les matins à cheval et sabre ou clair. Aujourd'hui qu'il a perdu toute confiance dans les généraux il se rabat sur les financiers. Il compare désobligeamment leur aristocratie à celle de l'ancien régime, qui, « elle du moins, était brave ». Cette imagination mélodramatique espère-t-elle donc quelque grand soir où l'on verrait d'héroïques propriétaires « mourir en beauté » (c'est son expression) et se faire trouer la peau plutôt que d'ouvrir leurs coffres-forts ?

Mais pour organiser la résistance ils disposent de moyens moins poétiques, et plus pratiques. Et on ne se fait pas faute de leur en conseiller l'emploi. M. Guieysse a relevé, dans Pages Libres, de

Appendice

curieuses consultations données à leurs lecteurs par les Revues d'économistes les plus « honnêtes ». Elles leur énumèrent avec componction, en matière d'impôts sur le revenu ou d'impôts sur les successions, les diverses artifices qui permettent de frauder décemment le fisc. Nécessité cruelles, elles l'avouent. Mais on se défend comme on peut, n'est-ce pas ? contre ces « voracités illégitimes » - Rien n'est plus piquant, à ce propos, que la lecture d'un certain chapitre d'un livre dont les éditions s'enlèvent comme du pain doré : l'Art de gérer sa fortune, de M. P. Leroy-Beaulieu. M. P. Leroy-Beaulieu n'y conseille pas ouvertement la fraude. Mais il en indique discrètement les moyens. Et il conclut que demain, si le fisc redouble de voracité, il sera tout à fait légitime de redoubler de ruse.

Et dire que les mêmes gens qui enseignent si consciencieusement l'art de tourner la loi se montreront aussi, dans d'autres occasions, les plus féroces défenseurs de la légalité !

Pour réagir contre ces tendances « anarchistes » il n'est pas inutile d'essayer de réveiller de toutes les façons, chez ceux qui possèdent, le sentiment du devoir fiscal. Il n'est pas inutile de rappeler aux classes privilégiées qu'ici aussi leur devoir coïncide avec leur intérêt bien entendu. De cette résistance par la ruse qu'elles seraient en effet les conséquences les plus sûres ? En empêchant le système fiscal aujourd'hui proposé de rendre ce qu'on en attend, elles ne pourraient que forcer les gouvernements à prendre (les mesures plus radicales - c'est-à-dire, en l'espèce, plus socialistes.

Des laïcisations aux socialisations [1].

Que les catholiques se débrouillent avec leur pape. Que la République mette d'ailleurs à leur disposition, pour le libre exercice de leur culte, toutes les facilités compatibles avec sa propre dignité ; mais que par-dessus tout on puisse parler d'autre chose et préparer, après les laïcisations, les socialisations nécessaires, - c'est là, nous semble-t-il, le vœu profond de la masse démocratique.

C'est pourquoi ceux-là comprendraient bien mai les intérêts du parti radical qui se réjouiraient pour lui, comme d'une aubaine

---

1 Dépêche du 25 août 1906.

Célestin Bouglé

inattendue, des déclarations de guerre de l'Église. Elle vous remet du pain sur la planche, nous dit-on Mais à ne manger que de ce pain-là, le parti s'amaigrirait vite. Un journaliste américain, retour de Carlsbad, prête à M. Clemenceau cette remarque, que la question religieuse pourrait bien, dans ces conditions nouvelles, renvoyer à l'arrière-plan quelques autres questions. Si cela devait se vérifier, tant pis pour la démocratie et tant pis pour le parti radical. Car il y a des questions qu'on ne peut, indéfiniment refouler à l'arrière-plan. Il y a des mains levées qui ne se laisseront plus rabattre.

C'est déjà trop que le peuple ait senti quelque flottement dans le gouvernement, quand il s'est agi de trouver les ressources nécessaires pour la mise en vigueur de la loi sur l'assistance aux vieillards. L'importance de cette loi - comme le faisait observer M. Mirman naguère - c'est que pour la première fois s'inscrivait formellement dans nos codes le principe de la solidarité sociale. Un droit était reconnu au vieillard indigent ; des moyens de faire valoir ce droit lui étaient mis entre les mains ; contre les décisions des commissions municipales il pourrait au besoin invoquer des juges. Titres juridiques, remarquait-on, qui sont la conquête de la solidarité laïque. Grâce à elle, la charité traditionnelle est dépassée. Le déshérité n'est plus abandonné à l'arbitraire des générosités individuelles. La société elle-même se proclame obligée envers lui. C'est la Déclaration des devoirs sociaux qui commence à s'écrire, après la Déclaration des droits individuels. - À merveille, mais encore faut-il que les gouvernements prennent le sentiment net et vif de ces devoirs nouveaux. Encore faut-il qu'ils comprennent que le premier luxe que doive s'offrir une République, c'est d'assurer aux vieillards indigents le minimum nécessaire.

L'incident est heureusement clos. Le trou budgétaire a été bouché. Et l'on ne pourra plus dire que lorsque la République a voulu réaliser la solidarité par l'entremise des lois, elle a débuté par une faillite.

Mais il est trop clair qu'il n'y a là qu'un commencement de problème. D'autres trous vont s'ouvrir sous nos pas. D'autres droits à la vie vont réclamer des garanties de plus en plus nombreuses. À partir d'un certain état de civilisation, il est des nécessités morales,

Appendice

comme soutenues et portées par la conscience des masses, qui se montrent aussi impérieuses, aussi inexorables que les nécessités naturelles. On ne peut plus empêcher les idées de produire leurs fruits. Aussi sûrement que ce pommier grandira et étendra ses branches, aussi sûrement verra-t-on croître, d'année en année, le budget de la solidarité sociale.

C'est pourquoi nous comprenons difficilement les atermoiements de tels hommes politiques qui hésitent devant les formes décisives de l'impôt progressif sur le revenu. Elles pèseraient trop lourd, à leur avis, sur les grandes fortunes. Ce seraient des mesures de spoliation. En y souscrivant, les collectivistes seraient logiques, mais les radicaux manqueraient à leurs promesses ; ne se sont-ils pas posés en défenseurs de la propriété individuelle ?

Mais il importe de se défier des équivoques que recèle cette formule simpliste. On s'en sert volontiers pour essayer de creuser un fossé infranchissable entre socialistes et radicaux. C'était la tactique de M. Carnot à l'Alliance démocratique, après les élections ; plus récemment, c'était aussi, semble-t-il, celle de M. de Lanessan dans le Siècle. Et il est très vrai que même les radicaux-socialistes n'admettent nullement qu'il soit nécessaire, pour remédier aux maux de l'organisation actuelle, de supprimer la propriété privée. S'ils entendent en corriger tels abus scandaleux, ils ne consentiront pas à en interdire l'usage normal. S'ils veulent en raccourcir telle branche envahissante, ils ne veulent pas déraciner, l'arbre lui-même.

Mais il importe de se rappeler sur quelles raisons se fonde, aujourd'hui, ce respect de la propriété. On n'invoque plus, à ce propos, comme au temps de Thiers, quelque sacro-saint principe à priori. On remarque seulement qu'en fait, expérimentalement - comme disait Ch. Renouvier, un des nombreux philosophes à la fois socialistes et anti-collectivistes dont on pourrait utiliser la doctrine - le régime de la propriété privée, favorable à l'émulation des initiatives et à la répartition des responsabilités, entretient le système de production le plus actif que l'humanité ait connu encore. C'est à ce titre, c'est dans l'intérêt de la société tout entière que l'on conserve à l'individu le droit de gérer son patrimoine à ses risques et périls. Mais de ce point de vue la propriété apparaît comme une sorte de fonction sociale, commise à un contrôle per-

Célestin Bouglé

pétuel et exposée à des restrictions progressives. Ce que l'utilité sociale fonde, l'utilité sociale mieux comprise, à la lumière de faits nouveaux, peut aussi le limiter.

Quand donc les exigences de la solidarité devraient, en effet, imposer, au droit d'user et d'abuser, des limitations nouvelles, il n'y aurait rien là qui dût nous scandaliser, ou même nous surprendre. Ce ne serait après tout que l'achèvement logique d'un mouvement dès longtemps commencé. Lorsque M. de Lanessan nous vante les réformes solidaristes que la République a jusqu'ici accomplies sans toucher aux droits de la propriété individuelle, nous avouons ne pas comprendre. En fait, il serait facile de montrer qu'il n'est peut-être pas une de ces réformes qui n'ait comporté, directement ou indirectement, une limitation de la royauté des propriétaires. En fait, pour que le déshérité soit un peu moins démuni, le rentier a vu, sous l'impôt croissant, se racornir ses rentes : pour que le salarié soit un peu plus libre, le patron a vu les lois rogner jusque dans son usine quelque chose de son autorité. Qu'ils doivent en voir bien d'autres, c'est possible, c'est même nécessaire. Mais les mesures que l'État sera désormais obligé de prendre ne mettront en jeu, en tout cas, aucun principe nouveau. Elles ne feront qu'utiliser des mécanismes aspirants ou refoulants, qui dès longtemps fonctionnent. Perfectionner ces mécanismes de manière à obtenir, sans briser des ressorts de la production qui ont fait leurs preuves, une répartition plus équitable des bénéfices et des charges sociales, c'est le problème qui s'impose à la majorité présente et qui ne se laissera désormais ajourner par aucun autre problème.

Un orateur catholique rappelait hier à ses coreligionnaires qu'ils seraient bientôt obligés, sans doute, de faire comme les Juifs qui, pendant la reconstruction du Temple, surent manier à la fois la truelle et l'épée. A la République aussi l'image peut s'appliquer. Si l'autoritarisme du pape veut qu'elle soit obligée de manier, contre les insurrections catholiques, l'arme défensive, il importe qu'au même moment elle n'oublie pas son œuvre de construction, le vrai temple qu'on attend d'elle.

Le Solidarisme au pouvoir [1].

---

1 Dépêche du 26 octobre 1906.

Appendice

Que sera, que fera le ministère de demain ? Les paris sont ouverts. Les prophéties vont leur train. Et déjà, par la force des choses, par la logique même du mouvement démocratique qui a secoué la France aux dernières élections, la question sociale repasse au premier plan, par-dessus la question cléricale.

M. Clemenceau n'aura même pas besoin, disait l'autre jour M. Cornély, de rédiger une déclaration ministérielle. Ses discours du Var en tiennent lien : « Application ferme de la loi de séparation, sans concession comme sans persécution », ces discours prouvent que le programme politique du nouveau ministère tiendra tout entier dans cette formule.

Tout entier ? M. Cornély est trop pessimiste - ou trop optimiste. Il est vrai que M. Pelletan s'écriait à Marseille : « Nous voici replongés dans l'anticléricalisme ! » Replongeons-y s'il la faut, et puisqu'il parait que « Dieu le veut ». Mais ne nous y noyons pas. Gardons un peu de souffle pour les autres problèmes qui attendent, et qu'on ne peut pas éternellement faire attendre, Aux quolibets des socialistes, qui raillent, d'avance l'impuissance de leur bons frères radicaux en matière de réformes sociales, il importe de répondre au plus tôt par des actes : le congrès de Lille, par la bouche du même Pelletan, le rappelle avec insistance.

Aussi bien M. Clemenceau, dans sa tournée à la Roosevelt, ne s'est pas contenté de dire vertement leur fait aux « fonctionnaires de l'étranger » : il a pris la précaution de marquer spirituellement ses positions vis-à-vis de ceux qu'il appelle les représentants du « dogme d'en bas ».

L'expression même trahit un certain agacement. Ces métaphysiciens simplistes prennent visiblement sur les nerfs de ce vieux carabin, comme il aime à s'appeler lui-même : n'est-ce pas son éducation professionnelle qui lui a appris à compter avec les données complexes de la vie, à multiplier les médications tâtonnantes qui aident la nature sans la violenter, à se défier des opérations césariennes ? Lorsque vous proposez à Clemenceau de supprimer la propriété individuelle, en lui assurant que toutes les petites maladies qu'il s'épuise à soigner - du chancre de la prostitution à la plaie des recommandations – disparaitraient du coup, c'est un peu comme si vous lui proposiez d'ouvrir le ventre de la société pour

Célestin Bouglé

remplacer, par un superbe mécanisme d'horlogerie, la multiplicité des organes que l'évolution lui a constitués. D'être cet audacieux chirurgien, c'est ce que M. Clemenceau refuse tout net.

Mais au même moment il s'affirme volontiers « socialiste indépendant » et répète qu'il ne demande pas mieux que de tâter du « socialisme expérimental ». - Jusqu'où voudra-t-il, jusqu'où pourra-t-il aller dans cette voie ?

> « Il y a dans le monde deux classes de citoyens : ceux qui trouvent en naissant des moyens de vie surabondants et ceux qui n'en trouvent pas du tout, ceux qui trouvent un compte social en déficit, qui sont comme les déchets de la société humaine. »

Par cette seule affirmation l'orateur de Cogolin va singulièrement plus loin que n'allait, par exemple, l'orateur du cirque Fernando en 1882. Celui-ci insistait surtout sur les différences de lumières qui séparent les hommes, et semblait remettre aux oligarchies supérieures le soin d'émanciper les masses. Aujourd'hui, l'accent est mis sur la disproportion des moyens d'action, extérieurs aux individualités et capables d'élever les unes ou les autres, sans que les unes et les autres y soient pour rien : c'est la nécessité morale d'un grand redressement de comptes, comme dit M. Bourgeois, qui est hautement proclamée.

Ceux-là qui trouvent « un compte social en déficit », il faudra bien, si l'on veut sérieusement qu'un minimum de sécurité leur soit garanti, il faudra bien que tout un réseau de filets protecteurs se tende d'un bout à l'autre du territoire, pour défendre ou pour soutenir l'enfant le vieillard, le malade, le chômeur. Mais, sans argent, pas de « réseau ». D'où la nécessité d'un impôt progressif, franchement établi comme un impôt de justice réparatrice. D'où la nécessité, bien plus, de retour à l'État d'un nombre croissant de monopoles. D'où la nécessité, en deux mots comme en cent, de toutes sortes d'atteintes progressivement portées, dans l'intérêt des non-propriétaires, au régime actuel de la propriété.

« Sans rien sacrifier du principe de la propriété individuelle », répétait le congrès de Lille. Entendu. Nous respectons le principe. Mais il nous est impossible d'en respecter toutes les applications.

Appendice

Nous refusons de déraciner l'arbre. Mais nous ne pouvons pas hésiter à en faire tomber telle ou telle branche, dès le moment où nous apercevons clairement que, par la faute de son ombre, des plantes pâtissent qui ont droit à la lumière.

Halte-là ! crierez-vous. Sur ce chemin-là Clemenceau ne vous suivrait plus. Quelle erreur ! Il nous y précède. Il y a plus de quinze ans qu'il a répété, au grand scandale de M. Leroy-Beaulieu, que la propriété individuelle non plus n'est pas un dogme sacro-saint. Elle est de lui cette belle formule : « L'appropriation individuelle est une de ces manifestations de l'activité humaine qui veut être réglée dans la mesure où l'exige sa fin légitime : le service de l'homme, qui est l'unique raison d'être de l'organisation sociale. » Et encore : « Il faut que l'homme arrive à mesurer, à régler, à tempérer son désir d'appropriation des choses sans que s'émousse en lui ce perpétuel besoin du mieux qui le jette dans l'action de la vie. »

Dira-t-on que lorsque Clemenceau réclame ainsi une réglementation, un tempérament, une mesure du droit de propriété, c'est encore à ceux qui le détiennent qu'il s'adresse ; c'est sur leur initiative qu'il compte ; et contre leur mauvaise volonté il se refuserait à faire jouer l'énorme machine de l'État ? Devenu le gouvernement il va peut-être se défier de lui-même ! Clemenceau n'est-il pas l'individualiste par excellence ?

Ici encore, que d'équivoques ! Oui, Clemenceau se défie de la bureaucratie. Oui, il aime, comme beaucoup d'individualités puissantes, à proclamer qu'il fait crédit à la liberté et à entonner le péan des initiatives, des audaces, des efforts personnels. Il n'importe. Vous vous trompez beaucoup si vous croyez qu'il ne connaît pas d'autres chansons, qu'il n'a pas d'autre corde à sa lyre. Qui donc a flétri plus ardemment ceux qu'il appelle les « théoriciens de l'insolidarité », des Spencer aux Yves Guyot ? Qui plus nettement a dénoncé les sophismes de ceux qui protestent contre toute espèce d' « altruisme collectif » en invoquant le respect d'une liberté qui pour beaucoup n'est plus, en fait, qu'un autre nom de la nécessité ? N'est-ce pas lui encore qui montrait dans tel cataclysme social, comme les émeutes de Chicago, « le résultat direct de l'ordre économique fondé sur le laisser faire qu'on prêche au Collège de France » ? N'est-ce pas lui qui défendait par une offensive hardie, contre le faux libéralisme des modérés, un des discours où M.

Célestin Bouglé

Bourgeois commençait à formuler la Déclaration des devoirs d'un État républicain ?

Il semble donc bien qu'à la rentrée des Chambres, en juin dernier, M. Clemenceau, en se débattant contre l'exagération collectiviste, exagérait lui-même son individualisme. Au vrai, tout ce que les « solidaristes » ont consciencieusement délayé ces dernières années, on le retrouverait concentré, on le retrouverait en barres dans les vieilles armoires du directeur de la Justice. Le ministère Clemenceau, c'est vraiment le solidarisme au pouvoir.

Souhaitons seulement, si nous voulons être sûrs que l'énergie du gouvernant répondra à l'énergie de l'opposant, souhaitons que le grand destructeur de ministères, devenu grand constructeur, ait le temps de faire ce que nous venons de faire nous-mêmes, à notre vif plaisir, - et qu'avant de rédiger la déclaration ministérielle il puisse refeuilleter la Mêlée sociale.

Appendice

Appendice II

SUR LE PATRIOTISME

Le socialisme est-il compatible avec le patriotisme ? [1].

Serait-il donc vrai qu'il existe, entre les tendances socialistes et les sentiments patriotiques, une incompatibilité essentielle ? - C'est indéniable, disent les uns : voyez plutôt ces antipatriotes socialistes. - C'est impossible, disent les autres : car voici des socialistes patriotes.

Les uns et les autres oublient que montrer n'est pas, démontrer.

Que nous prouvent en l'espèce les professions de foi de MM. X ou Y ? Peut-être en effet, ces individus sont-ils inconséquents ? Peut-être laissent-ils coexister, dans la pénombre mouvante de leur conscience, des idées logiquement inconciliables : qu'elles descendent au plein jour de la réalité sociale, peut-être leur discordance éclatera-t-elle...

Trêve donc au jeu des citations plus on moins habilement interprétées. Derrière l'instabilité ou la complexité des opinions personnelles, c'est la logique même des tendances qu'il nous faudrait saisir. En se réalisant le socialisme rendrait-il tout patriotisme inutile ? Où en se maintenant le patriotisme rendrait-il tout socialisme impossible ? Alors et alors seulement on pourrait parler d'une incompatibilité en soi.

*
* *

Essayons consciencieusement de nous représenter une société où le socialisme aurait réussi à s'installer. Des ouvrages récents - celui de M. Bourguin en France, celui de M. Menger en Allemagne, animés d'ailleurs d'esprits très différents - renouvellent utilement, pour ces perspectives, notre provision d'hypothèses. Ils cherchent sur quels points on peut relever des concordances entre l'évolution économique réelle et les systèmes des constructeurs de cités : entre

---

1 *Revue bleue* du 17 Février 1906.

Célestin Bouglé

la force des choses et les plans de l'idée ils nous aident à jeter des ponts.

Article premier : dans la société nouvelle il n'y a plus de capitalistes. Qu'est-ce à dire ? Rentes, loyers, profits, toutes les richesses qui ne sont pas créées ou récréées par votre travail personnel, tout ce que M. Menger appelle les « revenus sans-travail », vous ne pouvez plus en vivre. Que ces revenus soit morts de mort naturelle ou de mort violente, qu'à force de décroître ils se soient réduits à rien ou qu'ils aient été supprimés par décret, toujours est-il qu'aucun individu n'a plus la possibilité de s'approprier les « plus-values » d'origine sociale. À part les invalides - les seuls rentiers tolérés et servis par la collectivité - tout le monde vit de son travail et ne vit que de son travail : plus de « frelons », rien que des « abeilles ».

Mais s'il n'y a plus que des travailleurs, où trouvera-t-on des fonds pour lancer les entreprises, bâtir des usines, essayer des machines nouvelles ? Pour entretenir le mouvement perpétuel de l'industrie, le roulement des capitaux continue sans doute d'être nécessaire ? - Distinguons : se passer des capitalistes ce n'est pas forcément se passer des capitaux. L'industrie pourrait fort bien continuer de « faire valoir » des fonds qu'on lui avancerait ; mais ces plus-values d'origine sociale, c'est à la collectivité qu'elles feraient retour.

Eh quoi, personne ne serait plus propriétaire ? - Ici encore il faut distinguer. Les choses que l'on consomme, celles dont on use, en les usant, pour la satisfaction de ses besoins personnels, il va de soi qu'après les avoir acquises par son travail l'individu en disposerait à sa fantaisie : le temps n'est plus où l'on pensait avoir suffisamment réfuté le socialisme en l'acculant au communisme de la consommation. Ce qui ne saurait plus être objet de propriété privée, ce sont seulement ces moyens d'exploitation de la nature qui permettent aussi à leur propriétaire d'exploiter le travail des autres ; par exemple chacun possèderait ses aliments, ses vêtements, son logement, personne ne possèderait une usine. Les valeurs créées par les modes de production collectifs ne se prêteraient plus qu'à l'appropriation collective.

Dans une économie ainsi délivrée des dîmes de toutes sortes prélevées par les détenteurs du capital, les droits personnels de tous pourraient être enfin respectés. La remarque est aujourd'hui banale - le « Centenaire du Code civil », célébré à grand renfort de critiques, l'a imposée à l'attention publique - nos Codes ont surtout montré jusqu'ici la préoccupation d'organiser les droits des propriétaires ; quant à défendre la sécurité, la santé, la dignité des non-propriétaires, il semblait que ce fût le moindre de leurs soucis. On a pu répéter que la plupart des systèmes de lois dont le XIXe siècle s'est contenté ce que Tocqueville disait de certaines lois anglaises : elles offrent le plus de commodités aux riches, mais peu de garanties aux pauvres. Une société socialiste renverserait enfin l'ordre des préoccupations. Assurer d'abord à tous ses membres le nécessaire physique et le nécessaire moral, ménager au plus infime le minimum de puissance indispensable pour qu'il s'élève à la liberté, voilà les fins qui primeraient les autres dans « l'État populaire de travail ».

*

* *

Mais si votre société, par ce nouveau système de répartition, donne toute satisfaction aux besoins normaux du peuple, l'activité de la production ne risque-t-elle pas d'en être gênée et ralentie ? Sur ce miel « garanti » craignez le sommeil des abeilles...

Le grand malheur direz-vous, si l'ouvrier cesse un peu de n'être, selon les expressions de Marx, qu'un appendice de la machine, si l'homme relève plus souvent la tête ? - Mais ici apparaît la difficulté qui tient à l'existence de nations différentes, inégalement mûres pour l'institution du socialisme. Comment l'expérimenter chez l'une si les autres ne se prêtent en aucune façon à l'expérience ? Votre société socialiste ne songe pas sans doute à se retrancher de l'univers par quelque muraille de Chine. Elle ne prétend pas opérer sa réforme économique « en vase clos ». Il faudra bien qu'elle garde le contact, qu'elle reste en relations avec les sociétés individualistes. Croyez-vous que celles-ci, fortes de leur production restée active, s'interdiront de venir encombrer votre marché de produits moins coûteux, avilissant ainsi vos produits plus humainement mais par là même plus chèrement obtenus, bousculant du coup toute cette économie nouvelle qui vous était nécessaire pour garantir les droits de tous ?

C'est l'objection bien connue de la concurrence commerciale in-

Célestin Bouglé

ternationale. - On atténuera la gravité de cette objection, en observant d'abord que le socialisme n'accepterait nullement le reproche d'oublier les nécessités ou de négliger les intérêts de la production. Pour partager les œufs, lui a-t-on répéter vous tuez la poule. Vous paralysez la production pour organiser une répartition plus juste. Les socialistes peuvent répondre que ce n'est pas seulement notre système de répartition, c'est encore ou c'est d'abord notre système de production qu'ils battent en brèche. Ce sont les gaspillages de l'organisation capitaliste qu'ils se font fort d'économiser. Surproduction ici et là sous-production, accumulation de marchandises qui manquent de débouchés, ou raréfaction des objets de première nécessité, que la classe ouvrière consommerait aisément, mais qu'elle n'est pas aujourd'hui capable de payer convenablement : toutes ces déperditions pourraient, être évitées sans doute si l'on tenait mieux compte des besoins normaux de tous, si l'on organisait la production pour la satisfaction de ces besoins, et non pour la multiplication des profits d'une minorité. Ouvrez le petit livre de M. Vandervelde sur le Collectivisme et l'Évolution industrielle - vous y verrez que c'est surtout du point de vue de la production qu'il entend démontrer la supériorité de l'organisation socialiste. Conformément à la pensée saint-simonienne, rendre impossible l'exploitation de l'homme par l'homme, ce serait du même coup rendre possible une exploitation plus rationnelle de la nature par l'humanité.

Par cela même qu'elle serait moins anarchique, la production, tout en étant plus « humaine », devrait donc être finalement moins coûteuse dans une société socialiste. C'est pourquoi on conçoit que celle-ci ne soit pas condamnée fatalement à pâtir de la concurrence des sociétés individualistes, et puisse, tout en réorganisant son régime intérieur, continuer avec elles les échanges nécessaires. Évidemment, entre des sociétés où les valeurs seraient estimées en termes si différents, les relations économiques seraient compliquées. Et sur plus d'un point peut-être, pendant qu'elle se réorganiserait et en attendant la réorganisation analogue des autres, la société socialiste serait amenée à « protéger » sa nouvelle industrie. Mais ce protectionnisme au profit de tous ne présenterait pas les inconvénients que les socialistes ont si souvent reprochés au protectionnisme des sociétés capitalistes. Et peu à peu ce seraient

Appendice

des traités de travail qu'il pourrait substituer à nos traités de commerce...

Mais si les sociétés individualistes, non contentes de faire concurrence à la société socialiste, restent capables de lui faire la guerre ? Notre effort ne va-t-il pas être paralysé définitivement par le régime de la paix armée ? Combien de fois n'a-t-on pas répété qu'il y avait contradiction à vouloir préparer à la fois l'œuvre de vie et l'œuvre de mort. Celle-ci vole les ressources dont celle-là a besoin. Tant de millions monopolisés pour la préparation de la défense nationale, c'est là ce qui vous empêche et vous empêchera éternellement d'organiser l'assurance sociale.

L'objection vaut peut-être contre un réformisme timide, qui ne peut demander ses ressources qu'à des impôts dont on sait trop que l'élasticité a des limites. Conserverait-elle sa force devant un régime socialiste ? N'oublions pas qu'ici, par hypothèse, le gaspillage capitaliste est évité, la production du travail, mieux adapté aux besoins, est accrue, les plus-values reviennent toutes à la collectivité. Pour faire face aux dépenses qui intéressent tous ses membres, celle-ci verrait donc en réalité ses ressources s'élargir. Et puis, par cela même qu'un règlement plus rationnel de la production ne l'obligerait plus à la conquête inquiète des débouchés, elle aurait plus de facilités sans doute pour réduire progressivement les dépenses militaires. Elle se bornerait décidément à préparer, en effet, la défense nationale. Sur son sol, autour des richesses qui seraient enfin le patrimoine de tous, la nation armée serait invincible.

Comme pour supporter le choc de la concurrence commerciale, il est donc vraisemblable qu'une nation socialisée auraient les reins assez solides pour porter le poids de la paix armée. Le socialisme ne serait pas réduit à attendre, pour entrer dans les faits, l'heure problématique où toutes les sociétés de la terre seraient absorbées dans l'unité d'un seul empire. Dès à présent, dans des cadres de l'organisation nationale, l'établissement d'un régime socialiste ne serait pas impossible.

*
* *

Il faut aller plus loin et montrer qu'en tous cas, pour l'établissement d'un régime socialiste, les cadres de l'organisation nationale seraient nécessaires.

On a pu en effet mesurer d'un coup d'œil l'immense besogne d'administration dont le socialisme aurait à s'acquitter pour réformer, non seulement le système de la répartition, mais encore et surtout celui de la production ; s'il veut mener à bien cette tâche, force lui sera d'utiliser la puissance concentrée des États.

Il y a peu de formules plus fécondes en illusions que celles dont s'est contentée longtemps la tradition socialiste, au sujet de l'État. Suivant cette tradition l'État n'est qu'un arc-boutant pour la barrière qui sépare les classes ; la barrière enlevée, l'arc-boutant tombe de lui-même. Du moins, s'il subsiste un État, il ne ressemble pas plus à l'État d'aujourd'hui qu'un facteur à un gendarme ; l'administration des choses est définitivement substitué au gouvernement des personnes.

En réalité, l'État serait-il déchargé du souci de défendre le privilège des classes possédantes - son principal office aujourd'hui, à en croire les socialistes - cela ne prouve nullement qu'il n'aurait plus besoin de gouverner les personnes, ni de mettre sa force au service du droit. Êtes-vous encore assez optimistes pour penser que du jour où la propriété individuelle des moyens de production aura été abolie, crimes et délits seront impossibles, étant inutiles ? Même dans une société qui garantirait leur satisfaction aux besoins élémentaires de tous, les raisons manqueraient-elles aux individus de s'envier et de se battre ? Dans les « Clairières » les mieux aménagées les passions continueraient de rôder, avec leur masque et leur couteau...

Au surplus, à supposer que la besogne de « l'État-gendarme » doive être simplifiée en effet, combien celle de « l'État-facteur » serait compliquée du même coup ! S'il s'agit non seulement de garantir à tous le minimum nécessaire à une vie humaine, mais surtout de régler la production générale en l'adaptant aux besoins, c'est-à-dire de substituer en ces matières la prévoyance collective aux tâtonnements individuels, quelle énorme quantité de statistiques il faudra centraliser ! Dans la république socialiste les statisticiens seront rois.

Et nous entendons bien que les associations professionnelles, les Fédérations de syndicats ouvriers, désormais propriétaires, se-

Appendice

raient chargées chacune dans leur partie de rassembler les informations, et d'élaborer les règlements. Mais si l'on ne veut pas que
cette « autonomie » n'aboutisse qu'à substituer, à l'intérieur de la
société socialiste, les grandes guerres professionnelles aux petites
guerres individuelles d'aujourd'hui, il faudra bien sans doute que
ces Fédérations soient elles-mêmes dominées par quelque pouvoir
central, régulateur de l'ensemble et défenseur désigné, contre les
groupements particuliers eux-mêmes, des intérêts, de tous les individus.

Qu'est-ce à dire sinon que, quelque crédit que l'on fasse à ce que
M. P. Boncour appelle le « fédéralisme économique » les organes
de la centralisation resteront, pour cette administration nouvelle,
plus que jamais indispensables ? En deux mots comme en cent il
y faudra toute la puissance d'un État, et d'un État porté, soutenu,
aidé par une nation - c'est-à-dire une société où une certaine communauté de langage, d'habitudes et de sentiments, nécessaire pour
l'efficacité des règlements publics, rende possible une auto-réforme
collective.

Comment le socialisme prétendrait-il se passer, pour ordonner
enfin ce qu'il appelle l'anarchie économique, de ces « foyers de lumière concentrée », de ces « centres d'action rapide » ? Autant vau-
drait déclarer que pour marcher plus vite, dans la société nouvelle,
on s'abstiendra soigneusement d'utiliser les routes préparées par la
société ancienne.

Mais réduire à ces instincts de révolution impulsive et destruc-
tive le socialisme contemporain, ce serait sans doute ne rien comprendre à la mission qu'il s'assigne. S'il se présente comme « scientifique » c'est vraisemblablement pour bien marquer qu'il entend,
non pas perdre pied dans l'utopie, mais garder le contact avec les
réalités historiques. Le principal secret qu'il se flatte d'apprendre
au prolétariat, on pourrait dire que c'est l'art de cueillir les fruits
mûrs. La force ouvrière ne fera rien que profiter que la force des
choses ; la révolution sociale ne sera que le couronnement d'une
évolution économique spontanée. Qui donc osait insinuer, en ce
sens, que le socialisme scientifique est essentiellement, à le bien
entendre, un opportunisme ? Ce qu'il répète de la concentration
dans l'ordre économique est vrai aussi de la concentration dans
l'ordre politique. Là aussi il faut que le prolétariat apprenne à ma-

Célestin Bouglé

nier, au profit de tous, les faisceaux noués par l'histoire. Les États sont sous sa main des béliers tout préparés. Sous sa direction, l'organisation nationale est prête à se retourner contre l'exploitation capitaliste.

*

* *

Par où l'on comprend du même coup pourquoi cette opération de « conversion » socialiste pouvait sembler en France plus aisée qu'ailleurs. Que faut-il en effet pour qu'elle paraisse à la fois nécessaire et possible ? La plus grande unité de l'État, et la plus grande liberté du peuple. Or ne semble-t-il pas que notre histoire nationale se soit donnée pour tâche de réunir ces deux conditions ? S'il est « contradictoire que le peuple soit misérable et souverain », il est naturel que le peuple concerte le plus d'efforts pour se sauver de la misère dans le même pays où il a conquis d'abord la plus large part de souveraineté. C'est pourquoi on pouvait penser que la France, par cela même qu'elle avait donné au monde le signal des libertés intellectuelles et politiques, serait appelée aussi à incarner la première unité socialiste. C'est pourquoi on pouvait soutenir, si la vraie fidélité aux traditions est la fidélité active - que ceux qui travaillent à faire passer dans l'organisme national le plus possible de socialisme pratique sont aussi les serviteurs les plus fidèles de la tradition française.

À ceux qui prétendent concilier dans leur conscience les tendances socialistes et les sentiments patriotiques, ce ne sont donc pas les arguments qui manquent, surtout chez nous. Et si simples qu'ils puissent nous paraître, il n'était sans doute pas inutile de les dénombrer une fois de plus, puisque tant d'esprits à l'heure actuelle, à gauche comme à droite, semblent les oublier de parti pris...

Du collectivisme à l'antipatriotisme [1].

Nous ne sommes nullement dupes des hauts cris que pousse, à propos de l'antipatriotisme des socialistes, la presse modérée, et nous entendons bien n'être pas complices des équivoques qu'elle entretient. Nous savons bien, nous, que ce n'est pas par accident

1 Dépêche du 19 avril 1906.

Appendice

et pour les besoins de la cause électorale, c'est par essence et pour les besoins de son action progressive que le socialisme réformiste et révisionniste, tel que le comprenaient Jaurès et ses amis, reste attaché à la patrie. Au fond, qu'était-il autre chose qu'une sorte d'opportunisme supérieur ? Conscient et des nécessités et des possibilités, du moment, c'est sur l'histoire même qu'il entendait greffer la raison. Pour organiser la démocratie, non seulement dans l'ordre politique, mais dans l'ordre économique, il pensait utiliser tous les phénomènes de concentration spontanée, et, au premier plan, ces « foyers de lumière concentrée », ces synthèses d'intérêts et de sentiments, d'idées et d'institutions qui s'appellent les patries, préparées pour le progrès social lui-même par le lent et précieux travail des siècles.

Mais si, dans le socialisme unifié, les tendances réformistes ou révisionnistes sont désormais mises à la raison, ou à la ration, si c'est le parti des intransigeants et des dogmatiques qui parle à nouveau le plus haut et le plus fort, alors, dans ce déchaînement d'antipatriotisme auquel nous assistons, l'unité socialiste ainsi comprise ne reprend-elle pas sa part de responsabilités ?

Vous aviez abandonné, ou tout au moins paru abandonner, ont dit les guesdistes aux jauressistes, le terrain de la lutte de classes. Il faut y revenir, et il faut s'y tenir. Ne craignons donc plus de montrer les dents et de tendre le poing. Au fond du socialisme, il n'y a qu'une vérité essentielle : et c'est précisément qu'il n'y a que deux classes. Tout les sépare. Rien ne peut les réunir. Voilà ce qu'il est nécessaire et suffisant de répéter au peuple sur tous les tons.

Notre ennemi, c'est notre maître, dites-le lui donc en bon français. Au prix de l'opposition d'intérêts et de sentiments qui sépare la masse des travailleurs de la minorité des exploiteurs, est-ce que toutes les autres oppositions n'apparaissent pas comme superficielles et arbitraires ? De possédants à non possédants, là est la vraie frontière. Au vrai, l'humanité ne se divise pas par blocs juxtaposés, mais par strates, par couches superposées. Un prolétariat « conscient », c'est précisément un prolétariat qui a enfin aperçu, pour n'en plus voir d'autres, cette grande vérité, obscurcie par trop de sophismes bourgeois. Allez, et poussez-la au premier plan de la conscience des travailleurs : c'est l'alpha et l'oméga de la science socialiste. La force des choses et des passions fera le reste.

Célestin Bouglé

Prêchée sur ce ton, on devine quelles conséquences les tempéraments anarchistes ne pouvaient manquer de tirer de la bonne parole socialiste. Lisez la trop fameuse Enquête sur l'idée de patrie et la classe ouvrière, publiée par le Mouvement socialiste. Vous y avez vu, Jaurès, avec quelle touchante unanimité (Keufer excepté) les militants du syndicalisme révolutionnaire traitent de « fumistes » ceux qui s'efforcent à concilier le patriotisme avec l'internationalisme. Et c'est précisément par le leitmotiv de la lutte des classes, entendue à la manière guesdiste, qu'ils justifient leur mépris, colère on pitié. « Qui n'a pas de patrimoine n'a pas de patrie. Quel intérêt avons-nous à défendre un sol qui n'est pas à nous, une civilisation dont nous ne profitons pas ? Bien plus, s'il est vrai que notre ennemi c'est notre maitre, notre ennemi le plus direct n'est-il pas aussi notre maitre la plus proche ? C'est donc au patron-compatriote, camarades, qu'il faut réserver nos coups. Que celui qui n'a que sa peau la garde pour lui. Ou du moins, s'il doit la risquer, qu'il ne la risque que pour lui ». Ainsi en vient-on à préférer la guerre civile à la guerre étrangère. Ainsi en vient-on à souhaiter la guerre étrangère dans l'intérêt de la guerre civile.

« Si la Révolution sociale est réalisable, écrivait Hervé, dans la Vie socialiste du 20 juin 1905, elle ne peut l'être que le jour où les forces gouvernementales feront occupées contre les forces gouvernementales d'un pays voisin, dans une guerre internationale. » Planter le poignard dans le dos de la République, au jour attendu où elle serait tout entière penchée sur sa frontière envahie, voilà donc l'idéal où ces logiciens enragés nous conduisent, voilà le vœu qu'ils travaillent à inspirer aux masses ?

Encore une fois, entre le réformisme que nous avons connu et cet anarchisme exaspéré il n'y a aucun rapport. On n'en saurait malheureusement dire autant des formules tranchantes et terriblement simplificatrices du guesdisme traditionnel. Elles seraient capables, elles, de couper la France en deux. C'est du moins ce qu'indiquait récemment un homme que Jaurès connaît bien, dont le petit livre Pour l'École laïque est un chef-d'œuvre d'esprit démocratique, et qui fondait il y a une douzaine d'années à Brest un des premiers journaux socialistes de province, le Breton socialiste : c'est B. Jacob qui montrait dans l'École nouvelle - en distinguant ce qu'il appelait le socialisme barbare du socialisme civilisé - comment, du prin-

Appendice

cipe de l'antagonisme absolu des classes, les thèses antipatriotiques de M. Hervé découlaient assez logiquement. De ce point de vue l'hervéisme nous apparaît comme une fleur nouvelle, fleur sanglante et vénéneuse, qui pousse sur le vieux tronc du guesdisme.

La vérité est qu'entre les classes actuelles l'antagonisme est loin d'être aussi simple, aussi tranché, aussi absolu qu'on tend à le faire croire. Qu'il y ait des oppositions d'intérêts entre employeurs et employés, entre rentiers et travailleurs, qui oserait le nier aujourd'hui ? Et qui refuserait aux salariés le droit, qui ne leur donnerait le conseil de s'organiser de manière à obtenir méthodiquement, de ceux qui les font travailler à leur profit, les plus hauts salaires possibles, les journées les plus courtes, la plus large part enfin au gouvernement de l'usine elle-même ?

Mais il importe que ces oppositions, pour aiguës qu'elles puissent devenir sur certains points du corps social, ne nous fassent oublier ni la continuité d'intermédiaires qui subsiste entre ces deux termes extrêmes, le prolétaire pur et le pur capitaliste, - ni les solidarités diverses qui, par-dessus ces oppositions mêmes, continuent de les envelopper.

Ces vérités élémentaires, c'était le réformisme, c'était le révisionnisme socialiste naguère qui les mettait lui-même en vedette, lorsqu'il menait résolument la lutte contre le dogmatisme suranné du marxisme et contre ce que Jaurès appelait le « génie de la simplification » propre au guesdisme. On se souvient des relevés de Bernstein, montrant qu'entre le blanc et le noir de la théorie classique, - entre le prolétaire nu et le capitaliste complet - les nuances intermédiaires, aussi importantes que les nuances extrêmes, se multiplient plutôt qu'elles ne s'effacent. On n'a pas oublié non plus la distinction que les amis de Jaurès et de Millerand établissaient entre le socialisme d'opposition et le socialisme de gouvernement ; on avouait alors que si, pour l'opposition, la théorie tranchante de la lutte des classes est une arme commode, « le socialisme de gouvernement doit tenir compte, à côté de la lutte de classe, de la solidarité des classes », et au premier rang, tant de la prospérité que de la dignité nationales, intérêts communs aux classes en présence et supérieurs à leur antagonisme.

Si le socialisme avait gardé ces positions et cette attitude, n'au-

Célestin Bouglé

rait-il pas été singulièrement plus fort et plus libre, aujourd'hui, pour résister en corps, et conformément aux principes mêmes qu'il avait jusque-là suivis, à cette espèce de fureur antipatriotique dont les syndicalistes anarchistes nous donnent l'inquiétant spectacle ?

Mais le parti socialiste unifié - craignant sans doute, comme l'indiquait Fournière, que cet état-major de la violence ne lui ravisse trop de troupes, - a voulu revenir à des principes plus intransigeants, reprendre un ton plus révolutionnaire, montrer enfin patte plus rouge. C'est pourquoi nous le sentons, sur plus d'un point, comme reconquis par les violents qu'il a voulu reconquérir. - Et c'est pourquoi nous rejetons décidément la chaîne qu'il s'est lui-même forgé.

Patriotisme réformiste [1].

Le nationalisme a perdu presque tous ses sièges à la Chambre : autant de gagné pour le patriotisme. Les républicains ne seront que plus à l'aise pour en défendre, si besoin est, les justes causes.

On a souvent cherché, de divers côtés, les raisons du malaise qu'ont paru récemment éprouver, en matière de patriotisme, un certain nombre de jeunes esprits avancés, Nul doute que les tumultes organisés du nationalisme, pour une large part, n'en aient été responsables. Trop de fusées, trop de coups de grosse caisse, trop d'appels de trompettes. Et on voyait trop bien où voulaient en venir finalement les bateleurs. Se servir à tout bout de champ de l'idée de pairie, c'est le meilleur moyen de la desservir.

« L'armée contre la nation », le public n'avait que trop de raisons de prendre cette devise au sérieux. Quand la fureur nationaliste battait son plein, que d'invites aux coups de forces n'a-t-il pas entendues, depuis la Prière au glaive du père Didon jusqu'à l'Appel au soldat de Vaugeois et autres petits Bonapartes-de-lettres. « Venez donc, soldat, vous la force matérielle, vous l'épée de Brennus, venez de notre côté. » C'est par ce « pst » révélateur, c'est par ces propositions provocantes que M. Barrès, alors, honorait l'armée.

Et à côté de l'invocation à la force brutale, l'opinion n'avait pas de peine à reconnaître, dans les hymnes nationalistes, l'invocation

1 Dépêche du 22 juin.

Appendice

à l'autorité spirituelle. « Ennemis de l'âme française », c'est par ce qualificatif que M. Brunetière excommuniait les esprits trop critiques. Et, pendant que son digne vicaire, M. Goyau, dénonçait dans l'esprit de la Révolution française on ne sait quelle survivance du « messianisme juif », il rappelait que « tout ce qui se fait contre le catholicisme se fait contre la France ». Plus carrément, M. Jules Soury professait que « tout nationaliste doit être un fils de l'Église, de foi ou de tradition, bref un clérical ». Et il ajoutait cette perle « Je le sais (clérical) encore qu'incroyant. »

Quoi d'étonnant, après tant d'exploitations adroites ou cyniques, si chez tous ceux qui ne voulaient, à aucun prix, ni des retours offensifs du militarisme ni des survivances du cléricalisme, un sentiment de défiance a dominé, chaque fois qu'on recommençait à faire vibrer la fameuse corde ? À couvrir tant d'intérêts ou de préjugés anti-républicains du noble pavillon de la patrie, on risquait d'en faner, et pour longtemps, les vives couleurs.

L'apparition de l'excès inverse a utilement averti la majorité des consciences, parmi celles-là même que cette exploitation du patriotisme énervait le plus. Après la fureur nationaliste on a vu se lever - comme la vague de ressac, écumante aussi, après la vague du flux - la fureur antipatriotique. On a entendu répéter que la patrie n'est qu'un « bloc d'iniquités » pesant de tout son poids sur les épaules du prolétariat pour l'empêcher d'atteindre à la liberté intégrale, - que la seule frontière respectable est celle qui sépare les possédants des non-possédants, - que la seule guerre sainte est la guerre civile. Il n'en fallait pas tant pour ramener au souci des réalités historiques, et en particulier au sentiment des nécessaires solidarités nationales les anti nationalistes les plus décidés.

En cette matière aussi on a éprouvé le besoin de revenir aux « moyennes équitables ». Et pour les faire valoir à la Chambre, on a compté surtout, nous semble-t-il, sur le parti radical.

La chose ne nous paraît pas douteuse en effet : un nombre plus considérable encore d'électeurs, désireux avant tout de hâter le mouvement des réformes économiques, aurait passé au socialisme, même unifié, si le socialisme unifié avait plus nettement rompu avec l'anarchisme antipatriotique. Sur cette question les flottements de trop de socialistes (préoccupés peut-être avant tout, à tort ou à raison, de ne pas s'aliéner les syndicalistes libertaires) ont trop naturellement fait broncher, si l'on peut dire, bon nombre de démocrates. Beaucoup ont pensé que des députés radicaux, moins obsédés par la musique de la lutte de classes, seraient plus à même de comprendre et de faire comprendre ce qu'exige, avec le progrès de la solidarité, la sauvegarde de l'indépendance nationale.

Contre le militarisme aussi bien que le cléricalisme ceux-ci ont fait leurs preuves. Avec eux on n'a pas à craindre que le pavillon du patriotisme serve à couvrir la marchandise de la Contre-Révolution. Tout au contraire la logique même de leur doctrine leur commande d'unir intimement, à la cause des traditions de la Révolution, celle des intérêts de la patrie. C'est pourquoi la démocratie leur a fait confiance.

Ils justifieront pleinement cette confiance s'ils se rappellent, comme on l'a dit bien des fois, que la vraie fidélité aux traditions ne consiste pas à en baiser pieusement la racine, mais à les cultiver obstinément, pour leur faire porter tous leurs fruits. Quelles transformations organiques, quelles interventions nouvelles de l'État ou des syndicats réclament les principes mêmes de 89, lorsqu'on les confronte avec la situation que l'évolution économique a faite au plus grand nombre, voilà ce qu'il importe avant tout de tenir en mémoire. « Il est contradictoire, disait déjà Tocqueville, que le peuple soit à la fois souverain et misérable ». Il est donc indispensable de seconder l'immense effort par lequel il essaie d'utiliser sa souveraineté pour soulever le poids de sa misère. Le développement logique des idées qui sont comme la substance spirituelle de notre vie nationale l'exige en France plus impérieusement encore qu'ailleurs ; il est temps que la démocratie, dans l'ordre économique aussi, devienne une réalité.

« Il faut aimer la patrie : mais il faut que la patrie nous aime... Dès qu'une masse populaire a pris un certain degré de conscience, elle exige que son patriotisme soit payé de retour : l'amélioration des conditions matérielles et morales de la vie du grand nombre, voilà le plus sûr moyen de fortifier dans le peuple le sentiment patriotique ». Ces paroles de M. G. Lanson, expliquant dans la *Revue Bleue* comment l'Université républicaine doit selon *lui* comprendre et enseigner le patriotisme, rappellent utilement à la majorité radicale que ce n'est pas seulement la logique bien

Appendice

entendue des traditions françaises, c'est l'intérêt bien compris du patriotisme même qui lui commande son réformisme actif.

Et ainsi on peut dire qu'un rapport organique, une réciprocité d'action lie doublement la cause du patriotisme et celle du réformisme. L'intégrité de l'organisation nationale est nécessaire pour que puissent s'instituer et fonctionner, par la collaboration des lois et des mœurs, des réformes sociales décisives. Inversement, l'institution et le fonctionnement de ces mêmes réformes sont nécessaires pour que puisse se maintenir, avec le concours du sentiment populaire, l'intégrité de l'organisation nationale. Patriotisme et réformisme, « l'un portant l'autre », c'est désormais la formule qui s'impose.

Nécessités vitales [1].

Des monopoles d'État, faisant fonctionner au profit de tous telles industries qui ne fonctionnent aujourd'hui qu'au profit d'une minorité, c'est ce que demande depuis longtemps, sur ses programmes, le parti radical, et c'est ce qu'il va être obligé, sous peu, d'organiser des discussions commencées sur l'équilibre de notre budget, c'est la leçon la plus claire qui se dégage. Et c'est celle que l'opinion républicaine entendra de mieux en mieux au fur et à mesure qu'elle verra s'élargir l'abîme, sous ses pieds, entre ce que réclame notre idéal démocratique et ce que permettent nos disponibilités financières.

Serrons toutes les vis, répète-t-on, et pratiquons enfin une stricte « politique d'économies ». À merveille, mais de deux côtés au moins votre politique d'économies, sera vite butée. Il y a au moins deux budgets auxquels vous ne sauriez, sans péril mortel, lésiner les ressources nécessaires - le budget de la solidarité sociale et celui de l'indépendance nationale.

Il se rencontre un certain nombre de gens qui ne demanderaient pas mieux, semble-t-il, que d'opérer dès maintenant, de l'un de ces budgets à l'autre, d'adroites ventilations.

Quand on parle de solidarité, *le Temps* se voile la face avec une fureur tragique. *Les Débats* brandissent la carte à payer et montrent

1 14 juillet 1906.

Célestin Bouglé

la France accablée à jamais, pour peu qu'une philanthropie imprévoyante fasse porter à ses budgets le poids des retraites ouvrières et autres inventions diabolico-sociales.

À quoi il faut répondre que le véritable imprévoyant n'est pas toujours celui qu'on pense. Finalement, la pire banqueroute est celle des idées. Si la France devait avouer que de toutes parts son budget craque, par cela seul qu'on y a voulu faire une place, enfin, aux exigences les plus modestes de la fraternité - en assurant au vieillard indigent, à l'ouvrier usé le minimum nécessaire pour ne pas mourir de faim - de quel front la France se présenterait-elle devant les déshérités pour réclamer leur dévouement ? C'est pourquoi nous le rappelions ici même, il y a quelques semaines, on peut affirmer dès à présent : le patriotisme sera « réformiste » on ne sera plus.

Est ce à dire que d'ores et déjà, pour donner le plus possible aux « œuvres de vie », nous devions dérober le plus possible, dans notre budget national, aux « œuvres de mort » et nourrir enfin la « civilisation » véritable des morceaux arrachés à la « barbarie » ? – Antithèses chères à l'*Humanité*. Des imaginations simples s'en contentent. On nous racontait, l'autre jour, l'indignation d'un conseiller municipal dans une ville du Midi : une bourse pour l'École navale ayant été demandée par quelque famille nécessiteuse, il s'étonnait qu'on osât inviter une municipalité socialiste qui se respecte à subventionner ainsi « l'art de tuer ». - Serait-ce donc au fameux : « Pas un sou, pas un homme ! », de Diomela Nieuwenhuis, que vous voulez vous en tenir ?

À ces mystiques qui s'ignorent, il faut faire doucement observer que l'art de tuer constitue, jusqu'à nouvel ordre, une partie malheureusement essentielle de l'art de ne pas se laisser tuer, et que ce n'est pas faire œuvre de mort, mais œuvre de vie, que de se tenir prêt à défendre, contre la barbarie d'où qu'elle vienne, la civilisation à laquelle on est attaché. Carapaces et griffes sont pour les animaux, aussi bien que le poumon ou l'estomac, des nécessités vitales, tant qu'ils seront exposés à rencontrer, dans la paix trompeuse des forêts, d'autres vivants affamés et armés.

Et gardons-nous, certes, de croire que l'humanité soit pour jamais condamnée à la loi animale. Par les conventions qu'elle s'impose, à la fois en vertu de ses sympathies élargies et de ses intérêts mieux

Appendice

compris, elle est capable d'outrepasser les tendances aveugles de la nature. Et c'est précisément à force de les outrepasser qu'elle devient peu à peu une humanité digne de ce nom.

C'est pourquoi nous sommes résolument pacifistes. C'est pourquoi nous maintenons qu'il appartient à la France, si elle veut être fidèle à son rôle traditionnel d'avant-garde de l'humanité, de préparer, non pas seulement à coup de vœux platoniques, mais à force d'efforts diplomatiques, l'avènement de la Paix par le Droit. Que notre gouvernement prenne donc au sérieux et qu'il fasse prendre au sérieux, du plus grand nombre de gouvernements possible, toutes les propositions tendant non seulement à l'organisation de l'arbitrage international, mais à celle du désarmement simultané, tous les républicains conscients de ce que commandent les principes mêmes de la République ne peuvent que le souhaiter, l'espérer, le conseiller. Au surplus, ils ont quelques raisons d'être rassurés sur ce point : entre les mains de celui qui représenta si dignement la France à la Haye, la diplomatie française est en bonnes mains. Pour fermer les routes à la violence, il ira jusqu'aux limites du possible.

Mais, en même temps, il ne méconnaitra pas ces limites et il ne conseillera pas au pays de la Révolution telles « initiatives audacieuses » dont, avec notre puissance matérielle, l'idéal même que nous représentons pourrait bien finalement payer les frais. Le pacifisme à la Tolstoï de M. Naquet - faisant bon marché des risques que pourrait courir la France à démunir la première des frontières - ne nous a pas encore convertis. Et l'alerte de l'année dernière n'a pas dû grossir, chez nous, le nombre des partisans héroïques de la non résistance an mal.

Oui, cette alerte nous a appris d'abord à nous défier de nos propres lanceurs d'affaires. Diplomates ou financiers, spéculateurs, tripoteurs et fricoteurs, il importe de garder à vue tous ceux qui ne craignent pas, sans crier gare, d'engager la drapeau pour écouter leurs marchandises. Il importe de leur rappeler qu'il est dangereux d'essayer, fût-ce avec de la musique militaire, de faire marcher malgré elle la démocratie française.

Mais ils n'étaient pas tous logés, sans doute, à l'intérieur de la nation, ceux qui voulaient, l'année dernière, nous « faire marcher »

Célestin Bouglé

malgré nous ? Nous avons ressenti alors des pressions dont nous ne perdrons pas de sitôt le souvenir. Nous avons compris alors que, la France eût-elle réussi à se débarrasser de ses pécheurs en eau trouble, tous ses enfants fussent-ils plus profondément unis que jamais par un ardent désir de consacrer toutes leurs forces et toutes leurs pensées à la régénération sociale, il resterait encore au delà de ses frontières trop de possédants en quête de débouchés, et trop de dirigeants en quête de dérivatifs, pour lui permettre de poser son bouclier, si lourd qu'il puisse lui paraître.

À l'heure où nous écrivons, aucune discussion parlementaire n'est encore venue apporter à l'opinion républicaine, sur les dépenses militaires faites ou à faire, la pleine lumière indispensable. Aucune question, pourtant, ne doit être plus vite tirée au clair. Par les propos prêtés aux ministres ou par les articles de leurs adversaires, le pays a été alarmé. N'a-t-on pas entendu des socialistes, dont personne ne peut mettre le profond patriotisme en doute, déclarer, à propos des armements projetés, qu'ils s'opposeraient, même par l'obstruction, à cette folie ? Pour lancer d'aussi graves menaces, il faut être bien sûr de son fait, bien sûr que les armements en question ne seraient, en effet, qu'un luxe incompréhensible, le plus inutile et le plus dangereux de tous les luxes...

Qu'on en apporte, alors, une démonstration éclatante de clarté. Que le désir, impérieusement exprimé par le pays, de connaître enfin sur cette question toutes les nécessités comme toutes les possibilités, balaie à la fois nuées noires et brumes dorées : qu'on ne laisse planer, sur le débat, pour l'obscurcir, ni le mysticisme nationaliste - ni l'autre.

Appendice

Appendice III

SUR LE SYNDICALISME

La morale de l'outil. - Le rôle moral
des associations professionnelles.[1].

On se préoccupe beaucoup en ce moment, dans le monde parlementaire, des fonctions politiques ou économiques, voire admi-
nistratives, qui pourraient revenir aux divers types d'associations
professionnelles. On prête moins d'attention à l'action plus intime
- plus profonde peut-être, mais aussi moins visible - qu'il leur appartient d'exercer en enveloppant l'individu, tant pour le contenir
que pour le soutenir : on songe moins souvent à leur rôle moral.
C'est un aspect de la question sur lequel les inductions des sociologues projettent déjà, pourtant, quelque lumière.

*

* *

Un des symptômes les plus significatifs du malaise moral dans une
société, c'est l'accroissement du taux des suicides - M. Durkheim
le rappelait récemment encore. En recherchant par l'analyse des
statistiques, dans des sociétés contemporaines, sur quels points se
portent de préférence les « courants suicidogènes », il arrive à cette
conclusion que c'est le défaut « d'intégration sociale » qui explique
le plus vraisemblablement la multiplication anormale des morts
volontaires. Là où l'individu ne sent plus, sur son front, comme le
souffle de quelque groupe rapproché, et capable de lui suggérer des
raisons de vivre en même temps que de lui imposer une méthode
de vie, il offre moins de résistance au mal du pessimisme : isolé et
comme abandonné, plus aisément il s'abandonne...

Pour ceux-là que le courant entraîne, où trouver les branches de
salut ? - Ne cherchez pas plus loin : à portée de votre main, voici
l'arbre séculaire et toujours vivace de la société catholique. C'est la
réponse que nous suggère M. Brunetière, lorsqu'il vante « la religion comme sociologie » et la déclare seule apte à « régler » en
même temps qu'à « rallier » les âmes.

1 *Revue bleue* du 16 juin 1906.

Célestin Bouglé

Et de fait les statistiques comparées des suicides semblent prouver que là où le catholicisme a conservé, sur la majorité des âmes, sa mainmise traditionnelle, elles se laissent moins aisément emporter aux extrémités du découragement. Mais là où elle fonctionne en effet, de quel prix cette espèce d'assurance contre le suicide est-elle normalement payée ? Il y a tout lieu de craindre, fait observer M. Durkheim, que cette mainmise traditionnelle ne comprime les individualités, et ne laisse pas, à l'esprit d'initiative et de critique, le jeu réclamé par les conditions de la vie moderne. En ce sens, révérence parler, le catholicisme soutiendrait la personnalité humaine comme la corde soutient le pendu ? De deux choses l'une : ou bien ses dogmes ne garderont dans la vie, envahie désormais par toutes sortes de préoccupations séculières, qu'une place de plus en plus restreinte - et alors leur protection deviendra de moins en moins efficace. Ou bien, envers et contre toutes les influences de la civilisation contemporaine, ils continueront de pénétrer tout le détail de la vie ; mais alors celle-ci risquera d'être, par leur vertu trop puissante, immobilisée et comme pétrifiée. De toutes manières, c'est une nécessité aujourd'hui, ou de compléter largement ou de rectifier décidément l'action morale des groupements religieux.

L'action morale de la famille est moins sujette à caution. Rien ne vaut, rien ne remplace les directions 282] premières qu'elle impose, les appuis constants qu'elle fournit. On l'a dit bien des fois : la chaleur du foyer est nécessaire à l'éclosion de toutes les vertus sociales. C'est pourquoi Le Play cherchait un remède aux malaises de la société dans la recomposition de la famille souche. Empêchez la dissociation, favorisez la fusion, sur un même domaine, sous un même toit, des générations et des ménages : jamais les individus ne seront mieux protégés ni du même coup mieux contrôlés qu'à l'intérieur de ces cercles où tous se connaissent, et répondent les uns pour les autres.

Peut-être. Le malheur est que, par la force des choses, l'empire de la famille se restreint, et semble condamné à se restreindre de plus en plus. Qui ne sait que la grande industrie écartèle en quelque sorte la famille ouvrière, par cela même qu'elle en disperse les membres aux quatre coins des ateliers ? Quand ceux-ci se réunissent, c'est comme pour des haltes fiévreuses, qui ne sauraient laisser à une action morale le temps de s'exercer. Il n'y a plus ici de foyer digne

Appendice

de ce nom : au lieu de l'âtre toujours chaud, c'est le poêle à pétrole ou le fourneau à gaz, aussi vite éteints qu'allumés - symboles de ces réunions de famille aussi vite terminées que commencées.

Alléguera-t-on le travail à domicile, qui permet à la famille ouvrière de rester groupée tout en gagnant son pain ? Mais qui ne sait encore que le logis n'est plus alors, dans la plupart des cas, qu'une annexe de l'usine, - un poste rattaché par un fil au centre de la production, et où l'on ressent toute l'incessante trépidation de l'ensemble, - une espèce de four à travail dans lequel les condamnés du *sweating-system* brûlent leur santé avec leur loisir et jettent, avec tout ce qui fait le charme, tout ce qui fait la vertu morale de la vie de famille ?

Au surplus, même chez les classes aisées, la mobilité, matérielle et sociale, est aujourd'hui trop grande, pour que la famille conserve, avec l'étendue, la durée, avec l'indivisibilité, la pérennité qui étaient le secret de sa force. Dans son livre sur la *Dissolution, M.* Lalande a montré, en analysant les vicissitudes d'une famille depuis un siècle, avec quelle rapidité croissante les groupements domestiques ce dissolvent en effet aujourd'hui. La famille actuelle n'est plus qu'une ruche qui passerait son temps à essaimer.

*
* *

Mais peut-être cette espèce d'appui constant, et de constante pression, que les groupements religieux ou familiaux on de plus en plus de peine à assurer, pourrait-on l'attendre des groupements professionnels enfin reconstitués ?

De plus en plus, au fur et à mesure que la spécialisation s'accroît, ne semble-t-il pas que le métier devienne le centre de toute la vie ? « Une profession est une patrie », disait M. Faguet. Et si l'on n'emporte pas une profession non plus à la semelle de ses souliers, on l'emporte du moins, où qu'on s'exile, dans la paume de sa main, dans les habitudes de ses muscles, dans les plis de son cerveau. L'outil est le compagnon de toutes les heures de la journée. Pioche ou lime, plume ou marteau, c'est la chanson de l'outil que l'homme entend du matin au soir. Comme le menuisier au milieu des copeaux que son rabot soulève, nous vivons au milieu des pensées soulevées, des problèmes posés, des solutions suggérées par le métier. N'est-il

Célestin Bouglé

pas naturel que les représentants d'une même profession forment comme un faisceau de leurs outils rassemblés et fassent tourner autour de ce faisceau, avec leurs préoccupations communes, leurs activités coordonnées ?

De fait, sous des formes différentes, dans la plupart des civilisations, entre la famille qui perd de ses attributions et l'État qui accroît les siennes, l'association professionnelle s'est toujours taillé sa place, prête à défendre et aussi à gourmander ses membres, destinée, en même temps qu'à faire valoir leurs droits, à leur rappeler leurs devoirs. Qui ne se souvient de la place qu'elle a tenue dans la Commune du Moyen Âge ? Comme on voit, dans certaines nefs, les arêtes de la voûte converger sur un pilier central, ainsi toutes les formes de la vie, politique ou économique, reposaient sur la ghilde. Par-dessus tout, c'était la vie morale elle-même dans toute son étendue que soutenait cette confrérie spéciale, société de mutuelle censure en même temps que de secours mutuel.

Dira-t-on que, là où le vent de la Révolution a passé, il est impossible, il est interdit de relever ces piliers ? « La Révolution a tué la corporation. Vous ne sauriez à la fois vous louer des conquêtes de l'une et regretter les avantages de l'autre. »

Mais on sait quelles équivoques tournent autour de cette question. La Révolution a bien fait d'achever ce « monstre vieillot », comme disait Taine, qu'était devenue la corporation d'ancien régime. Exclusive et oppressive, elle s'était révélée incapable de comprendre soit les exigences du droit individuel, soit celles de l'intérêt général. Bornant le plus souvent son action à une ville, elle n'avait pas su élargir son cercle à la mesure du mouvement économique.

Mais de ce que la fonction ait été mal remplie par cette forme d'association professionnelle, il ne s'ensuit nullement qu'il ne restait pas, pour des associations professionnelles d'une forme nouvelle, des fonctions à remplir.

On a souvent soutenu que « l'atomisation » révolutionnaire, en laissant les individus isolés en face de l'État - cette poussière en face de ce rouleau, comme disait Benjamin Constant - préparait le terrain pour le despotisme politique. Avec plus de raison encore on la rend, pour une large part, responsable de « l'anarchie économique ». Mais n'est-ce pas par surcroît le désarroi moral de

Appendice

beaucoup de consciences qu'il faudrait faire remonter à la même cause ? Alors surtout que par la force des choses, comme nous l'avons vu, tant d'autres centres de ralliement étaient ébranlés, était-il prudent de faire table rase des cadres professionnels ? Disperser les seuls groupes qui pussent rallier avec constance les volontés individuelles, n'était-ce pas, demande M. Durkheim, briser l'instrument désigné de la réorganisation morale ?

C'est pourquoi, sans doute, parmi ceux qui interrogent le passé aussi bien que parmi ceux qui s'interrogent sur l'avenir, il s'est rencontré tant d'esprits pour ouvrir un large crédit de sympathies aux diverses associations professionnelles qui se sont reformées ou créées de notre temps. C'est pourquoi ils relèvent avec empressement tous les traits qui tendent à prouver que les syndicats, en même temps que des organes de défense, sont des instruments, non seulement d'élargissement intellectuel, mais de redressement moral.

On citera par exemple cette espèce de biographie d'un ouvrier trade-unioniste que les Sydney Web ont placée à la fin d'un des volumes de leur *Démocratie industrielle,* pour montrer quelle place la *Trade-Union* prend dans la vie des ouvriers, quelles hautes préoccupations elle leur communique, quelles droites habitudes d'esprit et de conscience elle leur impose. On renverra à ces portraits de militants, véritables « professeurs d'énergie » altruiste, que D. Halévy composait avec tant d'admiration affectueuse dans ses *Essais sur le mouvement ouvrier.* On constatera, par l'histoire des progrès des dockers - beaucoup sont devenus *testotalers - ou* par celle des efforts de la classe ouvrière belge contre l'alcoolisme, que l'organisation semble inculquer aux salariés, avec le souci de la solidarité, celui de la dignité personnelle. Et ce ne sont là, pense-t-on, que des commencements et comme des amorces de progrès. Au fur et à mesure que le syndicat étendra les branches de son action, plus profondément aussi il plongera ses racines dans les âmes. Ce n'est pas seulement d'un droit nouveau, c'est d'une nouvelle moralité, nous laisse entendre M. G. Sorel, qu'il est permis d'espérer le développement spontané par l'organisation syndicale. Ce sera donc la charge et l'honneur du syndicalisme de venir combler les lacunes morales du socialisme. Au vrai, le commencement et la fin de la sagesse socialiste, ce doit être désormais, semble-t-il, de se pencher,

Célestin Bouglé

pour en constater les effets régénérateurs, sur l'action syndicaliste.

C'est ainsi que de divers côtés on parait attendre, de ce qu'on pourrait appeler la « morale de l'outil, », une espèce de vita nuova pour les consciences.

*

* *

Quelle part d'optimisme, voulu ou ignoré, il entre dans cette belle confiance, il serait puéril de se le dissimuler. Il n'est pas absolument sûr que, dans les circonstances que nous traversons, les associations professionnelles manifestent, à l'user, toutes les vertus moralisatrices qu'on leur prête.

On fait observer d'abord qu'à l'heure qu'il est, si elles constituent en effet pour leurs membres les meilleures écoles pratiques de solidarité, c'est, trop souvent, à la condition de les tourner tous ensemble contre un ennemi commun.

La défense des intérêts professionnels dresse, le plus souvent, non seulement les employés contre les employeurs, mais encore les uns et les autres contre les consommateurs. La morale qu'elle réchauffe serait donc encore, comme disait Renouvier, une morale de l'état de guerre.

Il faut ajouter qu'on exagère sans doute, lorsqu'on présente la vie des hommes d'aujourd'hui comme de plus en plus dominée et commandée tout entière par les soucis professionnels. Au fur et à mesure que la spécialisation s'accroit, il arrive aussi de plus en plus souvent que l'homme découpe sa vie en deux parts. Sitôt qu'il n'est plus « de service » il s'empresse de dépouiller, avec la tenue, les préoccupations du métier : il est prêt à se rencontrer et à s'associer, en vue des fins les plus diverses, avec des gens de métiers très différents. C'est là un des aspects de cette « complication sociale » qui permet à un même individu de participer à des groupements de plus en plus nombreux et variés, et qui est elle aussi une des lois du mouvement moderne. Les partisans de la morale de l'outil oublient trop, peut-être, qu'il est inévitable, et aussi indispensable, que la profession n'absorbe plus tout l'homme, et qu'il reste capable de nouer, avec d'autres que ses compagnons de travail, de ces associations « unilatérales » dont la multiplication est une des originalités de notre civilisation.

Appendice

Mais il est permis de faire observer que beaucoup d'hommes aujourd'hui restent matériellement incapables de jouir de cette liberté supérieure d'association : ils sont les prisonniers de la situation économique qui leur est faite par leurs conditions de travail. La grande affaire pour eux est donc naturellement de se libérer d'abord : et le syndicat est le plus solide levier pour cette libération. C'est ainsi que provisoirement tout au moins - comme le remarquent les Sydney Web, - et jusqu'à nouvelle organisation économique, la forme syndicale restera, pour le plus grand nombre des déshérités, la forme impérative et quasi-unique de l'association.

Que cette forme, en même temps quelle leur permet de défendre leurs intérêts matériels, soit propre aussi non seulement à exercer la force de leurs intelligences, mais à orienter l'effort de leurs consciences, que cette lutte pour la puissance économique soit faite aussi pour redresser utilement les personnalités, que l'idée syndicale doive être en elles comme la tige de fer dans la statue de plâtre, qui la fait se tenir debout, - il n'est pas inutile qu'on nous le rappelle. Encore qu'elle ne doive être à son tour qu'une morale provisoire, cette morale de l'outil mérite en effet qu'on lui fasse crédit, et qu'on en suive les tâtonnements avec une anxieuse espérance.

Syndicalistes et socialistes [1].

Que la sagesse de nos politiques ne doive pas se borner à suggérer des solutions aux évêques, et qu'il faille, enfin, parler d'autre chose que des intransigeances du pape, c'est ce que nous rappellent utilement les discussions qui commencent - ou recommencent - entre socialistes et syndicalistes.

On sait qu'au Congrès d'Amiens - Congrès organisé par la *Confédération du Travail* - aussi bien qu'au Congrès de Limoges -- Congrès organisé par le *Parti socialiste unifié* - la question doit être posée des rapports entre l'organisation syndicale et la politique socialiste. De bons esprits, animés de très bonnes volontés, ont pensé que le moment était venu d'« unifier » à leur tour ces deux formes de l'action ouvrière. La *Confédération* et le *Parti,* n'est-ce pas

---

1 *Dépêche* du 19 octobre 1906.

Célestin Bouglé

comme la jambe gauche et la jambe droite du prolétariat organisé ? L'une et l'autre lui sont nécessaires pour marcher. Il importe donc qu'une même direction centrale puisse s'imposer à l'une comme à l'autre. Il n'y a qu'un Dieu qui règne dans les cieux, disait la vieille chanson. Il n'y a, dit la chanson nouvelle, qu'un prolétariat, qui doit [régner sur la terre. Dans les groupements politiques comme dans les groupements économiques, dans le Comité aussi bien que dans le Syndicat, c'est lui, toujours lui qui pense et qui agit. Redonnons-lui donc une conscience plus vive de son unité profonde en rapprochant, en soumettant au même rythme des organes dont les mouvements, faute de corrélation, restent trop souvent incohérents. Comme l'écrivait Michelet de l'humanité divisée en nations, que la classe ouvrière divisée en groupements économiques et politiques apprenne à se reconnaître sous ses figures diverses, et puisse s'écrier enfin dans l'accord retrouvé : « Je savais bien que j'étais une ! »

Mais il a suffi qu'on jetât au vent la bonne parole de cette union nouvelle pour qu'on vît de vieilles discordes renaître de leurs cendres. Le feu, pour reflamber, n'attendait que cette huile. Et c'est un feu qui produit beaucoup de fumée...

Quelques clartés pourtant se dégagent déjà des polémiques instituées. On a le sentiment bien net, par exemple, que le syndicalisme tient le bon bout. C'est à lui qu'on fait les avances. Et c'est lui qui fait la grimace. Dans l'union qu'on est en train de combiner, il joue visiblement le rôle de la fiancée récalcitrante.

Déjà on avait pu légitimement supposer que les diverses fractions socialistes françaises, lorsqu'elles s'empressaient de réaliser le vœu d'Amsterdam en passant condamnation sur les questions de tactique qui les séparaient, obéissaient en même temps au souci, plus ou moins conscient, de ne pas se laisser distancer par le Mouvement syndicaliste : c'est pour se maintenir ou pour se remettre à sa hauteur qu'elles faisaient litière de leurs divergences. Au second banquet de Saint-Mandé le même souci a été plus sensible : autant les radicaux y reçurent de taloches, autant les syndicalistes, de caresses. Mais Griffuelhes s'empressa d'envoyer ce remerciement hautain : « Trop de pommade ! » Les avances auxquelles nous assistons aujourd'hui - la demande en mariage après les galanteries - pour savamment préparées qu'elles aient été, seront-elles mieux

Appendice

reçues ? Il est permis d'en douter. Les ouvriers groupés dans leurs forteresses syndicales se montreraient, à en croire leurs interprètes, terriblement jaloux de leur indépendance : ils refuseraient énergiquement le mot de passe aux partis politiques, quelle que soit leur couleur.

L'argument de principe qui est le plus souvent invoqué à ce propos ne manque pas de force. C'est au nom de la liberté d'opinion, par-dessus tout respectable, qu'on proteste contre l'intrusion de la politique dans l'organisation économique. Sur le terrain des intérêts professionnels nous avons réussi - après combien d'efforts ! - à grouper un certain nombre d'ouvriers. Mais ces mêmes ouvriers qui s'entendent pour défendre ensemble, par les mesures qu'ils auront décidées dans leurs syndicats, les intérêts qui leur sont communs, peuvent garder sur tels autres points - et spécialement en matière de politique générale - des opinions divergentes. Nous faudra-t-il donc, pour obtenir l'uniformité politique, cesser de tolérer ces divergences, c'est-à-dire excommunier les dissidents, c'est-à-dire encore diminuer la force économique de l'organe que nous avons si chèrement constitué pour l'assistance mutuelle et la résistance collective ? Ordonner l'union de la fédération des syndicats avec un parti politique, fût-il le parti socialiste, ce serait donc, à l'intérieur de ces mêmes syndicats, risquer la désunion sans remède. A vouloir tout cimenter, prenez garde de tout désagréger.

Raisonnement bien fait pour rabattre l'orgueil dont ne se privent pas certains socialistes unifiés. Combien de fois ne nous ont-ils pas répété que refuser d'entrer dans leur église reconstituée c'était aussi prendre parti contre le peuple, c'était s'interdire, du moins, de rien faire de conforme aux aspirations et aux intérêts de la classe ouvrière ! Et quand on leur demandait où était cette classe ouvrière au nom de laquelle ils portaient la parole, ils répondaient : « Dans ses syndicats ». Et voici que ces syndicats eux-mêmes, alléguant la diversité d'opinions des ouvriers qu'ils groupent et représentent, refusent d'adhérer en bloc à ce parti en dehors duquel, paraît-il, il n'était point de salut ?

C'est donc que la solution collectiviste ne serait pas cette « solution unique » qu'on nous vantait, aveuglante de clarté pour tous les yeux que n'ont point crevés d'avance les préjugés bourgeois ? Elle serait donc, même pour des yeux d'ouvriers, une solution entre

Célestin Bouglé

autres, que certaines expériences pourraient sur tels points, rendre nécessaire, mais dont d'autres expériences pourraient aussi, sur tels autres points, démontrer le danger ? Et en attendant - comme cela est arrivé, en fait, dans les pays où les syndicats sont les mieux organisés - la méthode réformiste à laquelle se tiennent les radicaux-socialistes pourrait, tout aussi logiquement que la doctrine collectiviste, escompter la collaboration, aux moments voulus, des « ouvriers conscients » ?

Il n'était pas inutile qu'elle fût formulée par des syndicalistes décidés, cette protestation contre la tendance du socialisme à monopoliser la classe ouvrière.

Mais il importe aussi de n'être pas dupe trop longtemps, en ces matières, des « arguments de principe ». An nom de la liberté d'opinion, la plupart des chefs du syndicalisme refusent d'allier les syndicats à un

parti politique quel qu'il soit. Et le raisonnement est très beau. Mais il démontre surtout, probablement, que ces mêmes chefs ont en tête une autre politique que celle du parti qui leur propose l'alliance. L'anarchisme aussi - Niel le rappelait malicieusement - est une politique... Cette politique se précisera-t-elle au congrès prochains ? Dans quelle mesure et sur quels points s'oppose ra-t-elle à la tactique du socialisme parlementaire ? Là sera le point vif des débats.

Paravents [1].

Pas de politique au syndicat ! » Il importe que le groupement économique reste ouvert aux membres de tous les partis, et même à ceux qui ne sont membres d'aucun parti. La neutralité du syndicat est une condition essentielle de la liberté d'opinion des syndiqués.

C'est au nom de ce principe que la Confédération du travail s'apprête à repousser les avances du Parti socialiste. Principe inattaquable, en effet. Mais, dans l'espèce, et pour un bon nombre de ceux qui l'utilisent, ce beau principe ne serait-il pas un simple prétexte, et si l'on ose dire, un paravent ? Derrière ce paravent, n'est-ce pas une autre *politique* qui se cuisine, et tant de respect pour la

1 *Dépêche* du 4 octobre 1906

Appendice

liberté des opinions individuelles ne cacherait-il pas le désir d'acculer, sans crier gare, les masses ouvrières à une nouvelle tactique ?

Ce n'est plus un mystère pour personne : un personnel libertaire
a formé l'état-major de l'armée syndicaliste. Ceux-là mêmes au nez
desquels les socialistes fermaient si durement, naguère, la porte du
Congrès de Londres ont leurs grandes et petites entrées - eux ou
leurs héritiers - dans les comités de la Confédération. Ce sont les
tendances anarchistes qu'ils y représentent et développent. C'est
une politique anarchiste qu'ils y préparent.

L'anarchisme est bien une politique, en effet, une politique
comme une autre, une politique entre autres. On a pu dire des
positivistes que, sans le savoir, ils faisaient encore de la métaphysique. De même les anarchistes, qu'ils le veuillent ou non, font de
la politique. S'efforcer de substituer l'action directe à l'action parlementaire, c'est avoir pris parti sur l'idéal social à atteindre, sur les
moyens pratiques à employer, c'est préférer une certaine tactique,
qui se relie elle-même à une certaine doctrine.

Doctrine bien courte, sans doute, et qui tient tout entière, semble-
t-il, dans une négation. Mais si l'anarchisme est surtout négateur,
du moins nie-t-il avec énergie. Et c'en est assez pour lui permettre
de juger de haut des « compromissions » des autres partis.

Par la prédominance de cette tendance au sein de la Confédération du travail s'expliquerait la tournure spéciale qu'ont prise, en
France, les rapports entre Syndicat et Parti. Dans tous les pays de
grande civilisation industrielle, la même question est aujourd'hui
posée. Mais, chez la plupart, c'est le Parti qui mène la danse. C'est
lui qui est le plus avancé. Ce sont les socialistes qui traitent ha-
bituellement les syndicalistes de modérantistes, de philistins, de
demi-bourgeois. Chez nous la situation est renversée. Le syndicalisme est l'éperon et la cravache. Ses militants traitent du haut en
bas, comme insuffisamment révolutionnaires, les parlementaires
du socialisme. Et les mêmes épithètes dédaigneuses que ceux-ci
réservent d'ordinaire à leurs confrères radicaux, ils les reçoivent
quotidiennement à leur tour du bataillon des purs, qui veillent sur
leur extrême gauche.

Ce mouvement a trouvé ses théoriciens. Ces douches étaient nécessaires, pensent un certain nombre d'apologistes, pour régénérer

le socialisme, débilité et corrompu par les commerces de toutes sortes auxquels l'expose, après l'action électorale, l'action parlementaire. Sur ce point, les guesdites seraient aussi coupables que les jauressistes. Les uns comme les autres, entraînés par la logique d'une politique qui ne peut que s'adapter au milieu bourgeois, oublient les exigences tragiques du principe de la lutte de classes. Ils entrent dans la voie des concessions, des compromis, des marchandages. Ils tendent toutes leurs pensées, à la manière des démocrates, vers « la conquête de l'État », tandis que le vrai but de la classe ouvrière c'est de « le désorganiser pour le mieux détruire ». D'avoir fait éclater cette vérité, c'est ce dont M. Lagardelle, dans ses brillantes et dures chroniques du *Mouvement socialiste,* félicite et remercie le syndicalisme révolutionnaire. Étonnons-nous après cela que, dans la même revue, E. Berth représente ces mêmes anarchistes, que les congrès socialistes repoussaient, comme les véritables dépositaires du feu sacré, comme les meilleurs pionniers de l'action proprement ouvrière...

Si l'on veut mesurer à quel degré d'intransigeance peuvent se monter ces intellectuels, dans leur effort pour défendre envers et contre tous la pureté de la conscience prolétarienne, il faut lire les *Réflexions sur la Violence* de G. Sorel. G. Sorel est le pontife de « l'école nouvelle » (c'est ainsi qu'ils se nomment eux-mêmes). Pontife prompt aux excommunications, son âcre verve n'a d'égale que celle de Drumont - dont il se rapproche un peu plus chaque jour. Il faut voir avec quelle verdeur il tance tous ceux qui sont suspects de travailler, de près ou de loin, à la « paix sociale » et de mélanger les classes dans le « marais démocratique », Lui qui citait publiquement, naguère, la conduite de Jaurès dans l'Affaire comme un des plus beaux exemples de moralité socialiste, il ne trouve rien de mieux, aujourd'hui, que de le comparer à « un merveilleux marchand de bestiaux ». La tactique opportuniste de Jaurès, « digne d'Escobar », n'a-t-elle pas pour résultat de masquer, sinon de pallier, les conflits sociaux, et, en émoussant la pointe de l'action prolétarienne, de limiter aussi cette utile expansion d'enthousiasme dont la violence est l'occasion ? Jaurès sera donc ravalé, par décret de Sorel, au niveau de Millerand. Bien plus - honte suprême - il sera placé sur le même pied que ces solidaristes dont la plus haute ambition est de « noyer le syndicalisme révolutionnaire dans la

Appendice

salive de MM. les professeurs » (sic).

C'est au nom de la pensée ouvrière, prenant conscience d'elle-même dans l'action directe, que ces jolies choses sont dites, et que le réformisme d'où qu'il vienne est implacablement condamné. - Mais dans quelle mesure la « pensée ouvrière » se reconnaît-elle elle-même, à travers ces violences à froid d'intellectuels enragés ? En d'autres termes, dans quelle mesure la majorité des ouvriers « conscients », groupés dans les syndicats, accepterait-elle cette prédominance des tendances anarchistes, que quelques-uns semblent croire nécessaire à la régénération du socialisme ?

C'est là surtout - pour l'avenir du socialisme, pour l'avenir de la classe ouvrière, pour l'avenir du pays tout entier - ce qu'il importerait de savoir. C'est pourquoi nous souhaitons qu'aux Congrès d'Amiens ou de Limoges la question soit posée dans toute son ampleur. Si c'est dans l'intérêt d'une politique nouvelle que la Confédération refuse son adhésion au Parti, qu'elle le dise, et qu'elle précise cette politique. Mais qu'elle ne se contente pas de s'abriter derrière un libéralisme de surface. Jetez tous les paravents à terre : afin que les forces en présence se mesurent et se comptent, en toute clarté comme en toute loyauté.

Les « trois courants » [1].

Deux galants se disputaient la main d'une belle. Désespérant l'un et l'autre de la conquérir, ils se jurèrent l'un à l'autre de ne plus mettre les pieds chez elle, non sans lui avoir démontré qu'elle n'était pas faite pour le mariage.

Par cet apologue, on pourrait assez exactement résumer les débats du congrès d'Amiens sur la fameuse question des rapports du syndicalisme avec la politique. Le parti socialiste est officiellement éconduit : les propositions de la Fédération du textile, qui s'était entremise pour régulariser l'alliance, sont repoussées à une grande majorité. Mais à la « secte » anarchiste aussi on a du même coup signifié son congé. Son masque a été levé, ses entreprises dénoncées. Il est désormais entendu qu'à la Confédération générale du travail l'anarchisme ne devra plus se considérer comme chez lui.

---

1 *Dépêche* du 18 octobre 1906.

Célestin Bouglé

Tout amphibologique, tout chair et poisson qu'il est, comme la plupart des formules de congrès, l'ordre du jour qui réunit finalement la presque totalité des votants le laisse clairement entendre ; liberté aux individus syndiqués de participer, *en dehors du groupement corporatif, à* telles formes de lutte qui correspondent à leurs conceptions philosophiques ou politiques - défense aux organisations confédérées de s'allier, *en tant que groupements syndicaux,* aux partis ou aux sectes qui peuvent poursuivre, en toute liberté, la transformation sociale.

Quand cet ordre du jour a été proclamé : « C'est la condamnation de *toutes les politiques !* » s'est-on écrié dans l'assemblée. Entendez : c'est la constatation que l'anarchisme aussi, quoiqu'il en ait, est une politique ; c'est l'affirmation que pas plus qu'aucun autre le prosélytisme antipatriotique, ou antiparlementaire, ou anti-légalitaire, ne doit avoir, dans les groupements formés spécialement pour la défense des intérêts professionnels, entrées libres et coudées franches.

Plus encore que les formules combinées par les « pontifes » comme disait l'irrévérencieux Broutchoux, les incidents de séance, les mouvements spontanés de l'assemblée manifestaient l'importance de cette constatation publique. Vainement, les libertaires se plaignaient-ils que le textile voulût les entrainer dans les brouillards du Nord. A travers ces brouillards, la majorité paraissait voir assez clair et elle retournait obstinément, contre les antilégalitaires, la pointe de ces déclarations de neutralité que ceux-ci pensaient maintenir dirigée contre les parlementaires seuls. Au moment ou le môme Broutchoux, déclarant qu'il n'avait fait rien autre chose que matérialiser les théories de Bakounine, montrait une fois de plus quel danger constituent, au sein des syndicats, les « camarades politiciens », nous entendions ce cri du cœur d'un délégué socialiste : « Mais nous le sommes tous, dangereux ! Nous sommes tous des politiciens ! » Par où il voulait dire sans doute : « Libertaires, avec les affiches antipatriotiques dont vous tapissez les Bourses du travail, avec les éternelles plaisanteries dont vous accablez, dans les réunions de syndicats, les « aspirants bouffe-galette », avec les sarcasmes que vous opposez aux lois avant même qu'elles soient nées, vous violez, autant et plus que nos candidats, la liberté de conscience des syndiqués. Vous gênez à votre façon

Appendice

le travail en vue duquel, si diverses que soient leurs opinions, ils viennent mettre leurs forces de résistance en commun : le travail d'organisation et d'émancipation économiques. Pas plus que nous, par conséquent, vous n'avez le droit de continuer à prétendre que vous représentez le syndicalisme pur. Vos *déviations* valent nos compromissions ! »

La tactique de la Confédération du travail avait, en effet, dans ces dernières années assez brouillé les cartes pour qu'un tri fût nécessaire ; il importait qu'anarchisme et syndicalisme fussent nettement distingués et officiellement désolidarisés. On peut juger qu'à cet égard les péripéties du congrès d'Amiens auront du moins dissipé quelques équivoques et dénoué quelques nœuds. On n'a peut-être pas assez remarqué, à ce propos (le procès-verbal n'y insiste guère 1) l'incident qui précéda, au second jour, la reprise de la discussion. Le nombre des orateurs qu'il restait à entendre étant trop considérable, ou proposa, comme il arrive souvent, de le réduire à un certain nombre de champions : tant par exemple *contre* la proposition du Textile et tant pour. Mais avec ce mode de division, il n'y eut pas moyen de s'entendre. L'assemblée exigea qu'on distinguât non pas deux équipes, mais trois équipes d'orateurs. C'était la preuve manifeste qu'il y avait, comme le dit Niel, qui présidait, trois courants. Les anarchistes ne pouvaient donc plus se dresser en face des socialistes comme les défenseurs désintéressés de la virginité syndicaliste. Entre leurs adversaires et eux, un troisième groupe s'était glissé, qui ne cessait de grossir et qui s'efforçait visiblement de les renvoyer dos à dos pour laisser le champ libre, enfin, à une action proprement et purement syndicale.

Un de ceux qui ont le mieux dégagé tout ce qu'il y a de socialisme latent dans l'économie politique « radicale » E. Halévy, dans une étude récente sur la distribution des richesses, citait ces déclarations d'un ouvrier du Lancashire. « Nous examinons les profits généraux de l'industrie, nous connaissons le prix d'achat du coton, nous savons chaque jour le prix de vente du fil, nous connaissons exactement la marge du profit, nous savons à un centième de penny près ce que coûte le magasinage... Après que nous avons touché nos salaires et laissé le reste aux patrons, il n'a pas de quoi se vanter beaucoup. »

Ces déclarations laissent entrevoir toute la fécondité et en même

Célestin Bouglé

temps toute la difficulté de l'action syndicale de tous les jours. Où une action de cette sorte est méthodiquement exercée, où la masse est bien préparée à soutenir en même temps qu'à contrôler ses meneurs-comptables, on comprend que non seulement de petites améliorations positives, mais de grandes transformations organiques peuvent s'ensuivre progressivement, dans la condition des prolétaires. Par ce chemin ce ne serait pas seulement la participation aux bénéfices, ce serait la participation au gouvernement des usines qui serait assurée aux travailleurs ; par la démocratisation du régime industriel, ce serait le travail associé se substituant peu à peu au travail salarié, la gérance ouvrière réduisant à la portion congrue la gérance capitaliste, et guidant enfin, à l'aide de l'expérience administrative ainsi acquise, les nécessaires réformes législatives.

Se trouvera-t-il dès maintenant assez d'ouvriers « conscients » dans le prolétariat français pour contraindre les syndicats à consacrer toutes leurs forces à « l'action directe » ainsi comprise ? « Ce qui nous manque le plus en France, me disait un militant socialiste, ce sont des secrétaires de syndicats qui *aiment les chiffres* », entendez : des hommes qui mettent leur joie et leur orgueil dans l'apurement des comptes, dans l'établissement des moyennes, dans le maniement de ces statistiques pour lesquelles Griffuelnes, l'autre jour encore, à propos du secrétariat international, témoignait tant de mépris, et sans lesquelles on ne conçoit pas, pourtant, comment le régime de la prévision collective pourrait se substituer, sur quelque point que ce soit, à ce qu'on appelle l'anarchie économique actuelle.

S'ils veulent pour de bon remédier à cette anarchie économique, il n'est pas inutile que les syndicats français se rebellent, en effet, contre la tyrannie qu'était en train de faire peser, sur leur Confédération, l'anarchisme politique.

Appendice

Appendice IV

SUR LE CHRISTIANISME
SOCIAL

Sentiments chrétiens et tendances égalitaires [1].

On a longtemps affirmé sans rencontrer de contradiction, et on soutient quelquefois encore, de nos jours, que si notre civilisation occidentale, seule entre toutes, adhère de plus en plus intimement aux idées égalitaires, c'est qu'elle est tout imbibée de sentiment chrétien. Seul, parce qu'il régénère divinement les âmes, il pouvait leur inspirer le vœu, leur prêter la force de réaliser un idéal aussi « antiphysique ». Les socialistes de 48 s'en rendaient bien compte qui ne craignaient pas de répondre à cette question : « Qu'est-ce que le socialisme ? » - « C'est l'Évangile en action. » Ceux d'aujourd'hui, à vrai dire, semblent moins disposés à ces rapprochements. Volontiers ils font profession d'anti-christianisme. Mais qu'importent les professions de non foi ? On peut renier une religion des lèvres et, s'en qu'on s'en doute, la porter dans son cœur. On peut rester chrétien sans le vouloir, et même en voulant pertinemment le contraire. M. L'abbé Birot, entre plusieurs autres, n'a-t-il pas montré que M. Séailles lorsqu'il dresse, en proclamant la faillite des dogmes, le bilan des affirmations de la conscience moderne, ne fait autre chose que d'y découvrir - belles nouveautés ! - ce que le christianisme logeait il y a vingt siècles au fond de l'âme de notre civilisation ? Il reste, dira M. Brunetière polémiquant avec M. G. Renard, « que les idées de « liberté », d'« égalité » et de « fraternité » qui sont, pour ainsi parler, la base morale de tout « socialisme », ne sont nées à l'existence qu'avec le christianisme ».

Lorsqu'on veut mettre en pleine clarté cette originalité révolutionnaire de la religion chrétienne, on la rapproche d'ordinaire de sa sœur ainée de l'Orient, la religion bouddhique. Sa loi à elle aussi est une « loi de salut pour tous ». Et elle proclame six siècles avant l'ère chrétienne qu'elle ne connait plus de distinction entre l'homme libre et l'esclave, entre le Brahmane et le Soudra, Mais

---

1 *Revue bleue* du 20 mai et du Ier juillet 1905,

Célestin Bouglé

que cette proclamation n'ait pas ébranlé, une pierre des institutions traditionnelles de l'Inde, on le reconnaît. La caste a survécu au bouddhisme dans les pays où elle était établie déjà, ou même elle s'est fait importer par lui dans les pays où elle n'était pas établie encore. C'est qu'à force de vouloir délivrer l'homme de la douleur, le bouddhisme le détachait trop de la vie. Son pessimisme absolu paralysait tout effort de la réaction contre le mal social. Le fatalisme particulier qui découle de sa croyance à la transmigration, - en vertu de laquelle la situation actuelle des hommes apparaît comme la conséquence et la rétribution de leurs œuvres antérieures, - anesthésiait toute sensibilité aux injustices présentes. Il ouvrait donc aux individus la perspective du salut dans l'éternité, non aux sociétés celle du progrès sur la terre. S'il est rédempteur, il n'est à aucun degré réformateur.

Mais, de l'aveu commun, le christianisme évite ces errements. Il est plus mesuré, plus sain, plus pratique, disait Taine ; il laisse une plus grande part à l'action et à l'espérance. Plus « personnaliste », disait Ch. Renouvier, il est plus apte à faire comprendre la valeur infinie de chaque individu, à la fois œuvre et image de la divinité. Moins ascétique, selon M. Harnack, il est moins détaché des choses de la terre et s'adapte plus aisément aux besoins des hommes. Plus « sociologique », selon M. Brunetière, il est plus capable, en réglant et en ralliant les âmes, d'opérer une véritable réorganisation C'est dire de toutes les façons que la doctrine chrétienne semblait taillée tout exprès pour insinuer, jusqu'au fond de l'organisme occidental, le germe des nobles fièvres dont le mouvement démocratique contemporain n'est qu'un accès plus aigu.

*

* *

Pour contrôler cette affirmation, et mesurer ce que notre égalitarisme peut devoir à notre christianisme, il importe d'observer d'abord qu'il y a au moins deux orientations possibles de la doctrine de Jésus, et qu'il est aisé de discerner, dès les Évangiles, deux qualités très différentes de sentiment chrétien.

Il y en a un qui tend à nous détacher du monde, et l'autre à nous y rattacher. Celui-là reste pessimiste et passif : celui-ci se montre actif et progressiste. Tandis que le premier nous incite à une sorte d'ascension vers l'idéal, le second réclame une incarnation de l'idéal dans la réalité.

« Mon royaume n'est pas de ce monde. - Cette génération ne passera point avant que survienne le royaume des cieux », voilà les paroles qui détournent le vivant de la terre et délient l'individu de la société. Par elles s'explique l'attitude du chrétien vis-à-vis de tout ce qui fait durer les groupements humains : richesse et travail, pouvoir et justice. Il se laissera dépouiller et battre sans se plaindre. Ce que demande César il l'abandonnera en toute docilité. Il vivra sans se préoccuper du lendemain, comme les lys des champs et les oiseaux du ciel. La seule chose qu'il importe n'est-ce pas de tenir sa lampe allumée pour l'heure où l'Époux viendra, de garder son cœur pur jusqu'au jour où le Fils de l'Homme apparaitra sur les nuées, pour asseoir les bons à sa droite et précipiter les méchants dans la géhenne ? Que l'homme se débarrasse donc de tout ce qui pourrait s'interposer entre son Sauveur et lui. Que le fils abandonne s'il faut le père, et l'époux l'épouse. Que le riche distribue ses richesses, moins dans l'intérêt temporel des pauvres que dans son propre intérêt spirituel. Rester attaché aux choses de la terre, voilà le vrai péril. Valent-elles qu'on s'y applique pour les réformer ? Qu'importe que la tente soit trouée et n'abrite pas également tous les membres de la tribu, puisque tout à l'heure peut-être elle va s'abattre, pour laisser voir, dans un ciel toujours pur, la splendeur éternelle des étoiles ! Tel est le ton de sentiment - « suprême indifférence à l'égard des sentiments humains », dit l'abbé Loisy discutant les tendances du pasteur Harnack - dont s'accompagne l'obsession du royaume des cieux.

Et sans doute, au fur et à mesure que se succèdent les générations, sans que le royaume apparaisse, au fur et à mesure que son image s'éloigne et s'estompe, ce dédain perd de sa rigueur : il faut bien vivre, et compter avec les nécessités de la vie. Qu'on regarde vivre, toutefois, les chrétiens des premiers siècles dans l'Empire romain. Qu'on analyse par exemple, à travers les études de Ch. Guignebert, les sentiments d'un Tertullien, à l'égard de la société civile et de tout ce qui la soutient. On verra qu'il fait un perpétuel effort pour se retirer du siècle. Il est bien loin d'en approuver les institutions, d'en partager les tendances, mais s'il ne se plie pas à leur puissance, il n'essaie pas non plus de les plier à son idéal. Au vrai, rien de ce qui passe n'a d'intérêt aux yeux du millénaire.

« Comportons-nous sur la terre comme un voyageur et un étranger qui n'a point d'intérêt aux affaires de ce monde », dira plus tard l'auteur de l'Imitation. Il ajoutera : « Pour jouir de la paix et d'une véritable union avec Dieu, il faut que vous vous regardiez seul et que vous comptiez pour rien tout le reste ». Pascal répètera, selon le même esprit : « On mourra seul. Il faut donc faire comme si on était seul ». Et c'est la preuve que, même lorsque l'espérance millénaire s'est évanouie, même lorsqu'on n'attend plus la brusque apparition de la Jérusalem céleste, le monde, aux yeux du chrétien conséquent, déprécié, reste ravalé, indigne qu'on y dépense son effort pour le rendre plus habitable aux hommes. Le souci du salut individuel prime le souci des améliorations sociales. Et l'on ne voit pas jusqu'ici en quoi le pessimisme chrétien serait plus pratique, plus actif, plus révolutionnaire que le pessimisme bouddhique.

*
* *

Mais à côté de cette conception de la vie, dès l'Évangile une autre se dessine. La vie ne se présente plus seulement comme une épreuve, mais comme une mission. Ce monde supérieur dont l'invisible présence avilit la terre, le chrétien n'a pas le droit d'essayer d'y entrer quand il veut, en poussant l'ascétisme jusqu'au suicide. Il est comme le soldat à son poste, qui attend d'en être relevé par les ordres du chef qui l'y a établi. C'est donc sans doute qu'il y a, dès ce bas-monde, des rôles à tenir, des tâches à achever, un progrès à seconder. « Emplissez la terre et l'assujettissez ; régnez sur les oiseaux du ciel, sur les poissons de la mer et sur les animaux qui se meuvent à la surface du sol. » Par ces paroles les Évangiles, au rebours des Soutras bouddhiques, érigent l'homme, le porteur du feu divin, au-dessus de la masse indistincte des animaux, le sacrent roi de la nature. L'homme a charge de gouverner les choses, pour manifester la gloire de Dieu. Mais comment mieux manifester cette gloire qu'en respectant dès cette vie, en chaque individu humain, la divinité dont précisément il est le produit et l'image ?

Selon une parole prêtée à saint Jérôme, Dieu a permis à l'homme de régner sur les animaux, non sur ses frères comme sur des animaux. Il importe que les peuples cessent d'être possédés, dira plus tard Lamennais dans ses commentaires des Évangiles, comme le cheval ou le bœuf. De l'idée qu'un même Père les attend au ciel se déduisent donc des prescriptions de plus en plus nombreuses touchant la manière dont les hommes doivent s'organiser sur la terre. Frères, peuvent-ils continuer à être séparés par des inégalités criantes ? Si vous avez la communauté des biens immortels, lit-on dans la *Didaché,* à plus forte raison devez-vous avoir celle des biens mortels. Et ainsi, en même temps que la tendance démocratique, l'antique *amor vitœ* des Prophètes du sémitisme reprend ses droits : le règne de Dieu tendra à se confondre avec l'organisation de la justice terrestre.

Qui non laborat nec manducet, - pas de pain pour l'improductif - la rude parole de l'apôtre, qui voulut continuer à travailler de ses mains, témoigne des préoccupations d'une société qui veut durer, et durer en progressant, en cessant d'entretenir des castes de privilégiés-parasites. Non seulement la dignité morale du travail manuel est ici décidément rehaussée - le Sauveur a choisi de naître dans la famille d'un charpentier : le Bouddha au contraire naissait dans la classe des Kshatriyas - mais on tient pour intolérable que celui qui fait durer la société par son travail ne possède pas de quoi faire durer sa propre vie. De ce point de vue, la richesse oisive, en face de la pauvreté laborieuse, apparaît comme une sorte de scandale. La charité s'impose au possédant, non plus seulement comme une mesure de salut personnel, mais comme une dette envers la communauté, dont tous les individus se tiennent, tels « les membres d'un même corps ». La société n'apparaît plus sous la forme d'une tente provisoire dont les déchirures importent peu. C'est un édifice à améliorer de génération en génération, par l'effort collectif. Le souci du bien sur la terre prend le pas, oriente la conduite. L'action sociale s'impose comme une condition préalable du mérite personnel. Et ainsi s'explique l'accent impérieux de tant de réformateur chrétien. « Le bonheur dont nous jouirons dans l'autre monde, dit de nos jours M. Lapeyre, n'aura d'autre base que le bonheur que nous aurons procuré à nos semblables dans celui-ci. » Et M. Marc Sangnier : « Nous ne jouirons de la justice durant l'éternité que dans la mesure où nous aurons travaillé à la réaliser ici-bas ». Nous sommes ici aux antipodes du fatalisme bouddhique qui, en expliquant la situation actuelle des individus par les œuvres de leurs vies antérieures, émoussait au cœur de l'homme jusqu'au sentiment de l'injustice présente.

Ce n'est pas qu'on n'aperçoive, dans la doctrine chrétienne aussi, plus d'une pente par où les âmes glisseraient aisément jusqu'au fatalisme. La théorie du péché originel ne joue-t-elle pas un rôle analogue à la théorie de la transmigration ? N'est-elle pas apte elle aussi à justifier, en l'expliquant par une faute lointaine, le mal présent ? Ne sera-ce point, par exemple, dans les justes répercussions de cette faute que saint Augustin cherchera une excuse pour l'institution de l'esclavage ? Mais la théorie de la rédemption corrige sans doute l'impression de « désespoir » où nous plongerait le souvenir toujours présent du péché originel et de ses conséquences. C'est contre elles que le Christ est venu lutter en s'incarnant. Il a donné aux hommes l'exemple en même temps que les moyens de la résistance à la fatalité.. Qu'ils achèvent, par un effort continu, l'œuvre de libération qu'il a inaugurée, cela ne tient qu'à eux.

Il est vrai qu'il y aurait dans la théorie de la grâce de quoi contrebalancer cet appel à l'effort personnel. « La morale de la grâce, répétait récemment M. G. Renard après Michelet, n'est-ce pas la morale de l'arbitraire, du passe-droit, de l'injustice éternelle » ? Mais sans pénétrer dans le maquis des distinctions scolastiques, il convient de rappeler que les théologiens ont trouvé des moyens ingénieux de concilier la prescience divine avec l'autonomie humaine, et qu'en fait nombre de réformateurs chrétiens des plus énergiques, qui croyaient à la prédestination, n'ont point paru arrêtés dans la tension de leur énergie par le poids de cette croyance.

Le point reste donc acquis : il se révèle dans le christianisme une force toute différente de celle qui détache les hommes de la terre, une force capable de les pousser en avant, sur la route commune, de les atteler ensemble à une œuvre de progrès. S'il y a un sentiment chrétien qui conseille la passivité, il en est un autre qui suscite l'activité. Après le son des cloches, l'appel des trompettes. « Que votre volonté soit faite sur la terre », c'est une formule qui peut être prononcée de deux tons : celui de la non-résistance et celui de la lutte, - celui de la résignation et celui de la révolution.

Entre ces deux qualités de sentiments les idées égalitaires vont se trouver placées comme entre la forêt et le fleuve. Il y a ici de l'eau

Appendice

pour éteindre le feu, et là du bois pour l'attiser. Ceux qui ont parlé au nom du christianisme, tout le long de l'histoire, ont-ils surtout apporté du bois, ou de l'eau ? Et quelles sortes de forces ont déterminé leur choix ? C'est ce qui nous reste à montrer.

*
* *

L'Évangile a toujours été, disait Taine à la fin de sa vie, le meilleur auxiliaire de l'instinct social. - Soit, observe M. Marcel Hébert, mais à la condition qu'on entende surtout, par instinct social, l'instinct conservateur.

En fait, que les puissances de conservation n'aient pas cessé d'utiliser, consciemment ou inconsciemment, pour échapper aux diverses révolutions réclamées par le progrès des idées égalitaires, l'esprit de détachement, de renoncement, de soumission sur la terre qui découle de l'espérance une fois placée dans le royaume des cieux, c'est ce qui est indubitable et facilement explicable. La tactique est trop tentante pour que les privilégiés n'en usent pas, fût-ce sans calcul, et par un sentiment spontané d'intérêt bien entendu.

On se souvient de la comparaison qu'instituait Victor Hugo vers 1834, dans Claude Gueux : « Examinez cette balance, toutes les jouissances dans le plateau du riche, toutes les misères dans le plateau du pauvre. Les deux parts ne sont-elles pas inégales ? La balance ne doit-elle pas nécessairement pencher ?

« Et maintenant dans le lot du pauvre, dans le plateau des misères, jetez la certitude d'un avenir meilleur, jetez l'aspiration au bonheur éternel, jetez le paradis, contrepoids magnifique ! Vous rétablissez l'équilibre. La part du pauvre est aussi riche que celle du riche.

« Donnez au peuple qui travaille et qui souffre, donnez au peuple, pour qui ce monde est si mauvais, la croyance à un meilleur monde fait pour lui. Il sera tranquille, il sera patient. La patience est faite d'espérance. » Montalembert disait plus brièvement que le principal bienfait de l'Église résidait dans cette parole, qu'elle a répétée aux pauvres de tous les siècles : « Résigne-toi à la pauvreté et tu en seras récompensé et dédommagé éternellement. »

La doctrine n'est-elle pas, pour celui qui possède, dangereusement commode ? Un des avocats du nouveau catholicisme social,

M. G. Goyau, observe que lorsqu'on parle aujourd'hui, entre gens bien nourris et bien pensants, de la question sociale, cette formule : « Le christianisme est le remède », prend un sens tout favorable au maintien de l'inégalité économique établie. On semble compter sur l'esprit de l'Évangile comme sur un calmant pour l'inquiétante agitation des masses : il atténuera leurs exigences, il leur rendra plus supportable le sort passager qui leur est réservé dans cette vallée de larmes.

Mais ce n'est pas seulement aux défenseurs de l'inégalité économique, c'est aussi bien aux défenseurs de l'inégalité politique que le christianisme fournit des arguments. A la devise républicaine, programme « anti-physique », témoignage de « l'erreur française », M. P. Bourget hier encore opposait celle-ci, « Hiérarchie, Discipline, Charité », où il prétendait résumer tout l'enseignement des Évangiles. Du moins ne pourra-t-on nier que la société chrétienne organisée, l'Église, ait lié partie avec les gouvernements établis, ni que par suite elle ait cherché de préférence, pour en pénétrer l'âme du peuple, tout ce qui pouvait dans sa tradition servir à consacrer, comme de « droit divin », leur autorité absolue. L'Église représente le plus souvent le peuple comme un troupeau qui ne saurait se conduire de lui-même ; dans ces instruments de contrôle que sont les institutions de la démocratie, elle ne peut voir que les produits « sataniques », comme eût dit De Maistre, d'un esprit critique dont elle a peur pour elle-même. Et c'est pourquoi sans doute le « Pape des ouvriers », lui aussi, gémissait sur le malheur de ces temps où « la multitude du peuple, se croyant dégagée de toute sanction divine, n'a plus souffert d'être soumise à d'autres lois qu'à celles qu'elle aurait portées elles-mêmes, conformément à son caprice. »

Il faut aller plus loin. C'est contre la cause même de l'égalité la plus élémentaire, de l'égalité civile et juridique, que le christianisme peut se retourner, Dans la question de l'esclavage, n'a-t-on pas vu qu'il tenait en réserve nombre d'arguments conservateurs, en effet, très propres à entraver tout effort de révolte contre l'institution ? Non seulement il rappelle à l'esclave que tout chrétien doit accepter sans murmure la condition que Dieu lui a fixée sur la terre, et que c'est en conséquence son devoir strict, à lui qui est né dans l'esclavage, « d'obéir à ses maîtres de la terre avec crainte et tremblement, dans la simplicité de son cœur, comme à Jésus-Christ lui-même. »

Appendice

Mais il travaille à lui démontrer qu'après tout son sort n'est pas si déplorable, que peut-être il est enviable. On pourrait extraire à cet égard, des écrits des Pères de l'Église, une « consolation » pour l'esclave qui serait en même temps une apologie de l'esclavage. On montrerait aisément que leur argumentation oseille entre ces deux thèses : « La servitude est universelle », « La servitude n'est pas réelle ». Esclaves, que vous plaignez-vous de vos chaînes lorsque, non libres ou libres, nous sommes tous enchaînés ? L'esclavage du péché, diront saint Ambroise et saint Basile, n'est-il pas l'esclavage véritable ? Et qu'importent, lorsqu'on s'en est rendu compte, les liens qui garrottent le corps ! Ils ne sauraient toucher notre être essentiel. L'âme est libre. Qui sait même si elle n'est pas plus libre lorsque le corps est dans les fers ? Elle y acquiert du moins plus de mérite. Et c'est pourquoi saint Jean Chrysostome ne trouvait pas bon que l'esclave recherchât l'affranchissement. Il y a donc, dans la tradition chrétienne, de quoi justifier vingt fois l'institution la plus anti-égalitaire. En ce sens M. Pillon avait raison d'écrire : « Le christianisme a commandé à l'homme d'aimer l'homme comme son frère ; il ne lui a pas interdit de posséder ce frère comme une chose : il a ajourné l'égalité du maître et de l'esclave à une autre vie. »

Et il n'est pas question de méconnaître les bienfaits de cette Charité que le sentiment chrétien instille dans le jeu des rouages qu'il conserve. Mais autre chose est soulager le prochain par esprit de charité, autre chose, s'incliner devant son droit. Les baumes de la pitié, en même temps qu'ils adoucissent la douleur, ne risquent-ils pas d'endormir la révolte ?

*

* *

Que ce ne soit là qu'un aspect de la question, il y aurait injustice à le nier. En fait, tout le long de l'histoire, en face des instincts conservateurs, les instincts révolutionnaires ont pu, eux aussi, s'alimenter aux sources chrétiennes, et y puiser des arguments propres à justifier les diverses revendications de l'égalitarisme.

Le pessimisme implique dans la doctrine du Royaume céleste semble, disions-nous, non seulement incapable, d'ébranler, mais capable d'étayer l'institution de l'esclavage ? Mais inversement, on

Célestin Bouglé

a souvent rappelé en quel sens cette même institution était minée par le spiritualisme impliqué dans la doctrine de la Paternité divine. M. Brunetière, récemment encore, utilisait cette exemple pour montrer à quelles transformations « sociologiques » aboutit une régénération morale des âmes par le religion. « Juifs et Gentils, Scythes et Barbares, maîtres et esclaves » - ce sont les termes de l'Apôtre - « le christianisme en a fait, littéralement, les enfants d'un même père : les différences ne sont qu'à la surface ; l'analogie, la ressemblance, l'identité sont au fond ». À cette notion, inconnue à l'antiquité, de l'unité foncière de l'espèce humaine, ajoutez la notion également originale du prix infini de chaque personnalité - le christianisme n'apprend-il pas à reconnaître sur toute figure humaine comme un reflet de la gloire divine ? - et vous comprendrez comment le sentiment chrétien, s'il ne pouvait aller jusqu'à abolir dans les lois l'institution de l'esclavage, la rendait au moins, par une haute et profonde rénovation des mœurs, de plus en plus intolérable, inadmissible, et comme on dit impossible. Ce sont ces deux notions qui continuent d'élaborer dans l'ombre, de siècle en siècle tout le système de l'égalitarisme occidental, et lorsqu'enfin, à l'aurore des temps contemporains, l'abolition de l'esclavage est solennellement proclamée pour le monde entier, ce sont elles encore - une analyse des discours prononcés alors le prouverait aisément - qui animent et font parler les promoteurs de la réforme.

Il faut en effet se garder d'être dupe des prétentions « autonomistes » du XVIIIe siècle. Derrière les postulats du Droit naturel, il serait aisé de montrer à l'œuvre plus d'un sentiment d'origine chrétienne. N'en a-t-on pas obtenu de nos jours, en ce qui concerne la Déclaration des Droits de l'homme, une preuve historique frappante, puisqu'on a découvert, en analysant ses modèles directs - les Bills of Rights des puritains réfugiés en Amérique - tous les chainons qui la relient à la pensée d'un Luther ?

D'une manière plus générale - Guizot l'indiquait dès longtemps - en sauvegardant vis-à-vis de l'État les droits du for intérieur, le christianisme jetait le plan des libertés « à la moderne » ; autour de la liberté de conscience revendiquée par la religion contre les pouvoirs séculiers, on verra les libertés politiques sortir de terre, une à une, tout armées pour la défendre. Et en ce sens le christianisme peut passer pour l'ancêtre lointain de notre individualisme

Appendice

démocratique.

Mais sur le terrain des réformes économiques aussi on reconnaît le sillon chrétien. C'est pour tous les hommes un devoir de vivre, disions-nous. C'est pour tous, par suite, un droit de gagner de quoi vivre. D'où la revendication d'un juste salaire. C'est de même un devoir pour tous de cultiver le jardin de leur âme, et de goûter, à l'image du Créateur, le repos mérité par le travail. D'où la revendication d'un loisir normal. Il va contre les plus clairs enseignements du Christ, un système social qui ravale l'homme au degré de l'animal ou l'exploite à l'égal d'une machine. L'indignation qu'un pareil système suscite chez un chrétien conséquent est la source de ce qu'on a appelé *le* socialisme de l'Encyclique *Rerum novarum*.

On le voit donc, dira-t-on, aucune des aspirations égalitaires n'est étrangère au christianisme. Contre toutes les formes du despotisme, c'est son action continue qui a progressivement émancipé l'homme européen. Ce que le Bouddhisme n'a pu donner à l'Orient, le christianisme le donne à l'Occident. Dans l'anti-esclavagisme, dans le libéralisme politique, dans le socialisme même, nous avons retrouvé l'empreinte de Jésus. Et c'est pourquoi il nous était permis de dire que si notre civilisation est finalement démocratique, c'est qu'elle est en son fond chrétienne. L'arbre touffu, et qui croît chaque jour sous nos yeux, de l'égalitarisme, est sorti tout entier du germe posé en terre, il y a vingt siècles, par le fils du charpentier.

Que penser de cette revendication ? Est-il vrai que, lorsque nous réclamons l'égalité juridique, politique, économique nous ne faisons que déduire les conséquences des principes établis par le christianisme ? Est-il vrai surtout que, quand nous le voudrions, il nous serait impossible de rattacher ces mêmes réclamations à d'autres principes ? Est-il vrai en particulier, pour fixer les idées par un exemple, que nous ne saurions travailler sincèrement, et logiquement, à l'avènement de la justice sur la terre si nous ne restions persuadés que tous les hommes sont les fils d'un même Père, et que leurs âmes sont immortelles, pour être récompensées ou punies, durant l'éternité, des actes qu'elles auront accomplis ici-bas ?

Observons d'abord combien il est malaisé de répondre par l'expérience à la question ainsi posée. Rien ne semble pourtant plus simple. Dévoilons des âmes où les idées égalitaires soient toutes puissantes et dont tout sentiment chrétien soit absent : ne serait-ce pas démontrer, du même coup, que ce sentiment n'est pas nécessaire à la croissance de ces idées ? Mais on sait que les nouveaux apologistes de la religion chrétienne prétendent volontiers qu'elle continue d'envelopper invisiblement ceux-là mêmes qui croient l'avoir dépouillée. Il arrive, disait M. le pasteur Wagner, que quand ses disciples renient le véritable esprit de Jésus, il se manifeste par la bouche de ses détracteurs. Que répondre, et comment démontrer, contre cette méthode englobante, qu'il y a des éléments non chrétiens dans notre égalitarisme ?

Il semble pourtant difficile d'affirmer sans paradoxe que le « ton de sentiment » qui s'y révèle soit en harmonie avec ce qu'on est convenu d'appeler le sentiment chrétien. On pourrait rappeler d'abord, comme l'a fait souvent le néo-criticisme, que ce qui a fait le plus défaut au christianisme, c'est précisément la notion du droit, avec tout ce qu'elle comporte de combativité latente. Vainement pense-t-on suppléer à cette notion par les effusions de la charité. Cent boisseaux de charité ne font pas un grain de sentiment juridique. Et il n'est pas étonnant, de ce point de vue, que le christianisme à lui seul ait été impuissant à accomplir non seulement l'abolition de l'esclavage, mais toutes les œuvres d'émancipation progressive qui sont l'histoire de l'Occident ; c'est peut-être qu'il lui manque ce franc amour de la vie qui engendre les révoltes fécondes.

De la même manière il faudrait répondre à ceux qui ne voient dans la Déclaration des Droits de l'Homme qu'un démarquage des principes de l'Évangile. On n'a fait *qu'adapter, pensent-ils,* la tradition chrétienne. On l'adaptait, en effet, à un esprit tout différent de l'esprit traditionnel du christianisme, à l'esprit le plus défiant à l'égard des révélations divines et le plus confiant dans les révolutions humaines, au rationalisme optimiste et actif du XVIIIe siècle. Que le besoin d'indépendance de la conscience religieuse ait inspiré, en fait, tout le système des libertés modernes, c'est d'abord ce qui pourrait être contesté : le souci, qui commande les principales réformes, de ce qui est dû à la « volonté générale », à « l'utilité commune », aux « mérites personnels », s'il se déduit directement des sentiments répandus dans tout le XVIIIe siècle et condensés par les philosophes, le rattacherait-on aussi aisément aux purs sentiments

Appendice

chrétiens ? D'ailleurs, quand bien même on retrouverait, aux divers Droits de l'homme, de lointaines origines évangéliques, il est clair que ceux qui les proclamaient étaient animés d'une fièvre nouvelle : c'est bien l'orgueil humain qui les enivre. Lorsqu'ils affirment l'égale liberté de toutes les opinions « même religieuses », c'est déjà le droit de l'irréligion que pose leur tolérance rationaliste. Bien plus, n'est-ce pas comme autant de *moyens de bonheur,* observait Henry Michel, qu'ils présentent les droits du peuple sur le gouvernement, les devoirs de l'État vis-à-vis de l'individu ? Par où il apparaît qu'ils sont fils de la terre, et que la notion du paradis est comme déplacée dans leur âme par celle du progrès social.

Mais c'est surtout lorsqu'on voit émerger les tendances proprement socialistes qu'il semble de plus en plus difficile de maintenir l'accord entre le sentiment chrétien traditionnel et le progrès des idées égalitaires. « Réhabilitation de la chair », cette formule saint-simonienne est peut-être celle qui rend le mieux le ton de sentiment du socialisme contemporain. Par où il ne faut pas entendre - les croyants l'admettent en tous temps avec une plaisante complaisance - que la libre-pensée, chez les socialistes aussi, ne serait que le rideau du libertinage ; mais « croire que la vie vaut la peine d'être vécue, aimer cette vie, refuser la définition de la terre « vallée de larmes », ne pas admettre que les larmes soient nécessaires et bienfaisantes, ni que la souffrance soit providentielle, ne prendre en un mot son parti d'aucune misère », ce serait là, suivant M. Lavisse, la définition de l'esprit laïque ; ce serait aussi le premier postulat de la pensée socialiste.

La doctrine laïque de la solidarité reprend ce postulat à son compte. Et c'est pourquoi elle déclare que ce sont les intérêts matériels du plus grand nombre qui la préoccupent d'abord. Non qu'elle entende en aucune façon - est-il besoin de l'ajouter ? – borner l'ambition humaine ; elle proclame, elle aussi, que la dignité de l'homme est dans la vie spirituelle. Mais elle convient qu'il y a certaines conditions de travail, de logement, de nourriture au-dessous desquelles on n'entrevoit plus, pour l'esprit même, aucune espèce de vie possible. Et elle conclut que le premier devoir d'une société digne de ce nom c'est de rectifier un régime qui transforme en effet en « appendices de la machine », une majorité de prolétaires ; c'est de ne plus attendre de la bonne volonté des possédants, mais d'im-

Célestin Bouglé

poser au besoin par la force des lois, une organisation vraiment humaine. Des garanties légales pour nos intérêts matériels, voilà ce qu'il nous faut d'abord. En incorporant à ses thèses cette volonté de la masse, il semble bien que le solidarisme prend précisément le contre-pied des thèses soutenues par ceux qui répètent, pour nous ramener au bercail du christianisme, que la question sociale n'est qu'une question morale.

Il est remarquable que, dans leur effort pour hâter l'avènement de la loi nouvelle, les partisans du mouvement égalitaire semblent bien plutôt craindre, aujourd'hui, que souhaiter les secours de la religion. *Timeo Danaos...* La religion sera inutile demain, disent-ils ; ils ajouteraient volontiers qu'elle est, à leur point de vue, dangereuse aujourd'hui. « Le bien-être assuré également à chacun dès son vivant, disait Jules Cruesde dans sa lettre à Léon XIII, rendra inutile le paradis imaginaire d'après la mort. » Mais peut-être la perspective du paradis brise-t-elle présentement le légitime élan de tous vers un juste bien-être ? C'est pourquoi sans doute on voit les socialistes pourchasser, partout où elle vient s'asseoir la pâle figure de la Résignation chrétienne : ils craignent le sommeil qu'elle répand autour d'elle.

*
* *

En quoi ils se trompent, dira-t-on peut-être, et méconnaissent la plasticité du christianisme ; diverses voies lui restent ouvertes ; ses facultés éprouvées de renouvellement n'ont dit leur dernier mot. La légitimité des intérêts matériels, la nécessité des garanties légales, le soldat du Christ aussi les peut comprendre : et si l'expérience lui démontre que la politique « d'abstention ou d'obstruction » pratiquée par les possédants rend impossible, sous le régime économique actuel, l'avènement de la justice, il ne sera pas le dernier, comme disait l'abbé Klein commentant les enseignements du Père Hecker, à « mettre la main à la pâte », et à préparer un régime nouveau. On a annoncé bien des fois que le XXe siècle verrait la lutte finale des deux grandes organisations qui domineront tout le reste : le collectivisme et le catholicisme. Mais peut-être, après des compromis nouveaux, est-ce l'adaptation de celui-ci à celui-là qui étonnera le monde.

Appendice

Si l'évolution du christianisme doit s'orienter de ce côté, un avenir peut-être prochain nous l'apprendra. Mais ce que nous pouvons observer dès aujourd'hui, c'est que, quand bien même le plus grand nombre des croyants se déciderait à prendre le parti de l'égalitarisme et à le suivre jusqu'au bout de ses exigences, cela ne prouverait pas encore, pour autant, que l'égalitarisme ne soit autre chose qu'un rejeton de la souche chrétienne. Les chrétiens-socialistes ne pourront faire leurs preuves, en réalité, qu'à la condition de laisser dans l'ombre tout un pan de la doctrine classique. Il faudra qu'ils tiennent leurs oreilles bouchées aux conseils de soumission, de laisser-faire, de détachement que ne cesse de donner la théorie du Royaume. Il faudra qu'ils décantent, en quelque sorte, leur croyance pour la dépouiller des saveurs amères de l'ascétisme et des essences endormantes du fatalisme.

Dirons-nous qu'en ce faisant, ils ne feront qu'accomplir l'évolution prédéterminée de l'esprit chrétien ? C'est ici le lieu de se souvenir que si par évolution on entend encore, le plus souvent, un développement unilinéaire à partir d'un germe, on peut entendre aussi, par une interprétation plus conforme aux enseignements de la biologie moderne, une succession de variations qui s'adaptent à la diversité des circonstances. C'est en ce second sens qu'il faut dire que le christianisme évolue ; de sa doctrine originelle, il présente tantôt une face et tantôt l'autre, pour répondre aux demandes des « siècles » qui passent, pour ne pas laisser s'accomplir sans lui ce qui s'accomplirait peut-être - ils le pressent - contre lui. Et ainsi la puissance qui détermine ses changements de ton lui est extérieure bien plutôt qu'intérieure ; ils témoignent moins de la force de sa logique propre de la force des choses.

En limitant la thèse de M. Jellinek qui prétendait, pour expliquer l'esprit de la Révolution française, remonter de la pensée des membres de nos Assemblées à la pensée des Puritains, et de celle-ci à celle d'un Roger Williams ou d'un Luther, M. Boutmy faisait observer que ce ne sont pas seulement quelques individus, c'est tout un siècle qu'il faudrait appeler à signer de son nom des conclusions comme celles que formule la Déclaration des Droits : les transformations que subit la société et les besoins nouveaux qui s'y développent, voilà la cause profonde, parfois cachée des théories. L'idée n'est le plus souvent, répète de son côté M. Faguet,

Célestin Bouglé

que le reflet d'un fait antérieur. Il faut appliquer ces remarques à la question qui nous occupe.

Dans le verger du Christ nous avons rencontré deux arbres, l'un dressant des fleurs vers le ciel, l'autre tendant des fruits vers la terre. S'il est vrai qu'un nombre croissant de fidèles modernes paraît disposé à cultiver de préférence l'arbre de vie terrestre, quitte à négliger l'autre, si, dans leur volonté de prouver que rien d'humain ne leur reste étranger, ils se laissent de moins en moins obséder par le regret de leur céleste patrie, pour rendre compte de ce penchant ce n'est pas la seule « Essence du christianisme », c'est toute l'histoire de l'Occident qu'il faudrait invoquer.

On se souvient de l'explication que fournit Tocqueville, dans l'Introduction à son enquête sur la *Démocratie en Amérique,* du progrès de l'égalité. Si ce progrès est irrésistible, s'il semble que vouloir l'enrayer ce serait « lutter contre Dieu même », c'est qu'il a été secondé par le concours des événements les plus divers. Les Croisades et les Communes, la découverte du fusil et celle de l'imprimerie, les innovations de la Renaissance et celles de la Réforme, tout cela bouleversait les relations politiques, les situations économiques, les conditions de développement intellectuel : tout cela contribuait à abaisser ceux qui étaient surélevés, à relever ceux qui étaient rabaissés.

Les travaux des sociologues contemporains ont confirmé et précisé les vues de Tocqueville. Ce qu'Eusèbe disait du rapport de l'empire romain à l'idée chrétienne, - celui-là, parce qu'il unifiait les peuples, préparant les voies à celle-ci, - ils l'ont répété des harmonies révélées par l'histoire entre les diverses formes sociales propres à l'Occident et les idées égalitaires. C'est la seule civilisation occidentale qui a vu d'immenses masses humaines se concentrer dans les cités et se grouper en nations, - les individus, unis par des rapports de plus en plus nombreux et complexes, se ressembler de plus en plus, par certains côtés, en même temps que de plus en plus ils différaient par certains autres, - l'assimilation s'étendre en même temps que s'approfondissait la différenciation professionnelle, - la complication sociale enfin accompagner l'unification. Tous phénomènes qui, parles impressions journalières qu'ils imposent, par les réflexions inévitables qu'ils suggèrent aux esprits, tendent spontanément à les élargir pour y faire entrer, avec la notion de l'unité de l'espèce humaine, celle de la valeur propre de chaque personnalité, avec le sentiment des solidarités nécessaires, celui du droit égal des membres du corps social. C'est en ce sens que nous pouvons soutenir que, dans l'histoire des sociétés occidentales, rien n'autorise à présenter comme tombées du ciel les idées égalitaires : bien plutôt les voit-on naître des entrailles mêmes de ces sociétés. Du moins pour que ces idées se répandissent jusqu'au cœur des masses, a-t-il fallu que l'effort des initiateurs fût aidé et comme porté par le mouvement général de la civilisation.

Que l'on compare, de ce point de vue, les conditions de développement qui s'offraient au christianisme avec celles que rencontrait l'autre religion prosélytique dont on l'a bien des fois rapproché, pour mesurer leurs contributions au progrès des idées égalitaires. Le Bouddha eût-il vraiment rêvé l'égalité des hommes, c'était là une pensée qui ne pouvait vivre dans l'atmosphère hindoue. Bien loin de lui préparer les voies, les formes sociales, ici, se dressaient devant tout effort pour incarner cette pensée dans la réalité historique. Tandis qu'ailleurs les groupements primitifs, qui empêchaient les hommes de se mêler, se sont élargis en se compénétrant, ici, conservant et exagérant leur exclusivisme et leur étroitesse, ils continuent de s'opposer aux contacts intimes, aux échanges de sangs et d'idées, aux mobilités unificatrices. Nous ne rencontrons pas, dans l'histoire de l'Inde, de cités proprement dites, ni de nations à l'intérieur desquelles les cercles sociaux se multiplient en s'entrecoupant. Sur le sol hindou, aux sillons durcis et comme gelés par l'atmosphère de la caste, les semences égalitaires ne pouvaient germer. Nul sol, au contraire, n'est mieux préparé pour les faire fructifier que le sol occidental, inlassablement labouré comme il l'a été par tous les événements de notre histoire.

ISBN : 978-1514251300

Célestin Bouglé

www.ingramcontent.com/pod-product-compliance
Lightning Source LLC
Chambersburg PA
CBHW071040290526
45795CB00004B/1249